主办：中南大学法学院

ECONOMIC

经济法论丛

LAW

2020年第2卷（总第36卷）

REVIEW

名誉主编・漆多俊
执行主编・王红霞

法律出版社
LAW PRESS・CHINA

经济法论丛

投稿邮箱：elr1998@163.com
联系电话：0731－88660273
通信地址：湖南长沙麓山南路605号中南大学南校区法学院302室
邮政编码：410012

卷 首 语

2020年无疑是一个特别的年份。新冠肺炎疫情在全球暴发、《民法典》正式颁布、《反垄断法》《中国人民银行法》等诸多经济法法律进入修订关键期、《反不正当竞争法》纳入全国人大常委会年度执法检查任务……凡此种种，均对经济法学研究提供了重要素材。

本卷论丛回应当下实践难点与立法热点，在“市场规制法”专栏收录了四篇好文。医药高价问题近年来引发广泛关注。张郁、王传辉《医药专利制品剥削性高价行为之反垄断规制研究》一文剖析了医药行业特有的产业逻辑，结合分析反垄断法与专利法之间的冲突，论证了反垄断法规制医药高价行为的必要性与合理性，以及规制的边界。针对涉医药专利的滥用市场支配地位行为中的特殊问题，文章亦进行了提炼和分析。围绕《反垄断法》的修订，潘宁《〈反垄断法〉修订中罚款情形设定条款的缺憾与完善》一文指出了《反垄断法》罚款相关条款仍存在诸多问题，并提出了一系列完善建议；李希梁《纵向价格垄断协议中交易相对人责任的认定》一文指出，现有反垄断法律制度只关注到交易相对人的受害者身份，而忽略了其参与者身份。文章构建了交易相对人参与纵向价格垄断协议行为的样态谱系，进而明确了交易相对人的可责性，对《反垄断法》相关修订也提出了具体建议。朱与墨教授《知识产权法的整体性逻辑及其基本法的经济法属性》一文提出并详细论证了知识产权法的调整活动具有明显的经济法属性，进而论证了“知识产权基本法”的立法模式与属性等问题。

在“财税金融法”专栏，李胜利教授等的《政府补贴的存在解构与法治进路——基于中国发展的历史经验》一文，从多维度对政府补贴与国家发展的关系展开解构，并提出了政府补贴法治化的具体进路。黎江虹教授等的《经济新常态背景下预算监督理念转变与制度调整》一文，讨论了预算监督法治变迁的动因与逻辑，剖析了我国预算监督法治的理念转型以及相应的制度调整。刘志伟博士洞察到既往针对正规金融机构所建立的中央垄断性垂直金融监管体制，已难以应对地方性金融组织及业态的深化发展，《论金融监管权的纵向选择性集分》一文主张将金融监管权在中央与地方间进行重新分配。文章论述了金融监管权纵向配置的立场、标准、方法，并分析了金融监管权纵向选择性集分确立具体管理模式需要考量的核心因素。本专栏还收录了博士研究生罗迎的《“一带一路”建设下中国海外投资风险准备金制度的构建》、博士研究生岳金禄《商业银行代销私募基金案件裁判标准的反思——金融消费者保护的视角》。两文均是专业领域内的佳作好文。

在“国家投资经营法”专栏，孙晋教授《市场决定论下竞争性国有企业改革路径辨识与抉择》一文对竞争性国有企业的概念和性质进行了廓清，在评议争论、检视历程的基础上，提出了渐进推进竞争性国有企业改革的可行方案。博士研究生陈鹏《论PPP协议多元纠纷解决机制的构建》一文重新厘定了PPP协议的法律性质，在相关纠纷类型化的基础上，具体阐述了PPP协议的多元纠纷解决机制。本栏目还收录了张玮博士等的《证券交易所参与企业社会责任治理：现状、问题及其法律安排》，以及李倩的《国有企业社会责任：概念澄清与法治因应》，颇值一读。

《竞争性国有企业改革路径法律研究》(孙晋著)一书一经出版即引发强烈反响。李国海教授专门撰写书评《探寻竞争性国有企业的存续理据与改革路径》。本卷论丛专门采稿出版。

《经济法论丛》自创办迄今已走过22个年头。发表了一大批有重要影响的学术成果，已经成为我国经济法学研究的重要阵地，两度入选CSSCI来源集刊。自本卷起，论丛将再度与法律出版社合作，力求在编辑、出版和发行上朝着更加专业化和高品质的方向迈进。论丛将一如既往地坚持创办人漆多俊教授倡导的追求真理的创办原则、唯实唯新的审稿标准和丰富多彩的栏目风格。盼望得到经济法学人和社会各界一如既往地鼎力支持。

王红霞

2020年8月31日

目　　录

【书　　评】

CONTENTS

Market Regulation Law

Fiscal, Tax and Financial Law

State Investment and Operation Law

Book Review

【市场规制法】

医药专利制品剥削性高价行为之反垄断规制研究*

张　郁** 　王传辉***

摘　要：医药高价引发药企、患者与政府管控之间的复杂争议。反垄断法应否规制该高价，有美国的不干预论和欧盟的谨慎干预论两种观点。本文在分析医药行业之特有产业逻辑的基础上，结合分析反垄断法与专利法之间的冲突，论证反垄断法规制该高价行为的必要性与合理性，以及规制的边界。与一般商品和专利品不同，医药研发高度依赖资本和知识产权；高额利润对药企研发有补偿激励作用，为法定的专利权所支持。反垄断法虽然出于维护有效竞争对构成滥用的高价进行规制，但应谨慎，不能以抑制企业的创新积极性为代价。另外，在涉及医药专利的市场支配地位及其滥用的界定和剥削性高价的认定方面，有特殊问题需要进一步研究。

关键词：医药专利；剥削性高价；反垄断规制；有效竞争

随着全世界人口老龄化速度加快，民众对医疗需求之期待日益增高。但与此同时，民众对医药制品价格高昂的抱怨亦不绝于耳。全世界饱受高额药费困扰的患者认为药价奇高，药企赚取了高额的利润，呼吁政府对药品价格进行干预。即使是在相对富裕、医疗保障体系相对完善的发达国家，诸多民众对很多至关重要之药品亦负担不起。

谴责药品高价的主要理由是，药品关乎人民生命健康，乃人之最重要的基本需求，

---

* 收稿日期：2020 年 7 月 2 日。

本文是澳门科技大学研究基金资助课题“粤港澳大湾区知识产权合作：突破性创新的制度保障”（项目代码：FRG－19－006－FL）的阶段性成果。

** 澳门科技大学法学院经济法专业博士研究生。

*** 经济学博士、法学博士，澳门科技大学法学院副教授、博士研究生导师。

高价不仅造成对患者的剥削,亦导致患者无法负担从而疾病治疗受阻,不仅损害患者权益甚至会侵犯基本人权,有违人道正义之虞,还会损害消费者福利和市场有效竞争。来自药企的回应则是,盈利是商人本性,是否关心民生不受道德体系评判。企业并非公益机构,其目的是追求利润最大化,因此追求高价之行为不应受指责;另外,医药行业研发投入大、沉没成本高,药价相对其他行业价高,有基于其自身研发和生产成本之合理性。专利保护期有限,在有限的保护期内获得高额回报是专利制度赋予药企的正当权利。支持药企、反对干预药品高价的观点则认为,对药品价格贸然干预有可能破坏价格的信号作用,削弱市场活力,损及专利制度对创新之激励作用,从而最终导致医药研发和供给严重下降。

在反垄断法上,药品高价涉嫌企业市场支配地位之滥用,被称为"剥削性定价",包括有支配地位的销售者的"高价"和有支配地位的购买者的"低价"。例如,我国《反垄断法》第17条规定,禁止具有市场支配地位的经营者"以不公平的高价销售商品或者以不公平的低价购买商品"。

综观各国反垄断立法,对于反垄断法应否规制剥削性定价,尚存争议。美国反垄断机构和法院并不禁止单独的剥削性高价行为,理由是:"如果垄断者是以合法方式取得的垄断地位且能够索取高价,是其商业敏锐和创新所致,高价是对其的合理奖励。"①另外,即使进行价格干预,应为产业管制机构之职责,而非反垄断法之任务。欧盟的反垄断法则禁止该行为,概因剥削性高价既造成对消费者的直接剥削,又有可能损害欧洲市场一体化进程,需要反垄断法之干预,但应谨慎,另外执法中的难点是如何认定基准价格,以及如何界定高价。②

另外,当产品涉及专利,又会引发专利法与竞争法之冲突的问题。侧重专利制度与创新的观点认为,专利权乃药品发明人依专利法获得的应受尊重和保护的个人权利,该权利本身即具排他的垄断性,相较非专利产品,专利人凭借该垄断性权利可获取高额利润,因此其专利产品定价高有合法性和正当性,反垄断法不应规制。侧重市场竞争之观点认为,反垄断法以保护消费者福利并维护市场的有效竞争为目的。如果该高价行为是企业垄断力量之滥用,即使是基于合法的专利权,若损及市场竞争和经济效率,反垄断机构应介入。我国学者关于专利药品之反垄断规制的研究文献有限,其

---

① Frederick M. Abbott, "Excessive Pharmaceutical Prices and Competition Law", *UC Irvine Law Review*, Vol. 6 (2016), p. 286.

② See Behrang Kianzad & Timo Minssen, "How Much is Too Much Defining the Metes", *European Pharmaceutical Law Review*, Vol. 2, Issue 3 (2018), p. 3.

中大多呼吁严格监管规制,[①]或者持谨慎态度。[②]

本文首先结合医药专利制品研发和生产之特点,分析其高价现象背后的产业逻辑及基于行业特点之合理性。进而,对比美国的不干预论和欧盟的谨慎干预论,分析反垄断规制剥削性定价之必要性,以及在如何规制方面的重点。之后,会针对医药专利制品市场支配地位之界定和剥削性高价之判定的特殊问题进行论述。最后为我国相关立法和执法之改进建言。

一、医药专利制品高价现象背后的产业逻辑

(一)医药专利制品的高价现象及其引发的反垄断执法关注

美国专利调查机构创始人普里蒂·克里希特(Priti Krishtel)在2019年12月名为《天价药品?调查过时的美国专利制度》的演讲中提道:"如今,超20亿人没有渠道或能力获取所需药物,在这场危机中,包括相对富裕国在内药品价格飙升。"究竟是什么样的药可称为天价药,价格是否过高?

市场上的医药品按照成分形态分为化学药品(制剂和原料药)、生物制药(血液制品和疫苗)、自然药或中成药(中药制剂和中药注射液)。按照研发过程分为"原研药"和"仿制药"。按照新药治疗领域可以分为抗癌药、抗病毒药、免疫类药、慢性病药等。[③]

通用常用药(如感冒药、消炎药)生产体系已经成熟完整,几乎不须研发活动,价格必定低廉。真正引起民怨的高价药品是一些治疗罕见疾病或绝症的孤儿药、救命药(life-saving)的稀缺药品,这些药品往往因为其稀缺性和创新性且拥有专利而难以获得,在中国,同样的情况也在发生。本文就以这些拥有专利的创新药的剥削性高价为例进行分析。

我国市场中原研药与仿制药价格差别大,同规格下价差有的甚至能高达10倍。例如,抗感染、治疗败血症规格为1g的头孢曲松钠注射剂,原研药价格是65.70元(罗

---

① 参见刘洪峰:《论药品价格垄断及其法律规制》,载《价格理论与实践》2018年第6期;喻玲、曾杨欢:《药品领域超高定价行为的反垄断规制》,载《江西财经大学学报》2018年第2期;侯璐:《我国药品价格垄断的法律规制研究》,载《价格理论与实践》2017年第1期。

② 参见卢乐宁:《药品行业超高定价行为的反垄断法适用探讨》,载《市场研究》2019年第1期。

③ 生物制药,指包括生物制品在内的生物体的初级和次级代谢产物或生物体的某一组成部分,甚至整个生物体用作诊断和治疗的医药品,其毒副作用小,治疗的针对性强,药理活性高,但是原材料中有效物质含量低,稳定性差、易腐败。原创性新药,是制药企业研制出来的拥有完全知识产权的成功上市的全新药物,在我国,主要是指过了专利保护期的进口药。仿制药,指其他制药企业在原研药专利保护期结束后,对原研药进行仿制生产出的药品。

氏芬),仿制药价格只有2.00元(北京太洋);治疗念珠菌病规格为0.15g×1的氟康唑胶囊,原研药的价格是50.19元(大扶康),仿制药价格是1.10元(广东逸舒);治疗成人肝炎规格为0.5mg×7的恩替卡韦片,原研药价格是185.05元(博路定),仿制药价格26.90元(北京百奥)。[①] 可以看出,这些治疗危重病症的专利药,对于每日都要服用药品的病人来说,其经济负担不小,而且原研药和仿制药的价差也很大,说明价格区别之重要原因在于专利之维持。药企借专利强化其市场支配力,进而推动药品高价,引发反垄断执法机构的关注和行动。

2012年辉瑞公司提供给弗林公司的苯妥英钠胶囊之批发价格暴涨,为辉瑞自行售价的8~17倍,致使弗林大幅提高该药的销售价格,增幅是辉瑞自行售价的26倍。2013年5月英国竞争与市场管理局(Competition and Market Authority,CMA)对辉瑞和弗林公司涉嫌价格垄断行为展开调查,指称二者在英国苯妥英钠胶囊市场上滥用其市场支配地位制定高额不公平价格,于2016年作出行政处罚决定。随后,2家企业均提起上诉。2018年7月英国竞争上诉法庭(Competition Appeal Tribunal,CAT)部分撤销了CMA的处罚决定(支持了对支配地位的裁决但驳回了对不公平价格的认定)并移交给CMA审查。这一案件之所以受到很大关注,原因在于:一是竞争法对通过剥削性价格抽取租金的方式来控制、行使市场重要力量的行为,是否应该及何时干预的问题引起了激烈争论;二是行政部门和法院在对药品相关市场、市场支配地位和高价进行认定方面的做法引发讨论。[②]

2016年意大利竞争机构因阿斯彭制药公司提高抗癌药物价格而对其处以罚款;2017年欧洲委员会启动了与阿斯彭制药公司癌症药物定价有关的诉讼程序,指控此前该公司可能存在"不合理的价格上涨高达数百倍,即所谓的价格欺诈",[③]以上对剥削性价格的规制源于欧盟运行条约(Tready on the Functioning of the European Union,TEFU)第102条的适用。近年来,欧盟有关药物价格的处罚和诉讼与欧盟执法部门一直以来很少涉及剥削性价格认定执行的惯例不同,格外重视抗癌药物为代表的专利新药或原研药的高价问题。

---

① 参见常峰、孙洁:《我国进口专利药和原研药价格水平比较研究》,载《价格理论与实践》2014年第6期。最新报价来自药品价格315网:https://www.315jiage.cn/default.aspx,最后访问日期:2020年6月1日。

② See Alison Jones & Christopher Stothers,"Establishing Unfairly High Prices", *Bio-Science Law Review*, Vol. 17, Issue 1(2018), p. 1.

③ Alison Jones & Christopher Stothers,"Establishing Unfairly High Prices", *Bio-Science Law Review*, Vol. 17, Issue 1(2018), p. 21.

(二)医药企业之辩解:基于医药行业之产业逻辑的解释

医药专利制品的高价行为可以是企业并购后占据市场支配地位的提价行为,或者是通过“专利反向支付”或“专利转换”的方式维持其专利高价行为。本文所要分析讨论的主要是原研药市场中企业利用专利权形成的市场支配地位所为之剥削性高价行为,至于行为所处时机时段先不作区分。

专利药品高价现象由多重原因所致,可以分为市场外因素和市场内因素。前者典型例子有:地方保护主义导致行政垄断、贿赂产生的寻租或资金回收等;后者例如,上游企业高价出售原材料,或者销售流通成本的高起不下,中间环节和渠道越多,最终转嫁到消费者身上的价格就越高;另外,还有药企自身高昂的研发成本。对比仿制药和原研药,如果二者原料、生产销售过程和功效等近似但定价悬殊,则说明导致原研药价格高昂的最重要原因并非原材料、生产及流通等成本,而是药品的专利及其相关的研发投入。因此,专利药品的剥削性高价的决定性要素是专利权,其为创新性生产的结果和智力活动的产物,专利药品的主要价值当然不是产生在生产过程中,而是产生在创造其高价值的研发过程中。

医药行业有“双十”定律的说法,即新药上市需耗时10年的研发时间和耗费至少10亿美元的资金投入,经历6000个以上的各类试验,成功率不到1/10,过程中还要甄别处理大量错综复杂或互相矛盾的数据,面临被中断的可能,这是一个集资金、科技和“运气”于一体的行业。科研本是“水滴石穿”的过程,但是人们都关注于“石穿”的惊喜一刻,不太了解“水滴”的艰辛。或许正是它鲜为人知艰难曲折的研发,民众与企业、学界、政府之间才会对高价格抱有各种怨怒、争执的复杂情绪和认知。

1. 新药研发的长周期与高成本

项目建立开始首先是药物(活性化合物)的发现,确定药物的生物标记及作用靶点(药物对何种疾病有效,何时有效),筛选先导化合物(对靶标有作用的化合物),将其优化作为候选药物(几轮筛选后选定的最优化合物);其次进入开发阶段也是临床前研究阶段,任务是要对候选药物进行毒理学分析,并向药监部门提交试验用新药申请,这个阶段需要合成工艺(原料药合成)、药代动力学(了解药物在动物体内的吸收、分布和代谢等,数据指导临床以何种形式给药)、安全性药理学(证明化合物对目标疾病有生物活性,同时评估其疗效以外的作用)、毒理学(主要是针对一些抗癌药的急慢性毒性、其他药的致癌性等)、制剂开发(选择最佳给药方式)各学科的协作;再次才进入临床研究阶段,需要向药监部门提交新药临床试验申请IND(investigational new drug),临床Ⅰ期需要在健康人身上进行试验(初步临床药理学和人体安全性评价试验,为给药方案和安全剂量提供依据),临床Ⅱ期需要在相关病人身上进行试验(获得药物治疗有效性资料),临床Ⅲ期是Ⅱ期的大范围验证阶段,也是为药品注册申请获得批准提供依据的关键阶段,仅临床前和临床试验的费用就占到成本的3/4以上。① 完成以上阶段试验并分析所有的数据和资料,药物的有效性和安全性得到证明后,新药持有人则可以向药监部门提交新药上市的申请并接受检测。在新药上市后还要接受市场安全性的监测,如果一旦发现危险须迅速召回。

以专利药品最多、研发也最成熟的美国的研发流程和时间为例:临床前研究(3.5年);新药临床研究申请;临床Ⅰ期试验(1年);临床Ⅱ期试验(2年);临床Ⅲ期试验(3年);新药申请(2.5年)。不算申请和批准的时间,平均大概12年的时间才能出一种新药。另外,新药上市后如果出现其他问题和风险,还有被召回的风险。②

新药研发成本包括付现成本(研发过程中实际发生的现金支出)和资本化成本(先记录为资产,然后逐步分期转为费用的成本)。表1是根据新药研发成本所作的分析。

表1　新药研发付现成本和资本化成本

单位:百万美元

文献来源	所处时期	付现成本			资本化成本		
		临床前	临床	总	临床前	临床	总
Adams 等	1989~2002年	186.41	248.08	434.49	534.00	682.57	1216.57
DiMas 等	1990~2003年	244.00	446.00	690.00	760.39	773.67	1534.06
DiMasi 等	1995~2007年	445.50	999.78	1445.28	1137.57	1512.62	2650.19

资料来源:See Adams CP, Brantner VV, "Estimating the Cost of New Drug Development: Is it really $ 802 million?", *Health Aff*, Vol. 25, No. 2 (2006), pp. 420 – 428; DiMasi JA, Grabowski HG, "The Cost of Biopharmaceutical R&D: is Biotech Different?", *Managerial Decision Econ*, Vol. 28, No. 4 – 5 (2006), pp. 469 – 479; DiMasi JA, Grabowski HG, Hansen RW, "Innovation in the Pharmaceutical Industry: New Estimates of R&D Costs", *Health Econ*, Vol. 47 (2016), pp. 20 – 33. 转引自王庆华、黄润青、李璠、刘国恩:《新药研发成本的系统性综述》,载《中国新药杂志》2020年第6期。

2. 新药研发的低成功率与高昂代价

从美国新药研发的相关数据发现:平均完成一个新药的临床试验,最短需要55.9

① 参见李晓婉、叶桦:《新药研发成本评估的必要性和现实性初探》,载《中国药事》2014年第2期。

② See Meyrick John Kirby, *The Relevance of Project Cost Information in a Modern Pharmaceuticals Company*, University of Glasgow, 2007, p. 54.

个月,最长为 116.1 个月,平均需要耗时 58.1 个月。临床成功率,是指该期在研药物进入到下一期的成功概率,如临床Ⅰ期成功率为临床Ⅰ期在研药物成功进入到临床Ⅱ期的概率;总成功率,是指临床Ⅰ期在研药物成功获批上市的概率,总成功率数据一般介于 10.7% ~30.2%。[①] 如果药物研发到达临床Ⅲ期试验阶段因故终止,就意味着之前的努力都付之东流,表 2 是在临床Ⅲ期失败的药品举例。

表 2　若干新药研发失败列举

年份	公司名称	药物靶点	试验终止阶段	终止原因
2012 年	默克公司	胃腺癌	Erbitux Ⅲ期临床试验	未达主要终末点
	安进公司	胰腺癌	ganitumab Ⅲ期临床试验	未达主要终末点
	Agennix 公司	肺癌	talactoferrin Ⅲ期临床试验	试验失败
2018 年	百时美施贵宝公司	广泛期小细胞肺癌	CheckMate 451 Ⅲ期临床试验	试验失败
	罗氏公司	结直肠癌	Tecentriq 联合靶向药 Cotellic 治疗Ⅲ期临床	未达主要终末点
	拜耳公司	子宫肌瘤	vilaprisan Ⅲ期试验	试验暂停
2019 年	默克公司	晚期肝癌	KEYNOTE－240 Ⅲ期试验	未达主要终末点

资料来源:参见《2012 年 5 个在Ⅲ期临床试验惨遭失败的药物》,载药智网:https://bbs.yaozh.com/thread－79285－1－1.html,最后访问日期:2020 年 5 月 12 日;《CheckMate 451 试验失败细节公开:免疫疗法效果比安慰剂更糟》,载健康一线网:http://www.vodjk.com/news/190415/1564874.shtml,最后访问日期:2020 年 5 月 12 日;《Tecentriq 联合靶向药 Cotellic 治疗结直肠癌Ⅲ期临床失败》,载新浪医药网:https://med.sina.com/article_detail_103_2_45649.html,最后访问日期:2020 年 6 月 1 日;《因药物毒性拜耳子宫肌瘤药 vilaprisan 三期试验暂停》,载新浪医药网:https://med.sina.com/article_detail_103_2_57094.html,最后访问日期:2020 年 5 月 12 日;"Merck Co.'s Keytruda fails late-stage study in previously treated liver cancer patients",载 First Word Pharma:https://www.firstwordpharma.com/node/1626093? tsid＝4#axzz5g2sJok2T,最后访问日期:2020 年 5 月 12 日。

药品研发终止的原因不同:有的是独立审查委员会或独立临床试验数据监测委员

---

① 参见王庆华等:《新药研发成本的系统性综述》,载《中国新药杂志》2020 年第 6 期。

会的终止评审意见,有的是未达终末点(未延长患者的生存期或统计学意义上的生存期未得到显著改善),有的是试验失败(情况恶化或未达预期目标、整体生存率)或试验暂停(毒理学安全问题),或被政府部门叫停等。即使是跨国大型医药公司也有被迫终止的可能性,一般小型医药公司则根本承担不了这样的风险。

高成本、长周期和失败风险,以及药监部门的审批时间,这些取得专利权背后的要素形成了市场进入的高门槛,同时也是外来者高不可攀的市场屏障,确保竞争者无法轻易涉足。

3. 创新等级和分类

根据创新程度的不同,医药科研人员将创新药分为3个级别:

Me-too:仿制药或者说是非专利药的研发,运用公认的和成熟的理论与技术,通过制备工艺的创新,研发出已有产品或部分有所创新。

Me-better:具有专利权,通常是在原基础上进行二次创新,相似靶点、机理或结构,临床风险较小,规避已有专利并发明出比母体新药更具治疗优势的新物质,成为专利新药。

Me-new:原始创新药,以已有科研成果为基础,发现新药筛选模型、已有新药的新适应症或新给药途径,以独特的资源优势为基础,应用已有的筛选模型发现全新结构的新药或先导化合物。①

在Me-new中,又划分出best-in-class和first-in-class,前者介于Me-better与Me-new之间,同类最优,后者是全新靶点、全新结构的首创药,研发难度极大、风险极高,价值也最高。② 国内医药公司正在研发或已经上市的创新药,大多为Me-too、Me-better级别。

因原研药巨额的前期研发投入(几十亿元到上百亿元不等),制药企业会选择通过专利保护期内较高定价尽快回收成本。因仿制药仿制成本远低于原研药,只需严格的生物等效性试验证明仿制药与原研药生物等效即可申请上市,故仿制药的价格要比原研药低很多。生物药品分子较大,结构复杂稳定性差,仿制药经过临床试验现有检测系统无法全面分析其效用;化学药品由稳定小分子构成,仿制药在化学成分上相同,通过简单的临床试验就能得到仿制药与原研药之间等效性的对比数据。因此,生物药品对科技要求更高,研发成本也更高,比化学药品更依赖数据保护给予的垄断性保护期,

① 参见郑玉果、陈代杰、朱宝泉:《新药研发中的me-too, me-better, me-new》,载《中国新药杂志》2009年第3期。

② 参见张佳博、徐佳熹:《我国创新药研发模式与价值评估(Ⅰ)》,载《药学进展》2016年第11期。

这也意味着同样是创新药,生物原研药要比化学原研药的价格更高。

二、医药专利制品高价行为之反垄断规制的必要性与争议

依前文所述,社会民众对专利药品高价之感知与企业研发之现实有差距。那么,药企是否可因其行业之研发特性与产品专利之合法垄断性而自由定价?如果仍需要对其高价行为进行规制,其合理性何在?规制可以经由反垄断法,也可经由其他法律,如专利法的强制许可,那么,反垄断法规制的合理性和应发挥的功能和作用是什么?

(一)高价行为规制之必要性与合理性

1. 社会公共利益保护的需要

对高价的谴责主要来自对公共福利损失或者对消费者生命健康侵害的担忧。药品专利持有人追逐利益无可置疑,但药品是保证民众生命健康的必需品,是维护社会公共健康的重要资源,赋予药品专利权之目的是让创新技术造福于人,促进社会共同进步与人民生活水平提高而非仅仅是对个人权利的维护,最终实现整个国民经济和契约社会的健康发展。当专利权人的私人权利阻碍或对抗政府提供公共产品之功能时,政府的强制介入就必不可少了。

2. 规制路径的选择

出于对社会公益的保护,对专利药品高价行为规制的路径主要有:行业主管部门的价格管制、专利法中针对公共健康的强制许可、价格法和反垄断法。前3种法律可以针对具体特定的专利药品高价行为进行规制,行业部门法和价格法各自为政出于对规范相关行业健康发展和价格稳定的目的,针对价格表象这种外在表现进行管制,并没有将其视作企业滥用市场支配地位的后果进行管制,所以也不会有有效竞争的观念作为指导。

(二)反垄断法规制的必要性和目标

反垄断法不是价格控制法,不是消费者权益保护法,不是公用事业法,①它的目标只是保障市场的有效竞争。

1. 市场竞争秩序和消费者福利的维护

促进有效竞争是建设有序市场体系的需要,公平公正的市场秩序有利于促进良好的市场竞争,理想的市场运行是处于动态竞争状态,看似混乱实则有序。有效充分的竞争才是法律规制药品市场可持续发展的正确价值导向,在促进企业创新和良性竞争

---

① See Frederick M. Abbott, "Excessive Pharmaceutical Prices and Competition Law", *UC Irvine Law Review*, Vol. 6(2016), p. 290.

的同时也能满足消费者需求,市场活力足以吸引资本源源不断地进入市场,反垄断规制强调的是实现竞争的市场公平性和因此而实现的消费者福利,消费者可以在竞争价格(不是被迫以高于其几倍的价格)左右获得产品;另外,即使它是必需品,消费者的购买意愿也不能成为价格合理适当的衡量标准。

2. 反垄断法规制之目标——市场效率的实现

无论是社会公共利益保护还是竞争秩序的维护,实际上都是为了效率的实现和保障,反垄断法律规制的必要性恰恰就是竞争在市场中的重要性,或者说,是有效竞争对经济社会发展的作用。对于专利医药品来说,如果只注重社会公共利益的维护,专利权人对其回报不满或者经济利益不足以吸引人力资金进入市场,则后续药物的品质提升和疾病医治就将难以为继,可能引起医疗发展停滞,社会公共利益的维护更无从谈起。因此,效率或者说有效竞争才是反垄断规制专利医药高价行为的真正出发点,对简单的社会公益的关注转向对实现效率的关注,非保护创新者的私人利益,也非维护消费者的公共利益。

(三)医药专利制品高价之规制的争议

从经济或竞争法角度规制的理由就是高价阻碍了市场的有序充分的竞争,从社会公共利益角度规制的理由即为对公民生命健康权的维护。既然要对价格垄断行为进行法律规制,那么就要梳理规制中所涵盖的关系及要面对的争议。

1. 生命健康用品与社会公共必需品的区别——专利私权属性

医药与生活必需品是人们在日常生活中不可或缺的资料资源,前者面对的主体是有迫切生存康复要求的病患,后者是抽象消费者。究其目的:一方面是维护民众生命健康,另一方面是维持国计民生稳定。医药是加工后的产品,个体劳动赋予产品的价值多于原料价值,生活必需品多为自然资源的利用(水、电力等),个体劳动在产品价值中的体现不多。医药品拥有的公益性和基础性要求其以保障公众基本健康需求为第一要务,而医药专利制品的专利私权属性对出售者的付出回报有要求,否则无法吸引市场力量可持续地研发生产。

2. 医药专利制品和其他专利公共品的异同

同样是兼具公共属性和专利权的产品,医药与以通信、交通为代表的其他公共专利产品相比,二者都有巨额支出,前期铺陈量占比很大,但又有不同,最大的不同在于,前者包含救死扶伤的人道精神,生命无法用价值衡量。

3. 医药专利制品的高价争议——创新专利和社会公益的矛盾

肩负保护民众生命健康的专利药品包含的私权利和公共利益的矛盾是专利权人与社会公众的矛盾,是专利权人的巨额回报是否侵犯了民众生命健康权的问题。专利法保护专利权人获得发明创造之回报,这是应得财富,是政府社会的回馈和奖励,但并不意味着可以有损公众对药品的获取。所有新创造都是后人在前人基础上改造进步的成就,只有原创发明迅速普及,具备技术自身积累和技术转化为产品的能力,才能有所突破。因此,专利产品绝非任何个人行为结果,它仍然是全社会努力的成果。同时,专利权人的付出得不到满意回报和奖励,原企业和新竞争者就不会愿意参与医药市场,医药市场空虚将导致无药可选可用。在药品专利权人的经济利益与人们的生命健康权的博弈中,二者利益平衡的最终目标应该是,能给公众持续提供通过不受约束的竞争获得合理(对企业和消费者同样合理)价格、可靠品质的好处,消费者不仅拥有生命健康权也要有选择权。针对经济困难或患有罕见疾病的特殊人群有政府政策救助、社会保险保障体系托底,不是反垄断法和知识产权法所要解决的主要矛盾。

4. 医药专利制品的高价争议——知识产权法与反垄断法的冲突

专利医药制品高价现象折射的是知识产权法与反垄断法各自目标和功能之间的冲突,对发明者个人的激励机制和竞争秩序维护体系的对峙。专利权是知识产权法授予的合法垄断权利,具有排他性,反垄断法不允许有特权的存在,二者的紧张关系不可避免。没有知识产权保护,通过模仿会破坏创新积极性;没有反垄断法规制,就不能保证企业获得垄断利润后会继续致力于创新活动。

"保护创新非保护创新者。"[①]这是哈利·福斯特(Harry First)借用沃伦(Warren)法官在"布朗鞋公司诉美国政府案"(Brown Shoe Co. v. United States)中的表述,"允许创新者尽可能多获取所创造利益的目的是要激励他们将发明提高到社会最优水平,给予发明者的私人利益应该与他们的发明所产生的公共利益相匹配"。[②] 反垄断法规制不能破坏社会的创新热情,社会需要支付的费用计算是专利法在保护过度和保护不足间的谨慎平衡,同时反垄断法适用范围的边界在于规制过度和规制不足间的平衡。

(四)反垄断法规制之边界

专利药品剥削性高价时时存在,不是所有专利高价药品都应受到规制,索取高价的企业是否需要反垄断法规制则要看市场形势和环境创造了什么条件。

在一个新药研发尚不充分的国家尤其需要专利制度的激励与保护,此时的反垄断法规制就显得多余,而在新药市场因被几个企业盘踞索取高价而新药研发停滞不前时,就需要反垄断法的介入。由市场的动态发展来决定专利法和反垄断法的"攻守"局面,反垄断法规制应局限在不影响市场有效竞争的程度,这种有效可以由市场新进入

---

① Harry First, "Controlling The Intellectual Property Grab", *Rutgers Law Journal*, Vol. 38(2007), p. 367.

② Harry First, "Controlling The Intellectual Property Grab", *Rutgers Law Journal*, Vol. 38(2007), p. 376.

者完成,也可以仍由整改后的原企业完成,将利润的激励机制与价格的抑制机制保持在适当位置才是实现有效竞争的关键。激励和抑制机制各自发挥作用的适当位置在于有效竞争所产生福利的绝对数,即各方利益的最大化和各方目标的聚合,并非企业收益与消费者损失的对比。

专利医药行业的特殊性为知识产权法和竞争法寻求重置两法的规制界限提供了非常典型的范本,亦有其特殊问题需要分析。本文就先从对剥削性高价行为的认定开始分析。

三、医药专利制品市场支配地位之界定

对剥削性高价行为的认定从作为前提条件的市场支配地位之界定开始,以滥用这种地位的行为认定结束。在一般产品市场,市场份额是界定市场支配地位的重要因素,而在专利品市场界定因素转变为更隐秘的壁垒,这种无形障碍比份额更难以界定,与一般专利产品相比,专利药品滥用市场支配地位的界定既有共性也有其特性。

(一)专利产品市场支配地位之界定

在知识产权领域,市场支配地位是由目前或过去的独占或特殊的权利所致,或是由于过去非谴责性的排他行为而形成的。在判断一个拥有知识产权的企业是否具有市场支配地位时需要除专利权外的其他证据来证明,拥有专利权是必不可少的因素却不是唯一要素。

1. 划分相关市场

从消费者和生产企业角度,可分别以需求替代法和供给替代法对专利产品市场进行分析。① 根据相关需求交叉弹性(cross-elasticity of demand)和SSNIP检验法(a small but significant and non-transitory increase in price,小幅显著非暂时性涨价)分析,②需求交叉弹性越大,价格替代的影响就越大,替代关系就强,应视为同一市场。药品分析中的局限在于,消费者对信息了解有限或经济困难等原因致使其选择的替代品未必是“真正”或最优替代品,如癌症患者因无法买到合适抗癌药而选择吗啡。SSNIP检验法是现在被广泛应用的方法,在药品市场分析中面临本文将要论述的成本利润的判断和数据的获取技术问题,要计算提价幅度的范围就要保证成本价格利润数据的准确性,

---

① 需求替代是要考量产品功能或用途方面的可替代性,供给替代是考量市场中的经营者生产相似产品的能力,从而判断产品的相关市场范围。在《短缺药品价格指南》中写明主要考虑需求替代,必要时分析供给替代。

② A产品需求数量的变动与引起这一变动的B产品的价格变动间的比率。分析产品涨价引起的消费者转向。

这存在很大困难。

2. 市场支配地位

市场份额是企业在过去一段时间内竞争力的短期反映，是对静态市场竞争力的描述，在以科技为核心、发展日新月异的专利品市场，不是只依靠市场份额就能占据支配地位的，无论消费者还是企业都会不断追求更高效、经济、快捷的产品，企业即使占有很大市场份额，若“不思进取”很快就会失去这种地位，市场份额不再是对其市场支配地位界定的首要因素。首先，专利品市场支配地位取决于专利权人是否仍需要面对其他替代性技术、产品的竞争，需要建立符合专利品技术特性的市场地位界定方法，通过划分相关市场确认是否有替代品；其次，再确认专利技术性是否形成了有效的进入壁垒；最后，再看是否存在有效的方式能进入壁垒进行消除，评估专利品本身和竞争环境。

（二）医药专利制品市场支配地位界定的特殊性

《短缺药品和原料药经营者价格行为指南》是国家发展和改革委员会针对短缺和原料药价格所作的指引性文件，其对专利药品的相关市场划分和市场支配地位界定的方式有一定参考意义，[①]但也仅限在药物的特殊性。以下就从专利和药物两方面对专利药品市场支配地位界定之特殊性进行论述。

1. 相关产品市场划分标准特殊——药品的可替代性

美国联邦贸易委员会界定药品相关产品市场的标准除交叉需求弹性和替代性这些传统因素外，还考量以下特殊因素（多用于并购）：治疗某一症状或疾病，相同药物作用机理，相同特定化合物，相同剂型（欧盟认为，药品的服用方式是针对患者不同需求设计的，不应界定为相关市场）或使用频率、剂量强度，是品牌原创药还是仿制药，是否是处方药等。[②] 欧盟委员会对药品领域相关产品市场的界定标准体现在一些案例中，以治疗功能的可替代性为主，并在此基础上考虑了单个分子、配方、用药方式等药理标准，信息经济学及行为经济学等多种因素。[③] 总之，药品的需求替代考虑因素复杂、专业且精细，即使在相同功效、质量或相近价格情况下，同一药品也会有口服（片剂、胶囊

---

① 《短缺药品和原料药经营者价格行为指南》写明在短缺药品和原料药领域，市场份额是衡量经营者市场力量的关键要素。评估市场份额时可以考虑经营者的实际产能、潜在产能、知识产权等影响因素。药品行业相关地域市场的界定需考虑药品的运输特点和成本、不同地域的药品采购政策等因素。

② 参见薛颖：《欧美医药行业的相关市场界定》，载《中国物价》2015年第3期。

③ 参见黄勇、刘擎：《反垄断法中药品相关产品市场界定研究》，载《价格理论与实践》2014年第2期。

或颗粒)、喷雾、注射等不同形式出现。① 供给替代考虑企业获得生产上市资质的难易程度、转产的成本风险等。成本优势在划分中的作用突出,研发流程复杂的制药公司如果想对新药的开发生产投资,除资金外还有时间的限制(研发、上市和专利权都有时间限制),转换成本巨大,有能力参与原研药竞争的企业数目不多,限制了市场选择。

药物的合理替代才是划分市场的参考标准,可替代性判断中除价格外还有两个重要标准——品质和用途,可以获得临床医学一致性评价的药品就是替代品,消费者会迫于经济原因选择品质并非最理想而用途不会有所变化的药品替代,这有发生的可能性,但概率会有多大就需要进一步统计。

药品市场划分特殊在于它的可替代性被约束了,此种约束除来自药物本身的品质与用途的区别外还来自专业的临床指导,以及用药依赖性。针对某特定疾病的治疗方式或药品有合理替代,它们的功效作用、药理安全性等相差无几,价格也几乎等同,消费者听从医生建议开始并一直使用其中一种,由于惧怕产生严重问题,已经稳定使用特定制造商版本药物的患者会继续使用该药物,甚至不敢换成同一种药物的另一个品牌。这种情况在专利药品市场中会更明显,消费者一般在原药治疗效果不理想或追求更优质案例治疗的情况下才使用专利新药,排除了向原药市场转换的可能,这样替代转变的可能性就更低了。

2. 市场支配地位形成特殊——议价主导者

因掌握的专业知识和信息量有限,消费者获取药品的主要渠道多是专业医疗机构的推荐,很少是和药品生产企业或销售者进行双向沟通,这是医药市场中的独特现象,产品的选择者是医疗机构,最终消费体验者是病患,对药品的评价由医疗机构和病患共同完成。三方的议价能力决定了制药企业市场支配地位的形成。

在专利医药市场中,消费者除接受医生的决定和建议外没有其他选择,他们对于治疗同一种疾病的不同种药的成分、功效、安全性等方面不会充分了解,无法在进行客观专业的对比后再作出选择,专利医药市场需要经历很长一段时间才会作出优胜劣汰的自我修复,且这个过程仍然需要专业机构的测试和认可。因为医疗机构能率先获得专利药品的信息,所以专利药品可以由医生决定开具,药剂师决定提供配置,医疗机构决定采购储存,它们共同对市场支配地位的形成产生影响,唯独实际承担者即消费者没有甄别选择的自主能力。

---

① 参见《短缺药品和原料药经营者价格行为指南》规定,需求替代还需考虑付费主体、治疗方式、临床用药偏好。

3. 市场支配地位维持特殊——市场壁垒

药品获得专利要经历漫长曲折的试验，以试验临床数据（在新药开发的不同阶段所取得的测试数据，这些数据用以确定药品的安全性、有效性和质量可控性）作为获得专利的重要前提，①阻碍其他企业进入市场的壁垒实质上是专利背后所要付出的研发努力，承担的审批时限和研发失败的风险。

除专利权的专业壁垒，医药行业的经济壁垒也影响市场支配地位，以生物制药中的血液制品为例，其市场份额在很大程度上是以前期基础建设、覆盖范围为起点，如单采血浆站（血制品企业拥有牌照才获批建设单采血浆站）。2018 年天坛生物的血液制品营收为 4 家血制品企业中的第一，排在第二的是华兰生物，第三为上海莱士。在单采浆站数量上，天坛生物共有浆站数最多，为 57 家（含分站），覆盖 13 个省（自治区）；其次是上海莱士浆站，达 41 家，采浆范围涵盖 11 个省（自治区）；华兰生物自贵州省关停 5 家浆站后，目前有 25 家单采浆站。② 经济壁垒另一体现是企业规模，完成单一品种药物的全部研究工作需要 10 余年之久，其间不断调整工艺流程，花费大量资金，这些是小规模企业所不能完成的。在新兴市场中，企业规模造就的品牌效应和专利一样重要，如化学成分相同的阿司匹林，拜耳制药公司出售的价格是普通的 2 倍。专利独占期结束后很长时期，品牌药品仍可在一段时间内维持其市场份额，消费者愿意为值得信赖的品牌支付更高的价格。

药品获得专利和上市各阶段经历均需申请和审批，接受各类监督检查。以美国食品药品监督管理局（Food and Drug Administration，FDA）的临床监管方式为例，从试验开始须接受日常监督和有因检查，提交安全性报告等，2018 财年 FDA 药品各类审评收费达 24 亿美元，③还有生产设备注册费和产品注册费。我国目前的专利审查周期是 22 个月。④ 诸如上述，所花费的时间、资金和面临的监督检查都属于行政壁垒。

（三）市场支配地位与市场壁垒的关系

不可否认市场份额与市场支配地位的关系，但专利商品的市场支配地位并非主要来自份额，而是与专利权形成的壁垒有关。1962 年美国《药品疗效修正案》（Drug

---

① 参见褚童：《TRIPS 协定下药品试验数据保护的政府义务》，载《行政与法》2013 年第 6 期。

② 参见《2018 年血液制品行业竞争格局与发展前景》，载前瞻网：https://www.qianzhan.com/analyst/detail/220/190618-ba1f0169.html，最后访问日期：2020 年 6 月 1 日。

③ 参见谭燕：《美国 FDA 的新药临床试验申请和药品审批》，载《上海医药》2019 年第 3 期。

④ 参见《第四次专利法修改或大幅缩短药品专利到期与上市之间时间》，载新浪新闻：http://news.sina.com.cn/c/2018-07-12/doc-ihfefkqq6080218.shtml，最后访问日期：2020 年 6 月 1 日。

Efficacy Amendment,1962)的制定者“科伐沃—哈里斯委员会”(Kefauver-Harris)就曾经指出,研发复杂药品的专业壁垒、生产复杂药品的经济壁垒,以及生产者进入药品市场的行政壁垒,是造成药品市场价格垄断最重要的原因。① 经济壁垒是制药企业研发销售中投入的沉没成本;行政壁垒则是在药品研发试验和上市阶段通过审批的时间和经济成本,获得专利批准、行政审批或专家审批的成本;专业壁垒除所获专利外,还有项隐性优势就是试验数据。

在专利药品市场,专利这一法律赋予的特许权,也是法律给予的支配地位,它是专业壁垒也是行政壁垒;没有专利因素,其他如原材料产地、基础设施等因素也许会成为新的竞争者进入市场的障碍,但可通过加大投资或另选货源轻易清除,由此获得的支配地位也可以轻易改变。专利背后的技术、资金和审批的时间成本,以及研发附加的试验数据是新竞争者难以跨越的障碍。专利高墙筑得越高越坚实,其垄断地位就可维持得越久。贯穿专利药品支配地位始终的是专利创新,这一绝对性主导力量赋予了企业不断向前发展的动力。

在医药产业,专利权可以促使企业遥遥领先以取得支配地位,赚取巨大利润,扩大企业规模,赢得品牌效应,由此取得的资金再重新投入新一轮研发中去,是健康医药企业的动态正循环。在专利医药市场上,有雄厚财力支撑研制专利药品的企业因其构筑的市场壁垒被推至支配地位,支配地位支持高价企业从而获得高利润,有巨额回报才能有资源“反哺”专利药品和创新药品的研发,研发继而又加固了市场壁垒。这形成了强者恒强的闭环,外面的新竞争者难以入场,长久下去就有损害竞争和社会福利的可能。

经济学理论假设,市场上企业索取高价会吸引新竞争者进入市场,继而价格下降,市场进入要比司法干预更快速地应对剥削性高价。但是专利医药品高价却没有起到信号作用,市场壁垒是怎么起作用的?一是行政壁垒,许可资质的取得。以Daraprim(达拉匹林)收购后的过高价格案为例分析,除文中论述的专利(Daraprim过了专利期),还应取得药监部门FDA的许可,大多国家政府颁发许可需1~2年的时间(对生产商生产资质、药物临床试验、上市等都有较严格的规定)。二是企业可能采取阻止进入市场的定价策略。市场小、低成本成为新障碍,现销售商很容易通过降低价格使市场新进入者获利减少来阻止进入。三是持有成本高。Valeant(瓦伦特)制药公司对Calcium EDTA(EDTA钙)的提价理由是:它“能够向市场提供一种持续供应的产品,持

① 转引自张春丽:《中国药品价格法律问题研究》,载《首都师范大学学报》(社会科学版)2014年第1期。Stuart O. Sehweitzer, *Pharmaceutical Economics and Policy*, New York: Oxford University Press, 2007, p. 149.

有成本很高,每年的购买量非常有限,只有 200 至 300 件”。它“必须提前购买足够的所需原料,这可能是最近年度销售额的三到五倍”。“考虑到(该药物)相对有限的货架期,公司承担了巨大的持有成本风险,并在过去几年里以自己的费用冲销了大约一半的采购量。”①

(四)对医药专利制品滥用市场支配地位的干预

各国学者针对干预市场支配地位的前提条件有不同观点:(1)干预需同时满足以下情形:经营者在市场中享有垄断或接近于垄断的地位,而且该地位不是过去投资或创新的结果,是由不可逾越的合法壁垒所保障的;经营者索取的价格远远地超过了它的平均全部成本;这些价格有阻止在邻近市场出现新的产品服务风险的作用。②(2)干预需同时满足以下 3 种状态:市场支配地位由高进入壁垒所保护;企业拥有强大的市场力量;创新与投资在市场支配地位中起到了相对微小的作用。③(3)干预需同时满足以下 5 种状态:有严重的进入壁垒;市场无法自我修复;支配地位是排他性滥用和政府行为所致;没有调节或调节失败;没有可采用的结构性救济。④保利斯(Paulis)提出了唯一准则,即存在非常高且长期保持的进入或扩张壁垒。⑤

学者们在对市场支配地位干预与否的讨论中未考虑市场份额因素,而是不约而同地将高门槛且长期存在的市场壁垒作为必选项,只要是合法获得的垄断地位(创新和投资)就可以享受反垄断的豁免。医药专利制品受法律特别保护,专利权背后隐含的创新和投资构成了市场进入障碍,符合市场壁垒和合法获得两项条件,符合反垄断的合理原则,如此就不应对药品支配地位进行规制,法律不规制市场支配地位本身。

1. 医药专利制品滥用市场支配地位之干预

对企业滥用市场支配地位的行为,TEFU(Treaty on the Functioning of the European Union)第 102 条清楚地禁止具有支配地位的企业直接或间接地进行不公平交易或以不公平的价格出售。美国联邦最高法院也不认为原研药企业可凭借其专利而置身反垄断法监管之外。美国联邦最高法院认为,专利并不能分裂反垄断法对原研药企业滥用行为的审查,因为:“专利和反垄断政策在确定专利垄断范围时是相互关联的,对反

① Harry First,“Excessive Drug Pricing as an Antitrust Violation”, *Antitrust Law Journal*, Vol. 82(2019), p. 731.

② See Konkurrensverket, *The Pros and Cons of High Prices*, Swedish Competition Authority, 2007, p. 21.

③ See Konkurrensverket, *The Pros and Cons of High Prices*, Swedish Competition Authority, 2007, p. 21.

④ See Konkurrensverket, *The Pros and Cons of High Prices*, Swedish Competition Authority, 2007, p. 22.

⑤ See Konkurrensverket, *The Pros and Cons of High Prices*, Swedish Competition Authority, 2007, p. 23.

垄断法的豁免——是专利授予的。”①专利权授予专利权人索要高价的权利但是并没有允许专利权人可以有反竞争的行为,也不允许曲解市场,可以理解为专利权人索取高价是可以被允许的,但是如垄断协定、限定交易人、拒绝交易、并购等行为是被禁止的。美国对于专利权人索要剥削性高价态度宽容,不如欧盟法院立场严厉明确。

2. 医药专利制品滥用市场支配地位与剥削性高价的关系

剥削性高价是剥削性滥用(exploitation abuse)的典型表现,都是对市场支配地位的滥用。剥削性滥用,是指权利人通过不公平高价或非价格条款(如对被许可人的许可费叠加、免费反向许可等)抽取租金的方式向下游交易人寻求利益的行为。② 剥削性高价是企业以不公平高价向消费者出售商品。在医药行业中,确定市场支配地位或者市场支配地位滥用与剥削性高价行为的关系是:专利权是拥有和维持市场支配地位的核心要素,专利药品可替代性直接决定企业滥用和剥削性高价行为的可能性,不必然导致后者行为的发生;由专利药品的剥削性高价的结果可以推断出其在市场上占据不可替代的地位。一种情况是,药企的专利垄断导致药品人为剥削性高价,造成公众的获取途径减少。另一种情况是,在原研药专利到期前,药企极有可能采取产品跳转或专利常青手段变相延长专利期限、市场支配的时间,阻碍仿制药的上市,从而维持其高价。医药专利制品市场支配地位和剥削性高价关系的实质是药品行业的强专业性、专利性特征。

专利壁垒形成的市场支配地位由其隐含的持续资金投入、领先技术成果和获取审批的时间成本及试验数据所构成,难以撼动,为了获得回报和激励必定会收取高价。在这多层关系中,资金、技术和时间是因果关系,因为有了充足的资金才能推动科技发展和后续审批,同时这3个原因形成了专业壁垒中最珍贵的试验数据,促进了专利药品高价这一结果。专利壁垒和市场支配地位也在双向互相作用,当前者导致后者时,既巩固了自身的壁垒,也加强了市场支配地位,也就有了更强烈的意愿去索取高价,高价反向又充实了专利壁垒和支配地位的形成。

假设一个企业具备了充足的资金、先进的科研团队和等待审批的耐心,再加上立志惠民的决心,是否会得到平价专利药物的结果?恐怕很难。因为对于一个专利药品来说,其产生不是凭空得出的,而是循序渐进的,建立在前辈不断技术积累之上的,是试验数据。现如今国际社会出现了药品研发分包业务,即前期药物试验数据或成果可

---

① Frederick M. Abbott, “Excessive Pharmaceutical Prices and Competition Law”, *UC Irvine Law Review*, Vol. 6 (2016), p. 291.

② See Harry First, “Exploitative Abuses of Intellectual Property Rights”, *Law & Economics Research Paper Series Working Paper*, No. 16 – 26 (2016), p. 3.

以通过交易购得，只是价格不菲，反而会加剧高价这一现象。

论述了专利药品价格高居不下和专利壁垒难以打破的原因，那么，它所导致的高价如何认定？

四、医药专利制品的剥削性高价认定

垄断价格（monopoly price）是与竞争价格对应的概念，它是支配地位企业所能索取的最高价格。不公平高价（unfair excessive price）是远远高于有效竞争所产生的或未能反映产品经济价值的竞争价格，产生排除竞争者或剥削消费者的后果。①

不公平价格（unfair price）并不等同于高价（excessive price），前者的违反标准要低于后者。公平是人们从交易中获得的合理期待，价格公平是基础要求，高价或超高定价则暗示过度或超越界限的价格。由此可以看出，剥削性高价的两个特征：不公平和高价，对普通商品的高价认定也是从这两方面入手。成本加成法（cost plus approach）通过成本与价格差分析，利润差法（profit-margin test）通过利润占比分析，或是经济价值法（economic value test）通过价格和其经济价值之间过高差异的合理性判定。② 因此，对剥削性高价认定的基础是成本、利润等对价格构成的影响，但是专利药品又有其特殊性。

（一）剥削性高价之认定

1. 剥削性高价的定义

剥削性高价（exploitative high price）是剥削消费者的价格，强调这个价格的作用，是对价格不公平后果的描述，不公平高价是从价格本身定位出发的评价。不同于静态垄断状态下能获利最多的垄断价格，剥削性高价仍然面对动态竞争压力的竞争价格，在特定市场依照竞争程度的不同价格有所浮动。③ 对剥削性高价定义还需经过反垄断执法严格的判断，它属于不公平高价，超过了竞争价格但未达到垄断价格，法律条文也多以客观的不公平高价来加以陈述。

企业可以轻而易举地利用优势拦截消费者并能使其支付超出产品或服务本身的

---

① See Hils Wahl, *Exploitative High Prices and European Competition Law-a Personal Reflection*, in Konkurrensverket, The Pros and Cons of High Prices, Swedish Competition Authority, 2007, p. 50.

② See Behrang Kianzad & Timo Minssen, "How Much is Too Much Defining the Metes", *European Pharmaceutical Law Review*, Vol. 2, Issue 3(2018), p. 28.

③ See Behrang Kianzad & Timo Minssen, "How Much is Too Much Defining the Metes", *European Pharmaceutical Law Review*, Vol. 2, Issue 3(2018), p. 51.

基于市场竞争的价值,将消费者剩余转移到生产者身上,这就是剥削性高价。①

2. 剥削性高价参照体

判定是否属于剥削性高价需要有依据和标准,大致可以从与自身比较和与他人比较进行。(1)与自身成本相比:价格由供给方(生产成本)和需求方(需求弹性、支付意愿和能力)共同决定,对价格与成本之间的合理差距(利润)进行测算,也就是通过判断利润是否合理来对价格是否过高进行判定。(2)与其他相同功效的商品相比:如果在相同或相关市场有不同的企业提供同样的产品或服务,说明在市场中是存在有效竞争的,在有效竞争的市场中索取的价格比其他商品高昂,也许是物有所值的表现,属于市场行为。(3)与不同市场的相同制品相比:如同一制品在不同地区市场定价不同,在定价高的市场可以称为歧视性定价。不同地域市场价格比较可以提供有限的评估基准。(4)与自身从前价格相比:如果有公开明确的数据参考作为对比会容易得出结论。但是要区分涨价的幅度和时间。②

3. 剥削性高价判定方式

在欧盟的"United Brands"案中,判定价格过高的理由是价格与产品经济价值没有合理联系,判定方式所用的两测试法(two-fold test)之后常被借鉴以判定价格高低。其分为两个步骤:"事实上发生的成本与索要价格之间的差距(即利润)是否过高是测算关键,如果是确定的,还要区别是相较成本本身还是与其他竞争品相比下的不公平。"③判定价格就要从成本、利润等价格的构成入手。

(二)专利医药制品价格构成

专利医药制品价格由研发成本、生产成本、销售成本和利润及其他构成,④这些成本因素很难量规,风险使它的沉没成本隐秘、不易察觉。

1. 研发生产成本估算

研发成本包括对新药的识别,研发、测试的成本。生产成本包括仓储冷链运输成本,生物原料提取等,药品生产成本相对其研发成本很低。在对候选药品选择过程中发生的机会成本(使用一种资源而产生的对其他资源使用的机会或利益的损失),在医

---

① See Massimo Motta & Alexandre de Streel, *Excessive Pricing in Competition Law: Never say Never?*, in Konkurrensverket, The Pros and Cons of High Prices, Swedish Competition Authority, 2007, p. 14.

② See Massimo Motta & Alexandre de Streel, *Excessive Pricing in Competition Law: Never say Never?*, in Konkurrensverket, The Pros and Cons of High Prices, Swedish Competition Authority, 2007, p. 33.

③ Behrang Kianzad & Timo Minssen, "How Much is Too Much Defining the Metes", *European Pharmaceutical Law Review*, Vol. 2, Issue 3 (2018), p. 20.

④ 参见朱恒鹏:《医疗体制弊端与药品定价扭曲》,载《中国社会科学》2007年第4期。

药制品研发中的基础研制支出沉没成本(是指以往发生的,但与当前决策无关的费用)都应当计在研发之内。

从药品研发到产品成型需要经历靶点选择和高通量筛选,先导化合物确定和优化,临床前研究和临床试验3个步骤。第一步是企业选择候选药品研发的过程,拥有最大的不确定性。第二步是转化研究,从候选化合物中选定具有某种药物活性的新化合物或者是提高化合物体内目标的参与度和有效性,对患者分层与疾病分类。第三步是临床前细胞试验、动物实验、体外实验;临床试验申请(IND)。Ⅰ期、Ⅱ期、Ⅲ期人体临床试验各需招募20~80名、100~300名、1000~3000名志愿者参与测试药品对人体的内在危险、安全用量和副作用,并与其他药对比功效和副作用,最终确认药品的副作用和长期服用的影响。[①] 最后完成了人体实验,验证新药的安全有效性后,提交上市申请。

上述试验阶段,研发企业须向医生、医院、志愿者支付高昂的费用酬金,因为风险高,该费用甚至可能要比其他研发阶段加起来的总和还要多。在此前阶段的研发中要尽可能快地通过试验淘汰部分候选药,避免继续研究产生时间和金钱上的浪费。近年来,各大药企研发成本不断增加也主要是临床试验阶段的支出在不断增加。

2. 无形资产成本:专利和专利许可费用

研发成本是自己取得专利权的成本,当然还有使用他人专利的可能,就会产生对前专利研究成果的使用许可费。对生物技术专利主张的权利覆盖面广泛,许多功能仅是推测,一旦获得专利批准,人们今后将无法再研究、利用。权利主张越广泛,后续研究者需要支付越多的费用,无疑增加了研发的成本,不利于技术的创新、进步。

3. 其他成本

近年来,我国对于特定药品大幅降低其税率,中间流通环节仍然收取多重费用。从出厂价开始到终端消费者,其中包括中间销售商收取的费用、增值税(罕见药、抗癌药等是3%,生物制品是3%,一般药品是13%)、[②]进口关税等。

4. 利润

前期试验阶段面临失败,不是每个候选品都能批量生产销售,每一种上市药品的利润都包含同期其他药品的前期成本(包括在临床前阶段也包括临试验阶段)。专利

---

① See Meyrick John Kirby, *The Relevance of Project Cost Information in a Modern Pharmaceuticals Company*, University of Glasgow, 2007, p. 43.

② 参见财政部、海关总署、国家税务总局、国家药品监督管理局《关于抗癌药品增值税政策的通知》(财税〔2018〕47号)、《关于罕见病药品增值税政策的通知》(财税〔2019〕24号)、《关于药品经营企业销售生物制品有关增值税问题的公告》(国家税务总局公告2012年第20号)。

医药制品所获利润都是在前项大规模投资基础上获得的足够回报。因为药物研发与高成本、高风险如影相随,所以企业必须依赖数目有限的高成功药品来弥补前项投资的损失和资助后续研发。

(三)专利医药制品高价之"剥削性"的认定

接下来就是认定该高价属于剥削性的不公平高价,企业从消费者那里赚取了比公平利润更多的利润。药品高价分为涨价后的高价和上市即高价两种情形,判断其是否属于剥削性高价的方式也不同。

第一种情形比较容易判断:价格是快速大幅上涨还是缓慢上涨。前者是投机行为的可能性较大,收购后立即进行的价格上涨是剥削性高价的指示性因素之一;价格缓慢上涨可能有其他解释,或基于成本因素的改变。

第二种情形下的认定方式为:(1)价格和合适基准(生产成本或相关比较者之间差距)的关系。(2)创新的潜在影响,创新能力的提高可成为抗辩理由。[①] 例如,"Daraprim"案的结论:价格暴涨,陡然明显地增加——这是除投机外的其他行为不能解释的,药品早已没有专利保护,没有任何包含创新的迹象,由价格增长的时间和幅度可以推测很可能与生产成本或投资回报没有关联。[②] (3)价格上涨对市场新进入者的影响,如果高价无法吸引新竞争者进入市场,企业会在市场内无顾忌地索取高价。

(四)专利医药制品剥削性高价认定的特殊问题

对于专利药品初始高价的行为是最难以认定的情形,认定的逻辑起点是药品成本,一旦成本和销售价格差可以确定,由利润大小就可以确定是否是剥削性高价。另一种方法就是与其他竞争药品价格相比,这种方法不被推荐的原因在于,研发成本不具可比性,价格也就不能比较。大多数国家对于一般商品都有参照价(reference pricing),专利药品却很难适用,即使有也会有众多质疑。专利药品价格体现的是政府对生命健康认知的价值,这种价值难有参照体。专利药品剥削性高价的认定也有其特殊之处。

1. 前期研发投入难以估算

除估算内容有待商榷外,日益严格的监管和疾病的复杂变异大大降低了研发效率,导致药物研发周期越来越长,时间成本不断增加,直接结果是沉没成本的上升。新药开发期的不断延长等同于其上市后享有的专利保护期缩短,对于畅销药品,意味着

---

① See Harry First, "Excessive Drug Pricing as an Antitrust Violation", *Antitrust Law Journal*, Vol. 82 (2019), p. 738.

② See Harry First, "Excessive Drug Pricing as an Antitrust Violation", *Antitrust Law Journal*, Vol. 82 (2019), p. 728.

预期收入的大量减少而投入的不断增加。[①] 从新药研发效率来看,据弗罗斯特和沙利文(Frost & Sullivan)统计,Ⅰ期、Ⅱ期、Ⅲ期临床及新药注册环节的效率在21世纪初出现明显下降,新药研发周期延长;[②]从新药获批数量来看,据评估制药公司(Evaluate Pharma)统计,FDA每千项临床试验获批新分子实体数量在21世纪初由7.50个逐步下降到3.05个,新药年获批数量不断减少。研发周期的延长和新药数量的减少助推了研发难度和支出的增长。[③]

有专家测算,事实上药品的边际成本只有总成本的20%~50%,但是如果药品维持持续性的边际成本,那就意味着研发的终结。[④] 虽然生产制造是药品上市的关键一步,但是药品的真正价值出现在研发阶段而非生产环节,专利药品研发成本的设定是让每个消费者承担,因为它假定是为所有消费者创造价值(如长时间、大规模的临床试验的目的是保证最大范围人群安全有效)。这里的消费者是抽象的,既可以是现有的,也可以是未来的,它不能被随机分配到固定人群或地区,在现实中用药人群则是有限和具体的,可以说,他们为未知消费者承担了部分成本。这给研发成本合理性的推断增添了难度。

在现代全球化进程中,医药研发阶段所需的高知劳动力不再局限于一个国家,知识产权也可以通过交易授权、合作等方式流动。这些情形在促进科技快速交流传播的同时,更增添了研发成本计算的不确定性。

2. 医药专利作为剥削性高价的抗辩理由

专利药品的高价和高利润无法成功吸引新的竞争者进入或扩张市场,形成有效竞争,那么对高价的干预就十分必要。高价未成为吸引新竞争者进入或扩张市场的有力信号说明竞争者有更现实的考虑:专利,或者说是专利背后的试验数据、研发成本和相对容易的逆向工程(仿制药)。专利对发明者给予垄断权作为奖励,但是专利并不是导致剥削性高价的唯一因素。对于同一种疾病,有两种可互相替代的专利药物要比只有一种专利药物的价格低。只有在一种情况下存在垄断行为,就是对于这种疾病只有一种专利药物可以治疗,专利不能成为企业任意定价的理由。影响剥削性高价的不是专

---

① 参见何华:《药品专利期限补偿制度探究——以药品消费特性为视角》,载《法学评论》2019年第4期。

② 参见东兴证券研究所:《2017年中国医药CRO行业研究报告》,载搜狐网:https://www.sohu.com/a/236603260_802872,最后访问日期:2020年5月12日。

③ 参见《药物研发催生新兴行业,国内CRO市场加速发展》,载搜狐网:https://www.sohu.com/a/230129480_620847,最后访问日期:2020年5月12日。

④ See Patricia M. Danzon, "Making Sense of Drug Prices", *Regulation*, Vol. 23, No. 1 (2000), p. 61.

利本身,而是是否有替代品,解决药品高价的最有效的措施就应该是市场上出现更多的替代品。

专利不是药品剥削性高价的唯一理由,但其却是不可辩驳的原因,二者关系无法割裂,它犹如一道透明的屏障,唯有执法机构专业理性分析分清它们之间的互相影响方式和程度,才能准确地认定高价行为。

3. 利润计算复杂

按照药品研发平均10年的预期时间计算,目前账面上的利润额反映的是10年前、20年前的研发决策,是建立在当时对科技、市场、政策的预测之上的,事实上的利润可能是超过或远未达到预期。那么,对现阶段利润是否高的评判标准,无论是基于现阶段研发可得利润还是若干年前研发的预计利润,抑或是平均值进行,都存在漏洞。不恰当地通过支配现在的价格来努力限制利润既会清除进入壁垒也会降低研发意愿。①

药物研发风险的高低对于成本与利润测算的影响也很大。低风险药物研发是在前研发过程已掌握技术的基础上对药物传导机制或用量给药方式的改进,相对安全,具有低风险、低失败率的特征。高风险药物研发几乎是建立在对发病原因、干扰机制未知的基础上,研发任务面临很高不确定性的同时,投资也会有持续性的高风险性,在研发过程中有可能发现更多的路径,也意味着商业上短期内不会有可行的结果出现。这些项目成本应是包含不成功的试验过程在内的,风险高、成功率低,也预示药品成本利润应比低风险药物高。

另外,制药企业大多通过研究人员和医院建立起的广泛交叉学科研究,以及购买"最有希望"候选药物实现风险防控。这不仅成为成本支出的一部分,也是利润分享的一部分。

4. 利润超额的判断基准和价值测算方法的不确定

药品参照同类商品平均价格进行初步测算利润,其缺陷在于:除上文论述的研发成本问题外,利润对药品行业的激励作用和经济价值还被忽视。②

有关经济价值测试(economic value test),图灵(Turing)认为,此行业中合适的参照标准可能并不是药品本身的生产成本,而是对于消费者来说的价值。在哈里·福斯特(Harry First)看来,即使消费者出于延续生命产生的强烈的购买意愿也不是判断价格

① See Patricia M. Danzon,"Making Sense of Drug Prices",*Regulation*,Vol. 23,No. 1(2000),p. 62.

② See Behrang Kianzad & Timo Minssen,"How Much is Too Much Defining the Metes",*European Pharmaceutical Law Review*,Vol. 2,Issue 3(2018),p. 17.

是否合理的标准。[①]在企业看来,消费者出于维持无价生命健康的目的购买的专利药品,价格多少都是符合经济价值规律的。从反垄断法视角看,超高利润就是企业攫取了大量即便没有他们的努力也会被创造出的财富,这些财富通常与成本补偿和回报混同在一起,需要经济学、药剂学、生物医学等学科通力合作才能察觉到。专利药品利润应反映药品里的多少经济价值才是合理的,相信这是一个法律无法解释的问题。

利润评估方法需将研发过程的沉重负担、利润对创新专利的合理回报都考虑在内。计算利润时必须要将这两项计入在内:风险和沉没成本的补偿,创新动力和能力的保障。[②] 这样几近合理,那么利润超额的标准设置又是一个新的难题。设置一个合理利润等同设置一个合理价格,如果要确定一个合理价格,是有违竞争法的,则是不可能的。对于同一平台的竞争者来说,合理价格就是在公平竞争中形成的价格,它是动态、无标准可参考的,合理价格即是竞争价格。

5. 获取成本利润数据途径的合法正当性

出于各种原因,大多数原研药企业都不会愿意积极提供研发成本数据。以美国为例,政府不会很强烈地想获得关于研发新药成本的直接数据,因为美国政府是研发企业的主要资金提供源,也直接或间接地以国家健康组织(National Institutes of Health, NIH)的形式向研发企业购买产品。国会可以传唤(subpoena)的方式从研发企业处获取数据信息,也可以非正式的请求(requests)方式进行问询。[③] 获取原研药研发成本数据的方式似乎是全世界都会面临的难题,欧盟理事会通过了一项关于公众健康的决议,要求医药研发企业加强对研发支出的公布的透明性。随之而来的便是数据被盗用,新药被模仿的问题。[④] 当然也有其他获取数据的方法,如估算获取研发或参与研发商业体的成本(外包业务),使用纳税依据成本的数据,核查向证券交易部门提供的数据等,但是不如由研发企业提供那么强有力,下一个问题就是研发企业提供数据的真实性又需证明。现实中,对医药专利制品价格的评估缺少连续性法律经济学上的测试,在执法中又缺少对制品价格形成的充分证据。

---

① See Harry First, "Excessive Drug Pricing as an Antitrust Violation", *Antitrust Law Journal*, Vol. 82 (2019), p. 730.

② See Timothy J. Brennan, *Should Innovation Rationalize Supra-Competitive Prices? A Skeptical Speculation*, in Konkurrensverket, The Pros and Cons of High Prices, Swedish Competition Authority, 2007, p. 97.

③ See Frederick M. Abbott, "Excessive Pharmaceutical Prices and Competition Law", *UC Irvine Law Review*, Vol. 6(2016), p. 308.

④ See Frederick M. Abbott, "Excessive Pharmaceutical Prices and Competition Law", *UC Irvine Law Review*, Vol. 6(2016), p. 309.

专利药品企业的经营可用专利保护、高成本、高利润3个要素来概括。制药企业长期享受专利保护,成本优势在大型药企中的作用突出,有着复杂研究开发工艺流程的专利药品行业以庞大财力支持运转专利药品的研发,市场获利后循环到下一轮研发中去。假设人为降低药品价格,医药公司会以市场利润为研发导向,集中人力、资金率先研发高利润、少风险又周期短的专利药品,更多药企跟风选择容易盈利又安稳的药品,少有医药公司研发高风险级别药物,阻碍了药品研发多样性,不利于对疾病的治疗和控制,最终受损害的是消费者。

消费者的负担能力和可获得渠道必须要和医药企业投资创新行为强烈且可持续性的动机进行衡量,竞争者被鼓励去竞争,但当其获胜时却不能被激励,这无疑会抑制人们的创新积极性。立法者、执法者所为不是给予垄断者垄断的利润,也不是一味打压消磨药企的积极性,而是要保护投资者的投资意愿,促使药企能带来高效安全多样的产品,提高总体的社会福利。

五、我国医药专利制品反垄断法规制之相关建议

(一)我国面临的问题

我国医院里、药店中,大部分药品都属于仿制药,药品价格高昂从源头上来说是原料药的价格垄断严重造成的,也有流通销售环节或者医疗机构赚取中间利润的原因。

1.创新研发能力弱

仿制药并非假药,但凡不是自己首先研发,而是生产世界上已经存在的药物,都算作仿制药。根据医药网平台查询,当前中国批准的阿莫西林胶囊有262种,阿莫西林片28种,阿莫西林颗粒78种,它们都是仿制药,中国的药品批文大部分被这些仿制药占用,在18.9万个国产药品批文中,仅有约5%是创新药,这个比例甚至不高于印度,①2019年共有303种药物属于过度重复药,这300多种药物的有效批文,占据了中国全部化学药品及生物制剂批文的大多数。②

我国在创新药品市场所占份额很小,2015年全球销售额最高的10个药物,全部由

---

① 参见《中国仿制药市场在过去十年规模近5000亿元,未来具有高临床价值的创新药在国内拥有巨大的市场空间》,载中国产业信息网:http://www.chyxx.com/industry/201812/697666.html,最后访问日期:2020年5月12日。

② 参见《关于发布第五批过度重复药品提示信息的公告》,载中国药学会官网:https://www.cpa.org.cn.do=info&cid=75056,最后访问日期:2021年1月15日。

跨国药品企业研发生产，①中国自主研发获得国际承认的创新药物只有青蒿素、二巯基丁二酸钠、泽布替尼(2019 年在美国获批上市)。我国药企总量多、规模小，自主创新和研发能力弱，既不利于生产技术的进步和效率的提高，也不利于竞争力的提升。

2. 药品定价处于市场化过程

由于我国在该行业政府干预影响较多，行政垄断对医药体制有影响，正处于"医药分开"转型期，2018 年新医改通过深化医疗服务价格改革，加快建立以成本和收入结构变化为基础，及时灵活的价格动态调整机制。现如今在药品价格政策上，我国麻醉药品和第一类精神药品实行政府指导价，其他药品实行市场调节价。②

药品市场呈现自主创新程度不高、专利药品少、药品重复率高等现象，结果是生产商的积极性未受到有效激励，所以形成恶性循环，大量资金注入流通中间环节，少有关注药品的研发创新，最终市场上弥漫大量相同和类似的药品，而研发这一"十年下苦功"的过程则无人问津。

(二)我国相关立法

现阶段，我国采取了多种手段改善医药行业存在的不足：改革医疗体制、降低民间资本的准入门槛、积极引进外资等，目的是为医药市场注入竞争力。目前对药品价格管制涉及《药品管理法》《专利法》《反垄断法》《价格法》4 部法律。

1.《药品管理法》

我国《药品管理法》(2019 年)对药品创新规定有鼓励措施：鼓励治疗严重危及生命疾病、罕见病的新药和儿童用药的研制；优化审评机制流程；临床试验审批从批准制改为了默示许可制等措施，提高了新药研发到上市的效率。该法第 84 条、第 85 条和第 86 条主要规定经营者自主定价需要遵循的准则。③ 该法侧重药品安全、管理，药品管

---

① 参见《创新药何时实现"中国造"》，载人民网：http://ip. people. com. cn/n1/2016/0816/c136655 - 28638975. html，最后访问日期：2020 年 5 月 26 日。

② 参见《关于做好当前药品价格管理工作的意见》(医保发〔2019〕67 号)。《关于印发推进药品价格改革意见的通知》(发改价格〔2015〕904 号)。对专利药品、独家生产药品，通过建立公开透明、多方参与的谈判机制形成价格。

③ 《药品管理法》第 84 条规定：国家完善药品采购管理制度，对药品价格进行监测，开展成本价格调查，加强药品价格监督检查，依法查处价格垄断、哄抬价格等药品价格违法行为，维护药品价格秩序。《药品管理法》第 85 条、第 86 条规定：依法实行市场调节价的药品，药品上市许可持有人、药品生产经营企业和医疗机构应当按照公平、合理和诚实信用、质价相符的原则制定价格，为用药者提供价格合理的药品。且应制定和标明药品零售价格，禁止暴利、价格垄断等行为。依法向药品价格主管部门提供实际购销价格和购销数量等资料。

理部门的执法,[①]有关价格的内容也仅限这3条禁止性规定,仍由部门执法,但是对于价格垄断违法责任未作进一步规定。

《短缺药品和原料药经营者价格行为指南》对短缺药和原料药的相关市场界定、市场支配地位认定、不公平价格交易认定的内容对于专利药品不公平高价的认定具有指导借鉴意义。[②]

2.《专利法》

尽管各国专利法一般都规定专利保护期限为专利申请之日起20年,但由于药品专利申请后的临床试验和审批程序占据的时间过长,药品上市后的实际有效专利保护期被大幅缩短。我国立法者开始尝试引入药品专利期限补偿制度,以期实现药品专利制度的优化。[③] 另外,面对公共健康危机,专利法有强制许可制度(不经专利权人的同意允许第三方生产、销售、进口有关专利产品,实施专利方法,同时由被许可方向专利权人支付一定补偿费的法律制度)[④]给予保障。

3.《价格法》

《价格法》作为一部规范价格行为,维护消费者合法权益的法律,在第14条中对经营者串通操纵市场价格、价格歧视、哄抬价格和变相抬高价格的行为进行了禁止性规定,看似与反垄断法存在竞合,实际上在各自领域发挥作用。价格法对扰乱市场秩序的价格行为调控,目的是保持价格总水平的相对稳定,反垄断法关注价格背后的竞争机制,是促使在自由有效竞争市场中形成价格。

4.《反垄断法》

与价格法相比,基于特别法优于一般法和新法优于旧法的原则,对滥用市场支配地位的高价行为应适用反垄断法。我国《反垄断法》第17条、第18条对滥用市场支配地位作出禁止性规定,对市场支配地位作出了界定,法律最后对违法责任也作出了明确规定。《关于滥用知识产权的反垄断指南》(征求意见稿)对涉及知识产权的相关市场、市场支配地位的界定更加合理,可以说,通过反垄断法及相关指南文件可以对专利

① 药品的监管部门主要有食品药品监督管理局(现属于市场监督管理总局)和卫生健康委员会,反垄断法执法机构也属于市场监督管理总局。

② 是否明显高于同期其他经营者的价格,是否超过正常幅度提高价格,提价幅度是否明显高于成本的增长幅度,在同一地域市场不同时间区段或在同一时间区段不同地域市场进行对比。

③ 参见何华:《药品专利期限补偿制度探究——以药品消费特性为视角》,载《法学评论》2019年第4期。

④ 参见国家知识产权局条法司编:《〈专利法实施细则〉修改专题研究报告》(下卷),知识产权出版社2008年版,第1037页。

药品剥削性高价实现规制。不足之处是所依据的法律文件并没有针对专利药品的特性作出合理界定和认定。

与卡特尔和并购垄断相比,我们对药品的高价行为更加敏感。一方面,以上法律法规对不公平高价行为的规制态度明确而坚定,各法对高价行为规制的职能划分和执法部分尚待从实际案例中明晰。《药品管理法》作为新法,对市场的作用还待实际执法检验,其偏重药品行业的安全管理,对药品企业滥用支配地位行为的规制作用有限,但其有关价格监督和成本调查的规定,可以向《反垄断法》规制提供信息资料的功能值得期待。另外,医药行业监管机构可与市场监管机构合作,通过出台指导性文件或意见对有关专利药品的相关市场、市场支配地位及其滥用的界定做出合理规定。

(三)对反垄断规制之启示

将专利药品的剥削性高价现象笼统地归结于市场没有发挥应有作用,既不科学理性也不谨慎。

1. 审慎判断剥削性高价行为

剥削性高价行为有"不公平价格","(超)垄断价格"(supra-monopoly price)等不同表述,不公平是药企和消费者之间交易时议价能力和地位的不对等。剥削性高价行为的判断需要通过比较价格与成本、不同时期的价格变化、同一市场或不同市场中类似竞争产品的定价等因素完成,且成本利润估算需要我们结合法学、经济学、医学和药学多方面进行。

2. 谨慎区别剥削性高价行为

药品行业超高定价行为可区分为:(1)滥用市场支配地位的剥削性高价,如利用原料药市场之力量;(2)滥用知识产权的剥削性高价,如原研药企中,利用原本合法的知识产权优势,获取超高垄断利润。滥用知识产权的剥削性高价行为的表现是:临近专利期限,品牌药企采取如"专利常青化"和"产品跳转"的措施①阻碍仿制药的进入,继续维持或抬高药品在专利保护期内的垄断价格。本文论述的剥削性高价行为就是源于占据知识产权优势,执法审查时,要将知识产权法与反垄断法结合起来判断,明确合法利用和非法滥用知识产权保护的边界。

3. 正确看待剥削性高价行为

专利药品价格不光体现相应的经济价值,也不仅是专利权人应得或预期利益的回报,它还应是社会或消费者需要支付的能驱使专利权人愿意创新和出售创新成果的价格。坚持市场驱动力设定价格的原则,尊重竞争机制在其中的作用,通过法规政策引

① 原研药企利用原研药专利的微小创新来达到不断获取新专利、控制原研药市场的目的。

导更多创新药品的出现才是打破专利药过度高价之现象的解决之策,允许市场灵活发展,完善最适合其环境和利益的商业规则。对专利药品高价行为无论是以何种理由进行的干预都是对自由市场行为的干扰,所以干预规制要谨慎而为。最优医药市场不是低廉价格而是能最大范围为病人提供安全、有效的治疗药品和方法,其次才能探讨药品之可获得性。

六、结语

诸多学者更担忧的并非专利医药制品的高昂价格,而是若药价低至无法覆盖成本,或者利润无法吸引资本投入前期研发,那么将无人愿意将资金投入复杂的研发中去。公众颇为关注的患者经济负担过重问题应由社会保障机制解决,而非反垄断法或其他管制法律之职责。

反垄断法规制的目的不是消除专利药品之高价,高价行为的消失不意味着规制目的之实现。制药企业与消费者也不是对立关系,因为消费者对专利药品的需要远远要超过制药企业对利润的需要,一旦药企结束研发进程或者只作部分改进,对于消费者和社会来说有时是灭顶之灾。高价让企业获利并不必然等同于让消费者受损,只有当占市场支配地位的药企因其壁垒致使新竞争者难以入场,没有有效竞争,市场内不存在威胁,令其懈怠创新,产品发展停滞不前,有损效率和消费者福利时,才需要反垄断法的规制。如果一味通过各种方式规制药品高价,消磨药企创新积极性,消费者与高价药品的矛盾只是在短期内被缓和,不会得以长久解决。此时的反垄断规制要审时度势,根据市场内动态竞争之有效程度适时适度干预,这种干预的依据有相关市场的划分、市场支配地位的界定的行业分析,也有企业成本和收益的财务分析,以及该高价是否为“剥削性”的法律分析。

专利医药的研发不仅只有制药企业享利,同时也是社会受益的行为,反垄断规制不是社会保障法,也不是消费者权益保护法,更不具有对专利制度矫正的功能,无须对比消费者损失和企业获利程度进行规制,规制不足和规制过度同样会减弱市场活力,既有损消费者生命健康权和选择权,也不利于市场和社会长久可持续发展。反垄断规制应该是随着经济社会的发展,在企业足够激励和市场足够活跃的相对数上寻找最佳均衡点,采取多学科交叉研究的认定方法判断价格是否偏离均衡点,根据市场情况修正规制界限,不断自我调整追求有效竞争,实现社会效率最大化。

近年来,一方面,我国创新药受到政策大力支持,医改设法控制仿制药价,为药品创新创造各种有利条件和环境,旨在促进更多、更有效、更安全的新药品出现。另一方面,我国适度推行仿制药使用政策,节约医疗开支。仿制药与原研药的临床疗效无显著性差异，仿制药的使用可大大降低患者的经济负担。

社会希望从医药企业获得的是更安全、更有效、更易获得的新药，医药企业希望从社会获得的是更充实的资金、更优秀的研发人员、更高价和丰厚的利润。[①] 医药行业中价格的公平正义还体现在市场和社会的长久稳定，将专利制度对创新之鼓励与反垄断等规制对专利药价格之抑制保持在相同节奏才是实现平衡发展的关键。

（责任编辑：曹珊）

① See Hannah Brennan, Amy Kapczynski, Christine H. Monahan & Zain Rizv, "A Prescription for Excessive Drug Pricing", *The Yale Journal of Law & Technology*, Vol. 18(2016), p. 312.

《反垄断法》修订中罚款情形设定条款的缺憾与完善*

潘　宁**

摘　要:《反垄断法》主要依靠公共实施,罚款作为该实施路径下一种主要的威慑手段,其规则的确定性、有效性和可行性格外重要。罚款情形设定条款是罚款规则中的首要规则,其条款设定是否科学显得尤为重要。但结合本次《反垄断法》修订草案来看,该类条款仍存在一些值得完善之处。具体而言,罚款设定方式的选择和使用应当以倍率式为原则、以数值式为例外,以独用为原则、以选用为例外,同时在封顶式与数距式的抉择中保持选择数距式的现状;在倍率式中,倍率基准如果继续沿用销售额基准,那么"上一年度"最理想的解释应为自违法停止时点起往前一年,如果进一步改善基准,则可将 MAX 函数式作为一种考量;在罚款情形设定标准化与类型化的协调问题上,罚款设定方式的选择和使用形式随不同类型作相应调整的举措应当限缩至违法主体标准上,在其他标准下的情形分类都没有必要改变原则性的罚款设定方式和使用形式。

关键词:反垄断法;罚款;设定方式;倍率基准;类型化

一、背景与问题的提出

2020 年年初,国家市场监督管理总局公布《〈反垄断法〉修订草案(公开征求意见稿)》(以下简称草案)并向社会公开征求意见,正式开启了该法(《中华人民共和国反垄断法》,以下简称《反垄断法》)实施 11 年以来的首次大修。从草案来看,本次修订主要涉及 4 方面:第一,明晰理念,强化竞争政策基础地位。第二,调整规制范围,试图将

---

* 收稿日期:2020 年 7 月 2 日。

** 北京大学法学院经济法学博士研究生。

更多潜在损害竞争的领域、主体或者行为纳入规制。比如,回应了互联网领域数字市场支配地位认定问题,单设垄断协议一般概念条款,确认了公平竞争审查制度,增加了追究组织、帮助者责任,增加变相强制为行政垄断构成等。第三,给执法机关赋权赋责。在赋权方面如增加了请求公安机关协助权,对行政垄断事项的调查权,以及行政机关和法律、法规授权的具有管理公共事务职能的组织妨害调查行为的建议权;在赋责方面则增加了执法过程中的个人隐私保护义务。第四,改善责任威慑效果,具体而言包括上调罚款数额、限缩中止调查的适用范围、在民事责任条款后补充了刑事责任威慑等。

草案集中回应了在实践中数字经济垄断、行政垄断规制等热点问题,解决了目前《反垄断法》规制范围上存在的诸多与现实需求不相适应的地方,因而具有显著的回应性。与此同时,尽管草案建设性地指明强化竞争政策基础地位的理念、增设刑事责任援引条款,但建设性仍可进一步提升。以改善责任威慑效果方面的修订为例,对于垄断协议,本次修订虽填补了上一年度无销售额情形罚款计算时的规则漏洞,并将其与未实施垄断协议情形并列,均设置为最高5000万元罚款,增加组织、帮助者适用与主要实施者同样的责任条款,但区分对待了经营者与行业协会(从50万元提升至500万元),而且没有改变罚款计算依据和实施协议时比例范围罚款规则。对于经营者集中,本次修订将最高50万元的数值封顶式改为与垄断协议、滥用市场支配地位相一致的以销售额为基准的倍率式罚款,将违反申报规则、批准规则、附加限制性条件、违反禁止决定的行为,与达成并实施具有或者可能具有排除或者限制竞争效果的违法行为适用相同的罚款条款。对妨害反垄断审查、调查行为提升了罚款额度,对行政机关和法律、法规授权的具有管理公共事务职能的组织之外的其他单位处上一年度销售额1%以下的罚款,上一年度没有销售额或者销售额难以计算的,处500万元以下的罚款,对个人可以处20万元以上100万元以下的罚款,改变了原来两档罚款数额范围的规则。

目前,《反垄断法》主要依靠公共实施,由于罚款是其中最常见的方式,[①]反垄断规范要想取得理想的威慑效果应当格外重视罚款规则设计,但本次修订对罚款规则的改动侧重填补违法行为漏洞和提升数值式罚款最高额度,对改善罚款设定方式、计算依据和幅度范围的确定性及科学性所涉不多,因而留下诸多未决难题。首先,从50万元到500万元或者5000万元最高罚款的变化是否真的能“大幅增加处罚力度”?该具体数额的拟定有无足够的经济分析基础?其次,对滥用市场支配地位、达成垄断协议和

---

① 参见王健:《反垄断罚款的发展态势》,载陈云良主编:《经济法论丛》(总第29期),社会科学文献出版社2017年版,第92页。

违反本法实施经营者集中等不同类型的违法行为设定罚款时,是要标准化还是差异化选择和适用罚款设定方式?即使在统一独用倍率式的情况下,是否要对不同类型违法行为设定不同的倍率基准或者数距?销售额作为统一的罚款倍率基准是否足够科学?对于无销售额或者无法计算的情形直接以绝对的最高罚款数额规则来弥补是否过于简单?再次,对处于不同违法阶段的违法行为,应当选择和适用相同的罚款设定方式还是分别设定?应申报而未申报、申报过程中未经批准实施集中、违法附加限制性条件、违反禁止决定实施集中等形式不同的违法行为统一独用倍率封顶式是否合理?最后,应当保持对行业协会设定与其他主体一致的封顶罚款数值还是应当特殊处理行业协会组织违法行为?对共同违反反垄断规范行为中组织者、帮助者和主要实施者选择和适用相同的罚款设定方式、倍率基准和数距还是应当作差异化的安排?

本文将以《反垄断法》修订为背景,聚焦分析和解决上述修改尚不充分和完善的罚款情形设定条款相关问题。如能在当前草案基础上进一步完善具体规则以妥善解决这些问题,反垄断规范将取得更好的实施效果。《反垄断法》的完善要从定位、定向与定则3方面进行整体建构,①其中确定规则须以定位和定向为指引。经济法是协调之法,其基本精神是全面协调相关主体的利益,对不同的法益综合保护,以保证经济社会持续良性发展、符合系统的要求。反垄断法是经济法的子部门法,因此设定反垄断罚款规则时亦要体现协调的精神。在此基础上,具体反垄断规范设定应当与经济法理论的总体要求保持一致。经济法法定原则、适度原则和绩效原则这3个基本原则②均对罚款情形设定提出了原则性要求。具体而言,在法定原则之下,应当在法律层面进一步完善罚款情形设定规则以防止反垄断法执法机构滥用权力,适度原则则直接表明罚款数额必须恰当、符合比例,③而绩效原则则要求所设定的罚款达到理想的规制效率和效益。因此,在《反垄断法》中设定具体罚款情形时,不仅要在法治层面提高“规则的确定性”,而且要力求形成“好的规则”——格外重视将经济法的基本精神和基本原则贯彻落实到具体条款之中,全方位完善罚款情形设定条款。

二、《反垄断法》罚款情形设定条款缺憾的系统审视

《反垄断法》设定的罚款情形并不局限于垄断行为,因此厘清《反垄断法》规制的违

① 参见张守文:《反垄断法的完善:定位、定向与定则》,载《华东政法大学学报》2020年第2期。

② 参见张守文:《经济法理论的重构》,人民出版社2004年版,第337~341页。

③ 关于反垄断法修订中引入比例原则的论述,参见焦海涛:《我国反垄断法修订中比例原则的引入》,载《华东政法大学学报》2020年第2期。

法行为概念及其体系是进一步分析罚款情形设定条款①的前提。本次公布的草案将第六章由"对涉嫌垄断行为的调查"改为"对涉嫌违法行为的调查",这更好地反映了垄断行为概念与本法规制行为概念的联系与区别。《反垄断法》第3条将垄断行为定义为"经营者达成垄断协议;经营者滥用市场支配地位;具有或者可能具有排除、限制竞争效果的经营者集中",但整部反垄断法所规制的违法行为并不限于此3种。实际上,与垄断协议相关的违法行为除包括经营者达成垄断协议外,还有行业协会组织经营者达成垄断协议和受制主体帮助经营者达成垄断协议;在违反经营者集中控制制度的违法行为当中,除具有或者可能具有排除、限制竞争效果的经营者集中外,还存在未依法申报但经查不具有或者不可能具有排除限制竞争效果的集中行为。在第3条所涉3类情形之外,《反垄断法》规制的违法行为②还包括滥用行政权力排除限制竞争、拒绝或阻碍反垄断调查(其中法条列举了拒绝提供有关材料信息、申报方提供不真实不准确材料信息、隐匿销毁转移证据等具体行为)。

如表1所示,草案在罚款情形设定方面作出了一系列调整。具体而言,在目前适用的《反垄断法》中,第46条第1款和第3款、第47条、第48条、第52条分别对经营者达成并实施垄断协议、经营者达成但尚未实施垄断协议、行业协会组织本行业的经营者达成垄断协议且情节不严重、经营者滥用市场支配地位、经营者违反本法规定实施集中,以及拒绝或阻碍反垄断调查这6种行为设置了数值封顶式或者倍率数距式的罚款处罚。本次草案主要对罚款情形设定作出了如下6个方面的调整:第一,新设定了对那些上一年度没有销售额的经营者达成并实施垄断协议选用5000万元数值封顶式罚款;第二,将经营者达成但尚未实施该垄断协议的罚款设定由既往的50万元数值封顶式罚款上调为选用5000万元数值封顶式罚款;第三,将行业协会组织经营者达成垄断协议情节不严重的罚款设定由既往的选用50万元数值封顶式罚款上调为选用500万元数值封顶式罚款;第四,新设定了组织、帮助经营者达成垄断协议行为的罚款处罚;第五,将经营者违反本法规定实施集中的罚款设定由选用50万元以下数值封顶式罚款变为必用10%倍率封顶式的罚款;第六,对于拒绝或阻碍调查的罚款设定而言,过去区分主体性质(单位和个人)和情节轻重适用数值封顶式罚款或数值数距式罚款,现在则取消了情节轻重的区分,但对主体中单位性质作出进一步区分,新引入了倍率数

---

① 此处的罚款情形设定条款,是指设定罚款情形的条款,那些虽然包括"罚款"字眼但并非设定罚款情形的条款并非本文研究范畴。比如,目前《反垄断法》第49条中虽然出现了两处"罚款",但其规定的是反垄断法执法机构必要的罚款酌定因素,因而并不属于本文研究对象。

② 此处的违法行为不包括反垄断法执法机构及其工作人员执法时的违法行为,仅指狭义上执法对象违背那些为了恢复有效竞争秩序而对其设定的实体和程序义务。

距式罚款方式,而且上调了原有数值罚款方式的罚款封顶及幅度。

表1　罚款情形设定修改对照

违法行为	《反垄断法》	草案
经营者达成并实施垄断协议	第46条第1款前半句:并处上一年度销售额1%以上10%以下的罚款	第53条第1款前半句:并处上一年度销售额1%以上10%以下的罚款;对于上一年度没有销售额的经营者,可以处5000万元以下的罚款
经营者达成但尚未实施该垄断协议	第46条第1款后半句:可以处50万元以下的罚款	第53条第1款后半句:可以处5000万元以下的罚款
行业协会组织经营者达成垄断协议情节不严重	第46条第3款:可以处50万元以下的罚款(仅指组织本行业经营者)	第53条第4款:可以处500万元以下的罚款(指组织任意行业经营者)
组织、帮助经营者达成垄断协议	无	第53条第2款:适用第53条第1款罚款规定
经营者滥用市场支配地位	第47条:并处上一年度销售额1%以上10%以下的罚款	第54条:并处上一年度销售额1%以上10%以下的罚款
经营者违反本法规定实施集中	第48条:可以处50万元以下的罚款	第55条:处上一年度销售额10%以下的罚款
拒绝或阻碍调查	第52条:对个人可以处2万元以下的罚款,对单位可以处20万元以下的罚款;情节严重的,对个人处2万元以上10万元以下的罚款,对单位处20万元以上100万元以下的罚款	第59条:对其他单位处上一年度销售额1%以下的罚款,上一年度没有销售额或者销售额难以计算的,处500万元以下的罚款;对个人可以处20万元以上100万元以下的罚款

在系统梳理了《反垄断法》所涵盖的执法对象的违法行为的基础上,通过对比分析特定违法行为设定罚款情形规则的新旧变化,能够帮助发现罚款情形设定条款尚需完善之处。

首先,针对经营者达成并实施垄断协议这种违法行为,在没有销售额这种例外情形时选用数值封顶式的合理性有待进一步分析和论证。具体而言,比如,这种改动需要明确“没有销售额”是指没有销售额数据还是因为没有实际销售而确实没有销售额。如果是采用没有销售额数据这种更宽泛的理解，那么经营者就可能会故意藏匿或者损毁财物证据，导致执法机关在作出处罚之际将没有销售额数据或者认为没有记录详细销售额的客观需要而未作记录这类情形也纳入进来，显然将导致主客观状态与罚款设定方式的不恰当匹配。如果确实仅是因为没有实际销售而没有销售额，这其中也存在一些不同情况。比如，在实践中经营者实施垄断协议的违法期间与其处罚所依据的上一年度并不一致，在处罚所依据的上一年度中，有些经营者还未进入该特定市场，而有些经营者则是出于垄断协议的安排主动选择停产，①但后者的违法情形与那些适用倍率原则的经营者并无显著区别。与此同时，该条并没有提及在上一年度中虽然客观存在销售额但是实际上难以计算的情形，但草案却在第 59 条针对拒绝或者阻碍调查行为的处罚设定中考量了这一情形。

其次，罚款设定方式本身的合理性也有待通过比较各设定方式来充分探讨。本次针对数值封顶式之封顶数值的调整正是对该罚款设定方式无法反映经济发展状态这一缺陷的回应；但是究竟应当上调多少才算合适，这可能需要精细的经济学分析予以支持，而且要充分将法的稳定性要求纳入考量范畴，这实属不易之事。实际上，经营者达成但尚未实施该垄断协议与已经实施该垄断协议的区别在于违法阶段。那么，违法阶段与目前《反垄断法》第 49 条规定的那些应酌定因素之间的关系将如何协调？除调整封顶数值外，本次修订在设定经营者违反本法规定实施集中罚款时不仅舍弃了既往数值封顶式的做法，而且引入了倍率封顶式的设定方式，这一改动焕然一新。类似的变动也体现在对拒绝或阻碍调查行为的罚款设定当中。在草案中，对其他单位立法者同样引入了倍率封顶式的罚款设定方式，只是封顶倍率设置不同于经营者集中。但是，在此处采用与其他行为所适用的原则性罚款方式不同的设定，其理论基础是什么？这样的设定方式是否符合经济法基本原则的要求？另外，倍率式中倍率基准的不确定性问题尚未明确。一方面，以销售额作为计算依据是否公平合理？是否需要考虑类型化计算依据适用情形，进而将诸如商业损害、违法所得等依据的优点予以吸收？另一

① 比如，一起垄断协议案中 10 家烧结砖生产经营者对其生产销售的烧结砖（含空心砖、配砖）等商品实行统一固定价格、限制产品的生产数量和销售数量，垄断重庆市云阳县县城销售市场。这个垄断协议决定实行联营，并且统一安排加入联营的各成员是生产还是停产，以及对停产的联营成员按其原产量和市场占有比例进行经济补偿。因此，根据这个达成的垄断协议，当事人王某田（个体工商户，原云阳县某厂负责人）主动停产。在该处罚所依据的那一年中，该当事人主动选择停产所以客观上没有销售额数据，最后没有对其罚款，而是仅没收了违法所得，然而在该案中其他未停产的当事人却都没有被没收违法所得，而仅仅是统一处罚了上一年度销售额 5% 的罚款。详情参见渝市监经处字〔2019〕第 8 号行政处罚决定书。

方面,即使不改变目前单一的销售额计算依据,针对在实践中各执法机构适用倍率基准"上一年度销售额"时出现的问题也应当有所回应。比如,在实践中以罚代没的现象非常常见,如果不明确没收违法所得和罚款在不同违法类型上的适用关系,那么可能出现部分违法行为人的罚款不能够涵盖违法所得的情形,上一年度销售额作为罚款计算依据有时就很难发挥罚款应有的威慑作用。又如,当销售额计算依据不具有可行性时,有些执法机构甚至直接放弃使用罚款条款而单独科以没收违法所得的处罚。根据鄂市监罚处字〔2019〕003 号处罚决定书,2018 年 4 月 26 日,咸宁市顺通机动车辆安全检测有限公司(以下简称顺通公司)与蓝盾、鸿达公司开会进行价格意思联络,并于当年 5 月 1 日起统一调高检测价格,该违法行为持续到当年 8 月 17 日。由于当事人顺通公司上一年度(2017 年)无销售额,因此执法机构仅对其作出一项没收违法所得的处罚,而未处罚款。然而,该价格垄断协议案中其他当事人均在 2017 年度有销售额记录,因此执法机构针对其他当事人在没收违法所得之外统一并处了上一年度销售额 5% 的罚款。同案中 3 个当事人在 2018 年共同实施性质相同的违法行为,尽管价格协议期间 3 个当事人违法销售额有所不同,因而产生的违法所得有些许不同,但其中顺通公司恰好因为 2017 年度无销售额而未被施以罚款处罚,这显然不符合处罚公平和过罚相当原则。因此,这些在实践中的变通做法都值得引起对法律本身规定的反思。

最后,行业协会组织经营者达成垄断协议罚款设定虽然填补了跨行业组织垄断的漏洞,但还需要进一步厘清一些"相邻关系"问题。一方面,情节严重时选用依法撤销登记还是罚款的规定并不明确。在情节不严重时,执法机构可以选择对组织达成垄断协议的行业组织处以相应罚款,那么如果情节严重但没有选择撤销登记时是否能够科以罚款?如果能够科以罚款,那么罚款幅度又是怎样的?另一方面,如何协调本条款与对组织、帮助经营者达成垄断协议新设罚款之间的关系?从违法角色理论来看,行业协会仅仅是组织经营者达成垄断协议中的一种主体类型,理应被新增罚款设定条款所包含,但法律对这种主体的罚款却采取一种完全不同的设定方式,这种差异性的做法如若没有充分合理且正当的理由则应当有所改变。

若以完善草案为目的来检视上述所列缺憾,则上述问题的解决可以从罚款情形设定条款要素角度被解构成为 3 个方面的任务:通过比较分析各备选罚款设定方式优劣来改进法律规范在罚款设定方式上的选择、确定并完善倍率基准、协调罚款设定标准化与类型化之间的矛盾。因此,本文将从上述 3 个方面展开具体论述,以此为更好地修订《反垄断法》提供理论支持。

三、《反垄断法》罚款情形设定条款的完善

(一)罚款数额设定方式的比较与选择

罚款规制的可行有效在很大程度上取决于罚款设定方式的恰当选择和科学组合。罚款数额设定方式,是指罚款数额设定形式的选择及其适用。罚款数额设定形式包括固定数值式、固定倍率式、数值数距式、倍率数距式、数值封顶式、倍率封顶式、数值保底式和概括式。① 其适用形式包括独用、并用、选用。② 独用,是指规定必须单独适用某种设定方式确定罚款数额。并用,是指必须同时适用两种及两种以上设定方式确定罚款数额。独用和并用都属于必用的情形。而选用,是指可以选择适用或者不适用某种特定的设定方式,既包括规定可以视情况选择适用或不适用某特定设定方式确定罚款数额,也包括规定必须在多种设定方式中选择一种确定数额。

我国《反垄断法》及其修订草案中的罚款情形设定规则一共选择了独用倍率数距式、选用数值封顶式、独用倍率封顶式、选用数值数距式、独用数值封顶式 5 种罚款设定和适用形式(详见表 2)。拆分来看,我国《反垄断法》及其修订草案中罚款设定方式涉及倍率数距式、倍率封顶式、数值封顶式和数值数距式,而适用方式包括独用和选用两种。

表 2　设定形式和使用形式选择修改对照

违法行为类型	《反垄断法》	草案
经营者达成并实施垄断协议	独用倍率数距式	独用倍率数距式或选用数值封顶式
经营者达成但尚未实施该垄断协议	选用数值封顶式	选用数值封顶式
行业协会组织经营者达成垄断协议情节不严重	选用数值封顶式	选用数值封顶式

① 参见徐向华、郭清梅:《行政处罚中罚款数额的设定方式——以上海市地方性法规为例》,载《法学研究》2006 年第 6 期。

② 尽管徐向华通过总结上海市地方性法规罚款设定方式的使用形式,界定并划分了独用、并用、选用和复用 4 种使用形式的概念。但本文认为"复用"一词在本文的《反垄断法》罚款情形设定规则的语境下,有很多情形无法被涵盖,因此本文重新定义和界分了罚款设定方式的使用形式。参见徐向华、郭清梅:《行政处罚中罚款数额的设定方式——以上海市地方性法规为例》,载《法学研究》2006 年第 6 期。

续表

违法行为类型	《反垄断法》	草案
组织、帮助经营者达成垄断协议	未设定该情形	独用倍率数距式或选用数值封顶式
经营者滥用市场支配地位	独用倍率数距式	独用倍率数距式
经营者违反本法规定实施集中	选用数值封顶式	独用倍率封顶式
拒绝或阻碍调查	情节不严重选用数值封顶式,情节严重独用数值数距式	对其他单位独用倍率封顶式或独用数值封顶式,对个人选用数值数距式

《反垄断法》的立法目的是预防和制止垄断行为,保护市场公平竞争,鼓励创新(此条为草案新增),提高经济运行效率,维护消费者利益和社会公共利益,促进社会主义市场经济健康发展。科处罚款是实现这些根本目的的一种重要手段,因此,罚款情形设定应当为实现这些根本目的提供助力。反垄断罚款作为一种金钱给付类的处罚形式,相关罚款情形设定规则意在通过形成恰当的威慑来实现上述目标,因此一项重要的评估罚款设定方式和适用合理性的标准就是要满足违法成本远高于守法成本。换言之,设定方式是数值式还是倍率式、是封顶式还是数距式,适用方式是独用还是选用,这3个方面的抉择组合起来必须最终有利于得出适当的罚款数额。

首先,反垄断罚款设定方式应当以倍率式为原则,因为倍率式通过基准能够间接体现与违法收益的比例关系,而且倍率式具有更好的社会变化应对能力。一方面,倍率式意味着基准法定和倍率在法律规定范围内裁定,其中,法律规则事先确定的基准是与违法后果相关的因素,这种计算上的恰当关联是为了符合抽象的量罚正义,裁定倍率则是为了综合考量个案具体情节来体现具体的罚款适度和公平。具体而言,垄断违法行为的获利渠道是通过经营者的销售活动而实际产生的,销售额与违法所得具有正相关关系。因此,以销售额作为倍率计算的基准能够在一定程度上体现与违法收益的比例关系,从而有利于罚款产生足够的威慑效果。然而,数值式意味着法律仅控制最高罚款数额,如果没有其他具体计算规则的控制,那么裁量肆意以及相应导致的裁量不当和裁量不公的风险会很高。另一方面,在数值式中,无论是固定还是设置一个最高金额都无法反映国民收入水平、消费水平和物价水平等经济领域的动态变化。然而,倍率式的基准可以将这些经济变化很好地包容进去。比如,目前《反垄断法》针对经营者滥用市场支配地位这种情形设定了以“上一年度销售额”作为基准的倍率式罚款。诸如“上一年度销售额”这样的基准就能够体现时间变化带来的经济变动。因此,倍率式比数值式更符合与时俱进精神，在时间维度上的有效性和公平性更好。那么，数值式完全没有存在的必要性了吗？答案是否定的。比如，针对拒绝或阻碍调查情形设定罚款时，如果与垄断行为达成或实施无关的个人拒绝或阻碍调查，那么若用倍率式将难以找到合适的计算基准。又如，那些未经申报即实施集中，但经调查却并不具有或者不可能具有排除或限制竞争效果，此时侵害的仅仅是申报程序的权威性而已，因为已经被证明不具有排除或者限制竞争效果的集中即使回溯到应当申报的时点来看，也谈不上需要被预防。因此，若仅从损害后果来看，统一赋予申报程序一个合理对价似乎比倍率式要更显妥当。

其次，比较封顶式和数距式可以发现，两者的区别主要在于有无下限。一些学者主张，取消下限进而采纳欧盟的封顶式，但其提出的担忧并非不能解决的问题。比如，有学者担心很多规模小、盈利弱、地域范围较小的垄断行为查处时按1%处以罚款仍可能存在过度威慑情况。① 还有学者指出，若企业并未主动向反垄断执法机构报告达成垄断协议的有关情况并提供重要证据，因而不符合酌情减轻或者免除处罚的条件，但在行政机关调查过程中积极配合，及时停止违法行为，且违法情节轻微，违法所得甚少，这时是否可以选用没收违法所得但不处以罚款或低于1%下限决定罚款额。显然，学者对罚款幅度范围带来的威慑不当的担忧是合理的，但国外模式的移植还须对本土制度环境予以更多考察，而且学者所担忧的威慑不当仍可以通过一定途径予以化解。实际上，对于上述情况存在至少两种化解路径：一是改善倍率计算基准；二是设定合理的减轻或者免除处罚制度。更重要的是，全国人大常委会法制工作委员会书中的表述显示，"对于必须处以罚款的案件，应当同时规定罚款额度的上下限"是我国的立法习惯，②在上述两种路径当中选择其一作立法技术上的改良比在该领域打破既有立法习惯相对容易实现。

最后，适用方式是独用还是选用的主要差别在于，是否授予执法机构适用罚款设定方式的酌定权。为了实现过罚相当，不同的选用安排应当针对不同的情形。比如，对于经营者达成但尚未实施该垄断协议，以及行业协会组织经营者达成垄断协议但情节不严重的情形，无论是现行《反垄断法》还是最新出台的草案都赋予了执法机构适用数值封顶式的酌定权。这种酌定权的授予一方面是为了解决独用倍率数距式时使用最低比例1%仍然处罚过重的问题，另一方面则是为由于客观原因而无法独用倍率式

① 参见王健：《反垄断罚款的发展态势》，载陈云良主编：《经济法论丛》（总第29期），社会科学文献出版社2017年版，第96～97页。

② 参见全国人大常委会法制工作委员会经济法室编：《中华人民共和国反垄断法：条文说明、立法理由及相关规定》，北京大学出版社2007年版，第296页。

时提供可行的例外解决方案。实际上,针对这种违法行为未遂或者中止情形的过罚不当问题,还可以根据违法阶段的特点直接比照违法既遂从轻或者减轻处罚。因此,对于解决此种情况下处罚不当的问题来说,授予执法机构适用该罚款设定方式的酌定权并非必要。然而,选用确实具有为因客观原因无法独用倍率式确定罚款数额的情形提供解决方案的功能,因此不能完全否认选用模式的必要性,但适用罚款设定仍然应当以独用为原则,对选用应当保持一定限度。从本次草案增设组织、帮助经营者达成垄断协议这一罚款情形,以及将经营者违反本法规定实施集中由选用改为独用的变化当中,立法表现出了罚款设定方式以独用为原则的态度。

综上所述,鉴于比较和分析数值式与倍率式、封顶式与数距式,以及独用与选用之优劣,反垄断罚款设定方式应当以倍率式为原则、以数值式为例外,以独用为原则、以选用为例外,同时在封顶式与数距式的抉择中保持选择数距式的现状。

(二)倍率基准的确定与完善

鉴于上述分析表明倍率式为罚款设定方式之原则,那么确定合适的倍率基准显得尤为重要。目前,我国《反垄断法》以"上一年度销售额"为倍率基准。这一倍率基准该如何准确理解?这一倍率基准能否使罚款处罚在各种情形下均达到理想的规制效果?

当假定"上一年度销售额"比诸如违法所得、商业损害等其他倍率基准更好的条件下,为了保证法律实施的统一性、公正性、权威性和有效性,"上一年度"和"销售额"应当被准确且合理地界定。第一个需要被回应的问题是谁的上一年度?是调查开启时点起往前一年,还是作出处罚决定起往前一年,抑或是违法行为停止时起往前一年,或者这些时点所在年度的上一会计年度?这个时间问题具有相当的复杂性。例如,在一起垄断协议案中,天津市发展和改革委员会于2018年6月起对天津港口岸堆场涉嫌达成并实施垄断协议的行为进行了调查,于2018年11月16日对该案作出行政处罚决定,并于2018年12月10日公告。可以发现,从调查开始到最后公告历经了半年左右时间。而该案的垄断协议时间起于2011年4月8日,并于2011年5月1日即开始实施关于共同调整卸车费的违法行为,2012年3月29日再次协议共同上调卸车费,并于2012年4月1日实施,2012年12月20日协议共同上调卸车费和固定综合附加费,并于2013年1月1日上调卸车费(持续至今)和综合附加费,2013年8月1日、2014年3月1日、2017年1月1日连续多次共同上调综合附加费。在这个案件当中涉及非常多的时间类型,比如,达成协议时点(达成也违法)、协议开始实施时点、违法行为持续时间、停止违法行为时点、调查启动时点、作出行政处罚决定时点、处罚公告时点等。这些时点或时段哪个是相对最好的基准,需要理论探讨,因为过去长达11年的反垄断法执法实践当中混乱使用时间基准的现象并不偶见。这些不同的时点计算出的罚款往往会出现显著不同的结果,因为在现实中经营者的销售额并不随时间均匀分布。如果放任这种显著不同的结果,将导致同案不同罚或者过罚失当的后果。

从理想情况来看,罚款应当与行为后果成比例,因此倍率式罚款基准应当尽可能更好地反映行为后果之大小。行为后果从违法行为人角度来看体现为违法所得,从受损方来看则体现为损害。由于这个损害不仅包括竞争者竞争机会损失、利润损失及消费者福利损失,还包括公平竞争秩序损害、创新挫伤等整体经济损失,因此难以准确量化。与之相比,违法所得量化的可能性更高。以销售额作为基准的倍率式罚款是一种考量罚款与违法所得关系的有益尝试,因为若以某固定水平收益率为前提假定,销售额可以被作为一种高效率的违法行为后果的估测。然而,要提高这种间接估计的可靠性,不仅必须准确理解"销售额"概念,而且必须在仔细权衡各种时点的基础上确定合适的时间基准。在机构改革后,反垄断执法机构所作绝大多数处罚决定都是以启动立案调查时所在年份的上一年度作为处罚基准。① 相比过往有些依据处罚决定日所在年份的上一年度作为基准的情况,由于从启动调查到作出处罚决定的期间往往跨度较大,②有些当事人会在调查期间主动停止违法行为或者积极整改,如果在此种情况下使用处罚决定日所在年份为基准,那么可能会将合法经营期间的销售额情况纳入计算从而使量罚变轻,因此启动立案调查时点年份会更好地体现罚款与违法收益间的关系。但是,有时可能会存在立案调查时违法行为已经停止超过一年但未及两年的情况,③此时,以立案时点年份作为基准就可能不能很好地吻合违法行为持续期间,因此在理论上最理想的情况是以停止违法时所在年份作为时间基准。与此同时,由于销售额目前依靠财务报表来确定,所以经常适用会计年度而非自然年度来解决计算可行性的问

① 据笔者统计,截至2020年6月12日,国家市场监督管理总局反垄断局网站行政处罚案件公告栏中,自机构改革后一共公示了177份处罚决定书,除去21份构成未依法申报的集中、17份拒绝或阻碍反垄断调查,以及17份达成但尚未实施垄断协议等一些不适用倍率式罚款的情况外,那些适用了倍率式罚款的决定书大多数采用了立案调查日所在年份的上一年度作为时间基准,仅渝市监经处字〔2019〕第11号行政处罚决定书指出当事人仅2015年度有销售额数据,为了让当事人实质上能够过罚相当,执法机构选择2015年度为时间基准,但实际上2015年度既非该案立案日的上一年度,也非其停止违法行为日或者处罚决定日的上一年度。

② 有时为半年左右,如津发改价检处〔2018〕70号行政处罚决定书载明调查开始于2018年6月,处罚决定日为2018年11月;有时超过1年,如沪市监案处字〔2019〕第000201710047号行政处罚决定书中载明调查开始于2017年8月,于2019年4月作出处罚决定;有时甚至长达两年之久,如苏市监反垄断案〔2019〕1号行政处罚决定书载明调查开始于2017年12月,但于2019年12月才作出处罚决定。

③ 在执法实践中一般以正式立案调查为基准而不是实际开始调查时间,有时候执法机构得到线索开始调查后可能超过半年后才能正式立案。

题,鉴于此,最多能够实现违法停止时所属年份的上一年度。若某行业3家经营者于2018年1月1日达成并开始实施统一上调售价协议,假设执法机构于2018年12月30日正式立案调查,与此同时经营者主动停止了违法行为并将价格恢复如初。如果以停止违法时所属年份的上一会计年度作为计算基准,那么罚款倍率就会以2017年经营者合法经营时的销售额为基准进行计算,此时的时间基准就未能很好地与违法期间相吻合。实际上,值得注意的是,在"营改增"和规制机构信息共享的趋势下,增值税缴纳记录可以作为财务年报数据的补充,这种以税衡量违法行为收益的方式提升了销售额基准反映违法行为后果大小的可靠性,而且还能削弱违法者面对反垄断调查时拒绝、阻碍调查及企图销毁销售额记录的侥幸心理,压缩违法者在不同违法行为上潜在的选择空间的同时,提高执法机构的查处效率。

但是,销售额作为倍率基准本质仍然是一种违法行为后果大小的间接估计。那么,为何不直接以违法所得作为基准直接估计?有些违法情形并不直接产生所得,比如,违反《反垄断法》规定的实施经营者集中,此时集中这一行为并非已然产生直接的违法所得,所以在以倍率式为原则性罚款设定方式时需要解决此问题。针对这种情况,美国确定基础罚金时一种类似MAX函数式的设计方法值得被借鉴。具体而言,美国计算基础罚金之时采用的方法为:将水平罚金(Level Fine)、两倍违法所得和受影响商业收入的20%三者中最高确定为基础罚金。[①] 这种类似MAX函数的构造能够赋予罚款基准一定选择空间,即在多种罚款设定方式中选取最终罚款数额最大值的那种罚款基准,由此可以化解某些不具有违法所得情形在基准选择上面临的困难。鉴于此,MAX函数式倍率基准可被作为未来进一步完善基准的思路和方向。

(三)标准化与类型化之间的协调

罚款情形设定的标准化有利于法律责任制度趋于简约化,改善规范的体系性,减少实施时的混乱,同时也缩小不同违法行为在违法成本上的选择空间。目前,我国《反垄断法》罚款情形设定条款仍未在罚款设定方式选择和适用上主次有别,倍率式和独用的情形从数量上看便不能体现应有的原则性。对此,应当尽可能避免设定特殊罚款情形,因为一旦新增特殊情形就会增加与既有罚款情形协调的难度。比如,达成但尚未实施垄断协议这种情形其实没有必要专门设定选用数额封顶式罚款。假定违法必有所图,即违法期间销售额大于合法经营期间销售额,所以当以经营者的上一年度销售额作为基准计算罚款时,那些具有尚未实施垄断协议情节的经营者会被科处比那些其余情形相似但已实施的经营者更小的罚款。此外,这种预备实施与实施既遂的差别

① 参见唐家要、唐春晖:《卡特尔罚金的确定方法及其效能》,载《中国物价》2009年第7期。

也完全可以通过将违法阶段纳入罚款倍率裁量因素当中予以化解。同样的，对于组织、帮助经营者达成垄断协议的行为也应当和那些角色普通、所起作用一般的违法施行者一样独用倍率式罚款，因为违法行为所起作用在某种意义上表明了该违法者具体的涉案程度，可以被《反垄断法》第49条列举的违法行为的程度所解释，因此这种情节会在裁定罚款倍率式时被考虑。又如，当法律明确了上一年度销售额的时间基准并清晰界定了销售额时，对于那些在法律规定的上一年度因为各种原因而没有销售额的情形仍然可以独用倍率式罚款这一罚款原则。这种情况虽然特殊，也的确给反垄断罚款计算造成了一定阻碍，但仍可附加规定在适用之时通过依据最密切原则参照其他年份的销售额进行计算，而没有必要专增新的罚款条款。

更重要的是，上述这些统一化、标准化的努力还有助于缩小不同违法行为在违法成本上的选择空间。假设违法成本为C，C由实施成本C_1和潜在的法律责任C_2构成，合法经营利润为B_1，违法经营利润为B_2，同时并非所有企业从事的违法行为都能够被查处，因此存在一个被查处概率P。只有当$E(C_1+P\times C_2)>E(B_2-B_1)$时，法律规定才能够有效威慑经营者。从经营者角度来看，不同的违法行为的实施成本C_1和期待利润B_2现实中会存在一定差异。从规制主体角度来看，提高查处概率既可以通过加强执法力度，也可以通过一定的制度设计来实现，而假定这些条件都固定的情况下，如果法律没有统一罚款设定方式，就会扩大潜在违法者在不同违法行为之间进行选择的空间，比如，经营者拒绝、阻碍调查这种违法行为。如果设定和那些直接涉及排除、限制竞争的违法行为不同的数值式罚款，当数值式罚款的法定封顶线不高且潜在违法者知晓执法机构平均裁量罚款数额时，那么很可能会鼓励那些涉嫌垄断行为的大企业销毁证据。因此，制度设计时应当尽可能统一罚款设定方式，仅在充分必要时才规定特别的罚款情形设定条款。

当然，这种标准化的努力不能过犹不及，罚款情形设定受到诸多要素的影响因而具有类型化的需求，这也是为何现行《反垄断法》设定罚款情形时根据不同标准作了不同的分类设定。现行《反垄断法》根据违法行为类型、违法阶段、违法主体3类标准设定了不同的罚款情形，此次草案中还新增了违法角色标准。但是，这些区分很多都影响了罚款情形设定方式的选择和适用。由于设定罚款情形至少需要考虑罚款设定方式选择和适用、选择和确定倍率基准及确定数距3方面，那么，依据不同标准形成的分类应当被具体落实在哪一方面？不同类型的违法行为究竟需要改变罚款情形设定中的哪方面技术要素才能刚好满足这种类型化需求？处于不同违法阶段的违法行为，或者针对不同违法主体、不同违法角色，需要对哪方面技术要素进行差异化安排？有无必要改变设定方式的选择和适用？

对此,笔者认为,罚款设定方式的选择和适用形式随不同类型作相应调整的举措应当限缩至违法主体标准上。依据主体性质改变罚款设定方式和适用形式确有其必要性。比如,对于拒绝、阻碍反垄断调查的个人来说,其并不是直接的垄断行为实施主体,没有必要通过倍率式罚款来强调其排除限制竞争行为所得与罚款之间的比例关系,而且他们没有所谓的销售额,因而确实有必要对其规定例外的数值式罚款。此外,违法行为类型、违法阶段、违法角色不同等情况都没有必要改变原则性的罚款设定方式和适用形式,因为这些类型化需求目前尚可通过纳入现行《反垄断法》第49条规定的酌定因素中实现。首先,违法行为类型与违法行为的性质密切相关,比如,既成事实的排除、限制竞争行为会比实质妨害竞争的集中行为性质恶劣,对此执法机构应当在依据《反垄断法》第49条的规定考虑违法行为的性质时,将违法行为的类型结合起来综合评价。其次,处于不同违法阶段的违法行为造成的竞争损害程度是不同的,比如,在违反该法实施经营者集中这类违法行为当中存在不同的违法阶段,既包括申报后正在调查过程中便实施集中,又包括在执法机构结束调查并作出决定后违反决定的情形,在垄断协议行为当中也存在达成但尚未实施垄断协议或者达成且已经实施垄断协议这两种不同的违法阶段。对于这种类型化需求,目前也可以由执法机关直接依据前述的第49条中明确列举的"违法行为的程度"在裁量倍率时予以考虑。最后,违法角色这种分类标准之下的不同类型特点也没有必要在罚款情形设定条款中予以回应。每个具体违法者的违法角色在某种意义上表明了其涉案程度,当其为组织者时,意味着其违法行为的涉案程度相对较深,当其为帮助者时,其违法行为的涉案程度相对较浅,因此违法角色仍然可以被第49条明确列举的"违法行为的程度"概念所涵盖。

四、结论

我国《反垄断法》时隔11年后正式开启了首次大修进程,草案涉及的4方面变化积极回应了过去实施过程中呈现的诸多问题,以及与社会变化的现实需求所不相适应的地方,但仍存在许多值得进一步完善之处。目前,《反垄断法》主要依靠公共实施,因而反垄断规范要想取得理想的威慑效果,应当格外重视罚款规则的确定性、有效性和科学性。因此,本文以罚款情形设定条款为研究对象,以《反垄断法》修订为背景,在新旧条款对比中总结和分析草案中仍然存在的缺憾。

这些缺憾涉及针对受制主体的各种类型违法行为。比如,针对经营者达成并实施垄断协议这种违法行为,在没有销售额这种例外情形时选用数值封顶式的合理性问题;各种违法行为中罚款设定方式选择的合理性问题;针对行业组织经营者达成垄断协议的罚款设定的"相邻关系"问题等。本文从罚款情形设定条款要素角度,重新将上述缺憾归纳总结为罚款设定方式和适用的原则、明确并完善倍率基准、协调标准化与类型化需求这3方面的任务。

我国《反垄断法》及其修订草案中的罚款情形设定规则一共选择了独用倍率数距式、选用数值封顶式、独用倍率封顶式、选用数值数距式、独用数值封顶式5种罚款设定和适用形式。由于反垄断罚款情形设定规则意在通过形成恰当的威慑来实现《反垄断法》的立法目的,这些罚款设定方式及其适用必须满足违法成本高于守法成本的标准。与此同时,罚款作为一种处罚形式还不得背离过罚相当原则。对此,通过系统比较和分析数值式与倍率式、封顶式与数距式,以及独用与选用之功能与局限,笔者认为,反垄断罚款设定方式应当以倍率式为原则、以数值式为例外,以独用为原则、以选用为例外,同时在封顶式与数距式的抉择中保持选择数距式的现状。

倍率式为罚款设定方式之原则,因此确定合适的倍率基准显得尤为重要。目前,我国《反垄断法》以"上一年度销售额"为倍率基准,但并未明确"上一年度"的时间基准。在《反垄断法》规制的与受制主体相关的违法行为当中往往会存在诸多时间节点,规则的不明确性导致在实践中混乱使用时间基准的现象并不偶见。这些不同的时点计算出的罚款往往会出现显著不同的结果,如果放任之,将导致同案不同罚或者过罚失当的后果。理论上,罚款应当与行为后果成比例,因此倍率式罚款基准应当尽可能更好地反映行为后果之大小。在多种可能的基准当中,违法所得量化的可能性高于违法损害,而且与上一年度销售额这种间接估计相比估计更直接。如果继续沿用销售额基准,那么上一年度最理想的解释应当是自违法停止时点起往前1年。如果力图更准确地反映违法行为之后果大小,那么MAX函数式倍率基准可被视为未来进一步完善基准的思路和方向。

罚款情形设定的标准化有利于改善规范的体系性并避免实施时的混乱。然而,这种标准化的努力不能过犹不及,罚款情形设定受到诸多要素的影响因而也具有类型化的需求。现行《反垄断法》根据违法行为类型、违法阶段、违法主体3类标准设定了不同的罚款情形,此次草案中还新增了违法角色标准。这些区分很多都影响了罚款情形设定方式的选择和适用,但实际上依据不同标准形成的分类应当被具体落实在罚款设定方式、倍率基准还是数距方面,应当被仔细辨析。换言之,应协调标准化与类型化两种需求。对此,笔者认为,罚款设定方式的选择和适用形式随不同类型作相应调整的举措应当限缩至违法主体标准上。此外,违法行为类型、违法阶段、违法角色的不同都没有必要改变原则性的罚款设定方式和适用形式。实际上,这些类型化需求可以通过纳入现行《反垄断法》第49条规定的酌定因素中予以实现。

(责任编辑:梁鹏)

纵向价格垄断协议中交易相对人责任的认定*

李希梁**

摘　要:在我国行政执法、司法实践中,对纵向价格垄断协议中的交易相对人不予处罚。交易相对人兼有受害者与参与者的双重身份,现有反垄断法律制度只关注其受害者身份,而忽略其参与者身份。交易相对人作为纵向价格垄断协议的参与者,客观上存在排除或限制竞争的行为,主观上参与垄断的态度不同。由此,应将交易相对人参与纵向价格垄断协议的行为构建样态谱系,用以确定交易相对人的可责性。未来《反垄断法》修正时应当依据交易相对人参与样态的不同梯次设置法律责任,从而全面、有效地规制交易相对人的不当竞争行为。

关键词:纵向价格垄断协议;交易相对人;参与者;主观样态;法律责任

我国《反垄断法》第14条明确禁止经营者与交易相对人达成纵向垄断协议。① 纵向价格垄断协议中交易相对人既然是义务主体,也就是当然的责任主体。责任不被追究,则义务形同虚设。然而,无论在理论研究还是实践层面上,纵向价格垄断协议中交易相对人的责任认定都是一个新命题:在研究成果上,没有文章就此问题进行系统的

---

* 收稿日期:2020年3月25日。

** 清华大学经济法学专业硕士研究生。

① 《反垄断法》第14条规定,禁止经营者与交易相对人达成下列垄断协议:(1)固定向第三人转售商品的价格;(2)限定向第三人转售商品的最低价格;(3)国务院反垄断执法机构认定的其他垄断协议。需要说明的是,我国将纵向垄断协议的参与者分为"经营者"与"交易相对人",但从逻辑上来看,交易相对人本质就是经营者,参与双方也可互为交易相对人。本文所研究的对象,严谨的表述应为"非具有市场力量的主体",为表述之便,本文仍沿用《反垄断法》第14条中"交易相对人"的概念表述。

专门研究,仅笼统指出我国需要完善纵向价格垄断协议责任主体的罚则问题。① 在法律实践中,对交易相对人进行处罚的案件尚未出现。

在我国《反垄断法》纵向垄断协议主体二分的框架下,纵向垄断协议的参与者按主导力量的强弱分为"经营者"和"交易相对人"。通常前者是指纵向价格垄断中核心问题"价格"的主导制定者与实施者,后者则更多是受害者或参与者。尽管交易相对人较之经营者具有"被动性",但其主观态度是多重的,既可能持"抗拒"态度,也可能持"期望"态度。因此,要讨论对"交易相对人"责任的认定,必须要考虑交易相对人的参与程度与主观状态。

"工欲善其事,必先利其器",通过对纵向价格垄断协议主体责任的研究,结合国内外相关案例,本文提出建立"交易相对人"参与纵向价格垄断协议行为的样态谱系模型,用以确定"交易相对人"的可责性,为我国未来《反垄断法》就纵向价格垄断协议主体责任的修订略作助力,或能微小地引起理论界对"交易相对人"责任研究的重视。

一、问题的提出:以16件纵向价格垄断协议行政执法案为研究对象

《反垄断法》实施10年以来,截至2019年12月31日,各级反垄断执法机构通过公开渠道公布的相关案例中,②纵向价格垄断协议行政执法案件共计16件(见表1)。③在全部纵向价格垄断协议行政执法案件中,只有经营者受到处罚,交易相对人无一例外均获得"豁免"。④ 然而回溯案件,可以发现在交易相对人的违法性分析上或多或少存在视若无睹的情形,未能对经营者和交易相对人的法律责任给予妥善分配。

---

① 现有文献中,中国政法大学时建中教授最早提出"纵向垄断协议中交易相对人的法律责任",指出经营者与交易相对人均为《反垄断法》第14条的义务主体,并非仅限于经营者。参见时建中:《对反价格垄断行政执法机制和体制的延伸思考》,载《中国物价》2013年第11期。此外,暂没有学者对此问题再进行深入研究。

② 《反垄断法》第44条规定,反垄断执法机构对涉嫌垄断行为调查核实后,认为构成垄断行为的,应当依法作出处理决定,并可以向社会公布。据此,反垄断执法机构根据该法第46条对纵向价格垄断协议依法作出行政处罚决定后,是否公告,并没有统一的要求。

③ 资料来源:时建中、焦海涛、戴龙编:《反垄断行政执法典型案例分析与解读(2008~2018)》,中国政法大学出版社2018年版,第179页。另外补充了"中石油旗下两家天然气公司纵向价格垄断协议案",参见发改办价监处罚〔2018〕1号行政处罚决定书和发改办价监处罚〔2018〕2号行政处罚决定书;"丰田汽车纵向价格垄断协议案",载国家市场监督管理总局反垄断局官网:http://www.samr.gov.cn/fldj/tzgg/xzcf/201912/t20191227_309552.html,最后访问日期:2020年3月20日。

④ 其中有3起案件,交易相对人因与其他经销商达成并实施固定或变更商品价格的横向垄断协议而受到处罚,与纵向价格垄断协议无关。

表1　2008～2019年纵向价格垄断协议行政执法案例

案名	经营者的控制手段	经营者责任	适用《反垄断法》条款	交易相对人责任	适用《反垄断法》条款
茅台、五粮液价格垄断案	(1)组织经销商召开会议达成价格垄断协议；(2)对"违规"降价销售的经销商进行处罚	罚款	14	无	无
合生元等乳粉企业价格垄断案	(1)对下游经营者进行不同形式的转售价格维持；(2)对"违规"经销商采取罚款等措施	罚款	14	无	无
依视路等企业维持转售价格案	(1)签订含有限定转售价格条款的《销售合同》，与直供零售商按固定价格销售镜片；(2)采取惩罚性措施约束经销商，对严格遵守限定价格的经销商予以返利	罚款	14	无	无
一汽—大众有限责任公司及部分奥迪经销商价格垄断协议案①	组织省内10家奥迪经销商达成并实施整车销售和服务维修价格的垄断协议	罚款	14	罚款	13
东风日产价格垄断案②	(1)严格限定省内经销商的报价和最终成交价；(2)东风日产广州协会组织经销商召开会议达成并实施固定价格的垄断协议	罚款	14	罚款	13
韩泰轮胎限定最低转售价垄断案	(1)制定并发布卡、客车轮胎产品最低价格表；(2)收取市场规范保证金等	罚款	14	无	无

续表

案名	经营者的控制手段	经营者责任	适用《反垄断法》条款	交易相对人责任	适用《反垄断法》条款
上海海尔公司价格垄断案	(1)发送各类销售政策和通知,要求经销商执行统一指导价;(2)与经销商签订《奖励协议》,要求按统一零售价格在终端零售;(3)签订《保证金协议书》,对"违规"经销商不予退还保证金	责令停止违法行为、罚款	14	无	无
江苏省奔驰汽车价格垄断案③	与经销商达成并实施限定部分整车和配件最低转售价格的垄断协议	罚款	14	罚款	13
VIVO经销商价格垄断案	(1)与交易相对人达成并实施固定转售价格的垄断协议;(2)与交易相对人签订价格控制协议	罚款	14	无	无
美敦力公司价格垄断案	与交易相对人达成并实施限定相关医疗器械产品的转售价格等	罚款	14	无	无
上海市上汽通用汽车销售有限公司价格垄断案	(1)发布《区域价格通知》等文件限定经销商销售凯迪拉克等车型的最低价格;(2)通过第三方公司对经销商销售价格进行监控	罚款	14	无	无

续表

案名	经营者的控制手段	经营者责任	适用《反垄断法》条款	交易相对人责任	适用《反垄断法》条款
上海领先物流有限公司价格垄断案	(1)向经销商下发调价通知函,要求经销商签署限价承诺函;(2)对"违规"经销商予以处罚	罚款	14	无	无
中国联通丹东市分公司纵向垄断协议案	以签订合作协议的方式固定了下游经营者向终端出售有线宽带产品的种类和价格	罚款	14	无	无
海南省裕泰饲料公司实施固定转售价格行为案	与经销商签订统一格式文本《饲料产品销售合同》约定销售价服从上游经营者的指导价,否则减少其让利	责令停止违法行为、罚款	14	无	无
中石油旗下两家天然气公司纵向价格垄断协议案	限定下游CNG母站转售CNG天然气最低价格并进行监督	责令停止违法行为、罚款	14	无	无
丰田汽车纵向价格垄断协议案	与经销商达成并实施限定汽车转售价格的协议	责令停止违法行为、罚款	14	无	无

注:①"一汽—大众有限责任公司及部分奥迪经销商价格垄断协议案",载湖北省人民政府网:http://www.hubei.gov.cn/xxbs/bmbs/swjj/201409/t20140911_1204351.shtml,最后访问日期:2020年3月20日。

②"东风日产价格垄断案",载广东省发展和改革委员会官网:http://zwgk.gd.gov.cn/006939756/201509/t20150914_619982.html,最后访问日期:2020年3月20日。

③"江苏省奔驰汽车价格垄断案",参见江苏省物价局〔2014〕苏价反垄断案2号行政处罚决定书。

(一)交易相对人违法性认定规则不明

在已公开的行政处罚决定书中,反垄断执法机构均没有实质性地将交易相对人排除或限制竞争的效果纳入考量,其分析步骤往往是“指出经营者与交易相对人存在纵向价格垄断协议的行为→声称经营者排除或限制竞争→定性经营者违反《反垄断法》第14条”。这些案件一再重复着统一的论证,给人造成一种强烈印象,即经营者犯有“原罪”,交易相对人均是“无辜”的。譬如,在“丰田汽车纵向价格垄断协议案”中,执法机构认为,“涉案经营者的行为限制了经销商间的价格竞争,剥夺了经销商自主定价权,使资源无法得到合理配置,侵害了经销商的合法权益”。① 但是,垄断协议既然是协同行为,协议各方一定有意思联络,限制、排除相关市场竞争的效果是各方的共同追求。② 不同环节的经营者和交易相对人必然是为了追求各自的商业利益,只是由于双方市场力量和谈判实力的差距,垄断利益无法完全均等分割。执法机构在经营者与交易相对人之间“一刀切”,划出一条“楚河汉界”,缘由何在?

在“依视路等企业维持转售价格案”③和“上海海尔公司价格垄断案”④中,生产商对于严格遵守限定价格的经销商予以返利或双方签订《奖励协议》。这些奖励是否是建立在损害消费者利益基础之上的垄断利益?又该如何界定获利的交易相对人的违法性?上述问题在现行法律、执法层面均没有得到答案,值得探讨。

(二)交易相对人法律责任规则不明

在全部案件中,行政机关在纵向价格垄断协议责任主体的界定上相差无几——均只处罚经营者,交易相对人天然获得“豁免”。究其背后深层次的原因,实则是《反垄断法》法律责任条款的泛化:一方面,《反垄断法》第14条设定的义务主体是经营者与交易相对人,第46条责任条款中却仅将经营者列入;另一方面,《反垄断法》并未明确规定纵向垄断协议的帮助犯、胁从犯是否需要处罚。立法技术层面的模棱两可直接导致执法机构在认定纵向价格垄断协议责任主体时“按部就班”地只关注主导的经营者,而忽视被动的交易相对人。

2020年1月3日国家市场监督管理总局发布的《关于规范市场监督管理行政处罚裁量权的指导意见》(以下简称《指导意见》)作出细化性规定,“受他人胁迫实施违法行为的”属于法定从轻或减轻的情形,“在共同违法行为中起次要或者辅助作用的”属

① 江苏省市场监督管理局〔2019〕1号行政处罚决定书。

② 参见时建中:《对反价格垄断行政执法机制和体制的延伸思考》,载《中国物价》2013年第11期。

③ “依视路等企业维持转售价格案”,载国家发展和改革委员会官网:https://www.ndrc.gov.cn/xwdt/xwfb/201405/t20140529_956353.html,最后访问日期:2020年3月20日。

④ 参见上海市物价局第2520160009号行政处罚决定书。

于酌定从轻或减轻的情形。① 行政处罚中的裁量适用于所有的行业,但对交易相对人的制裁能否完全适用《指导意见》中的裁量规则尚待商榷。譬如,在上述“茅台、五粮液价格垄断案”②中,经销商完全受制于茅台、五粮液生产商的市场力量而被动实施纵向价格垄断协议,垄断利益也并未在生产商与经销商之间分配。在这种情形下,对经销商仍作出从轻或减轻的处罚似有不妥。

(三)行政程序与司法程序中责任认定标准不明

在反垄断法公私二元实施机制下,如何协调交易相对人在行政程序与司法程序中的法律责任也是一大难题。自《反垄断法》实施以来,共发生两起由交易相对人诉经营者的纵向垄断协议纠纷案,③司法机关在未对交易相对人参与垄断协议的自愿性与违法性进行审查的情况下赋予其原告资格,此举虽有助于保障交易相对人的民事权利,但同样也可能造就“向司法逃逸”的投机性局面:交易相对人因纵向垄断协议能为其带来经济利益而自愿参加,当发现垄断协议不能再为自己带来利益或将面临反垄断执法机构查处之时提起诉讼,不仅可以逃避合同义务,而且有机会获得诉讼所带来的损害赔偿,甚至于市场之中引发反向激励,严重挫伤反垄断法的威慑作用。可见,交易相对人是否应具有原告资格,以及如何协调行政程序与司法程序责任认定的标准,仍是有待研究和解决的问题。

二、交易相对人身份的祛魅:双重视角下的分析

相同的人和相同的情形必须得到相同的或者至少是相似的对待,④经营者和交易相对人同为纵向价格垄断协议的参与者,境遇却大相径庭。参与者与受害者的双重身份是交易相对人不同于经营者的特质,也是认定其违法性、判定其法律责任的出发点和逻辑本原。对交易相对人身份的解构可以从本质上理解其与经营者的异同,并以此

---

① 《指导意见》之“(七)行政处罚裁量情形”规定,有下列情形之一的,应当依法从轻或者减轻行政处罚:……(3)受他人胁迫实施违法行为的……有下列情形之一的,可以依法从轻或者减轻行政处罚:……(4)在共同违法行为中起次要或者辅助作用的……

② 参见贵州省物价局(2013)1号行政处罚决定书、四川省发展和改革委员会(2013)1号行政处罚决定书。

③ 两起案件分别是“北京锐邦涌和科贸有限公司诉强生(上海)医疗器材有限公司等纵向垄断协议纠纷案”和“东莞市横沥国昌电器商店与东莞市晟世欣兴格力贸易有限公司、东莞市合时电器有限公司纵向垄断协议纠纷案”。参见上海市高级人民法院(2012)沪高民三(知)终字第63号民事判决书和广东省高级人民法院(2016)粤民终1771号民事判决书。

④ 参见[美]博登海默:《法理学:法律哲学与法律方法》,邓正来译,中国政法大学出版社1999年版,第286页。

作为法律责任分配的基础。

(一)经济强制的受害者

根据市场营销理论的主张,生产商和经销商既是利益共同体,也是利益对立方。[①]生产商所生产的商品能否实现"惊险一跳"进入市场,取决于经销商有效的销售渠道。经销商通过提供销售服务,在出售商品中获取利润。一家企业无论有多雄厚的实力,都离不开与其他企业的有效合作,但同时也使买方和卖方的市场交易关系在大多数情况下显现为不平等的关系。[②] 一般来说,纵向市场势力可以由一家零售商和生产商利润边际的比率衡量,当零售商的利润边际上升时,生产商的利润边际会下降,反之亦然。[③] 生产商希望利用自己的经济实力维护统一的终端定价,甚至提高价格以获取更多利润,经销商则希望通过更低的进货价和转售价挤占终端市场份额。由于双方市场力量和谈判实力的悬殊,市场势力较强的一方在与交易相对人达成合同之时倾向强制加入转售价格限制条款。

欧美反垄断法对于纵向价格垄断协议进行规制的重要原因之一,就是普通法上财产权的独立性。生产商一经将商品的所有权转移给经销商,便丧失了对商品转售定价的权利,根据财产转让规则,强制加入商品转售定价条款的行为侵犯了经销商的财产权与契约自由。[④] 价格是终端市场竞争最关键的因素,交易相对人在终端市场上的竞争优势就体现在其能否以更低的价格销售同样的商品。[⑤] 经营者控制了转售价格,使原本具有成本优势或能够执行低价策略的交易相对人丧失了自主定价权,从而削弱了其在终端市场上的竞争优势。此外,经营者为了确保纵向价格垄断协议得以维持,往往采取罚款、断货或缩减供货数量等惩罚性措施来威慑交易相对人。例如,在"茅台、五粮液价格垄断案"中,茅台生产商曾对12个省、市、区"违规"降价销售的18家经销商进行处罚,五粮液生产商也曾对11省、市共计14家"违规"经销商开出罚单。[⑥]

---

① 参见李剑、唐斐:《转售价格维持的违法性与法律规制》,载《当代法学》2010年第6期。

② 参见刘继峰:《竞争法学》,北京大学出版社2018年版,第121页。

③ See Robert L. Steiner, "The Evolution and Applications of Dual-stage Thinking", *Antitrust Bulletin*, XLIX. 4(2004), pp. 877 – 909.

④ See Dr. Miles Medical Co v. John D Park & Sons Co. ,220 U. S373(1911). 转引自曾晶:《论转售价格维持的反垄断法规制》,载《上海财经大学学报》2016年第2期。

⑤ 参见高牟:《中国纵向价格垄断——形态、来源、损害、认知误区与豁免》,中国科学技术大学2015年博士学位论文,第110页。

⑥ 贵州省物价局(2013)1号行政处罚决定书、四川省发展和改革委员会(2013)1号行政处罚决定书。

(二)垄断协议的参与者

在纵向关系中,市场势力的大小强烈影响产品分销系统中的竞争产出。在每一个纵向约束案例中,其基本的问题是,谁拥有这个势力?这个约束是上游势力的结果,还是下游势力的结果,或者是差不多的势力通过双方协商的产品?① 就纵向价格垄断协议的实施和控制而言,协议均是沿生产—分销链自上而下进行管理的。但是,从纵向垄断的动机来看,协议的核心问题"价格"却不一定是由经营者进行主导的,还可能是由经营者与交易相对人共同主导实施。②

就"经营者主导型"而言,经营者通过其在生产—分销链中的优势地位强迫交易相对人达成并实施纵向价格垄断协议,交易相对人基于不敢得罪经营者而配合实施违法行为。在这种类型中,经营者与交易相对人是纯粹的主导与被主导的关系,加之经济权力的锁定效应,交易相对人的参与更多体现为胁从身份。从垄断利益的归属来看,经营者作为主导者,自然是利益既得者,交易相对人则是利益受损者。但在实践中还存在另一种情况,强力经销商通过对零售商保证优厚的收益,而诱使他们不去承销规模较小、富有创新能力、精明能干的竞争对手的商品。③ 当经济利益大于所受损失时,交易相对人便会积极追求纵向垄断协议的实施。此时,垄断利益在两者之间进行了一定程度的分配,交易相对人的参与更多体现为帮助身份。

就"经营者与交易相对人共同主导型"而言,经营者或交易相对人希望通过彼此之间的合作来获取利益。较常见的情形是,上游制造商召集位于同一分销层级的具有明确竞争关系的经销商或零售商一起讨论并制定商品的"价格",要求这些经销商或零售商必须积极地进行价格监督和违规举报,并有可能要求这些经销商或零售商交换市场敏感信息。④ 在共同主导型纵向垄断协议中,经营者与交易相对人形成"区域合作组织",共同协商与维护价格机制,带有明显的区域特征,除纵向价格垄断本身的损害外,还可能带来额外的横向损害。

---

① 参见[美]罗伯特·皮托夫斯基等:《超越芝加哥学派——保守经济分析对美国反托拉斯的影响》,林平、臧旭恒等译校,经济科学出版社2013年版,第172页。

② 在《反垄断法》第14条的语境下,经营者是纵向垄断协议的主动实施者,交易相对人是配合者或承受者,即交易相对人始终具有被动的一面,所以不会出现"价格"单纯由交易相对人主导的情形。

③ 在"Leegin案"中多数派也同意此种情形。See Leegin Creative Leather Products, Inc. v. PSKS, Inc., 127 S. Ct. 2705(2007).

④ 参见高牟:《中国纵向价格垄断——形态、来源、损害、认知误区与豁免》,中国科学技术大学2015年博士学位论文,第50页。

三、交易相对人责任的证成:系谱化的提出

纵向价格垄断协议中,交易相对人是否应承担法律责任,应当考察交易相对人是否损害《反垄断法》所保护之法益,以及在达成和实施垄断协议过程中所发挥的作用和影响。当下,纵向价格垄断协议责任认定的复杂性就体现在经营者与交易相对人交错在一起,加上交易相对人身份的多重性,从而无法将二者的法律责任予以妥善分配。

(一)交易相对人的客观作用

波斯纳曾指出,反托拉斯法的唯一目标应当是促进经济学意义上的效率。[①] 但世界各国或地区的反垄断法,无论在立法还是实施过程中,都会将竞争者利益和消费者福利作为重要考量因素。竞争法所保护的公共利益体现为秩序,对秩序的评价是通过消费者利益、竞争者利益和经营者利益协调表达出来的。[②] 从长远来看,交易相对人在协议实施中是否损害消费者利益或竞争者利益将是其应否承担法律责任的客观标尺。

就上游主导型纵向价格垄断协议而言,[③]交易相对人是经销商。"转售价格限制"的核心在于"转售"一词,它意味着整个链条至少存在两层法律关系:(1)生产商将其商品卖给经销商或零售商;(2)经销商或零售商再将商品卖给第三人,如终端消费者。经营者尽管强势,本身却并不能直接作用于消费市场,交易相对人在其经济权力干预市场效果之中起到了关键作用。即交易相对人对纵向价格垄断协议的参与,为经营者干预终端市场商品定价提供了助力。在正常的市场竞争秩序下,具有成本优势或执行低价策略的交易相对人会直接给相关市场中其他经营者造成竞争压力,迫使其他经营者增进效率、降低成本、让利消费者。但是,当市场中存在纵向垄断时,交易相对人遵从生产商所设计的价格将商品卖向消费市场,交易相对人不但没有将竞争压力传导给相关市场中其他经营者,反而将损失转嫁于消费者,使消费者最终承担不合理的高价,损害消费者利益,扭曲公平有序的市场竞争秩序。交易相对人为生产者干预市场提供了"入口",所起到的传递作用正是客观违法之基础所在。

就下游主导型纵向价格垄断协议而言,交易相对人是上游经营者。该类型在中国

---

① 参见[美]理查德·A.波斯纳:《反托拉斯法》,孙秋宁译,中国政法大学出版社2003年版,第3页。

② 参见刘继峰:《竞争法学》,北京大学出版社2018年版,第26页。

③ 根据纵向价格垄断协议的主导力量可以分为上游主导型、共同主导型和下游主导型。参见高牟:《中国纵向价格垄断——形态、来源、损害、认知误区与豁免》,中国科学技术大学2015年博士学位论文,第49~51页。共同主导型中交易相对人在客观要件上的分析思路与其他两种类型是一致的,故不另外展开分析。

较少见,下游市场力量通过胁迫或要求上游经营者实施纵向价格垄断,确保其他具有竞争关系的下游经营者的商品转售价格不会低于自家商品的转售价格,保证其设定的商品价格体系不会被其他下游经营者的低价行为所挑战。① 逐利是市场参与者经济活动的本质,如果能够通过弱化竞争来获取更多利润,没有谁会为了竞争而竞争。具有优势地位的下游经营者通过交易相对人这个"支点"间接实现对相关市场的价格封锁,消除已经存在或可能出现的价格竞争。交易相对人虽然未直接作用于终端市场,却成为下游经营者经济权力发挥作用的着力点、"跳板",直接损害了与经营者具有竞争关系的其他经营者的合法权益,扰乱下游市场竞争秩序。交易相对人在其中所起到的"支点"作用是构成其应责性的客观基础。

(二)交易相对人的主观动机

《指导意见》中规定,"当事人有充分证据证明不存在主观故意或者重大过失的"属于酌定从轻或者减轻行政处罚的情形,②《指导意见》似乎确立了行政处罚"客观行为归责"的原则,将主观过错作为量罚幅度的情节。但是,任何公正合理的制裁都须以被制裁的行为具有可谴责性为基础,③交易相对人尽管在经营者的强制下实施纵向价格垄断协议,客观上对《反垄断法》保护之法益造成损害,但如若不存在违法的主观过错,此时进行客观归责不但不利于行为人的信赖保护,也无法实现罚教结合的基本原则,因而交易相对人在主观上参与纵向价格垄断协议的动机是其法律责任证成的必要条件。④

交易相对人作为理性的经营者参与垄断协议,均难以否认存在营利动机,初步可以分为"期望"、"放任"和"抗拒"3类主观态度。"期望"态度,是指交易相对人出于趋利动机,即参与协议的实施能够获得商品的销售权、稳定利润等好处,从而对协议的实施抱有追求、希望的目的。"放任"态度,是指交易相对人出于弊害动机,即不敢得罪经营者的恐惧心态或垄断行为未被法律制裁的侥幸心理,而配合经营者实施。"抗拒"态

① 参见高年:《中国纵向价格垄断——形态、来源、损害、认知误区与豁免》,中国科学技术大学2015年博士学位论文,第50~51页。

② 《指导意见》之"(七)行政处罚裁量情形"规定,有下列情形之一的,可以依法从轻或者减轻行政处罚:……(5)当事人有充分证据证明不存在主观故意或者重大过失的……

③ 参见江必新:《论应受行政处罚行为的构成要件》,载《法律适用》1996年第6期。

④ 关于主观过错在行政处罚实施中的地位,行政法学界颇有争论。较有说服力的观点是应受处罚的行为必须以过错为要件,即采主观过错归责原则。参见江必新:《论应受行政处罚行为的构成要件》,载《法律适用》1996年第6期;李孝猛:《主观过错与行政处罚归责原则:学说与实践》,载《华东政法大学学报》2007年第6期;张春林:《主观过错在行政处罚中的地位研究——兼论行政处罚可接受性》,载《河北法学》2018年第5期。

度，是指交易相对人出于排斥心理，试图挑战垄断协议所约定的价格体系，从而破坏协议的实施。一言以蔽之，交易相对人在对纵向价格垄断协议的态度（意志）上，“期望者”投了赞成票，“放任者”投了弃权票，“抗拒者”投了反对票。

（三）“样态谱系”的提出①

在剖析交易相对人参与纵向价格垄断协议的客观与主观情形后，本文提出交易相对人参与纵向价格垄断协议的样态谱系模型（见图1）。根据经营者与交易相对人的关系，总体上分为“积极参与类”和“受强制类”两大样态，同时，结合交易相对人的客观行为与主观态度对后者进行细化分类。

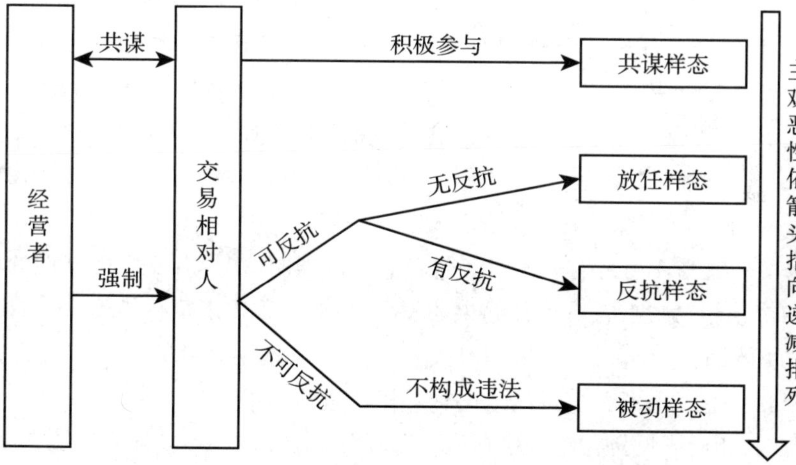

图1　交易相对人参与纵向价格垄断协议样态谱系关系

各细分样态中，交易相对人在“共谋样态”中持“期望”态度，“放任样态”中持“放任”态度，“反抗样态”中持“抗拒”态度，“被动样态”中交易相对人欠缺反抗可能性，当然不违法。4种样态主观恶性程度由高到低降序排列。

1. 共谋样态

共谋样态，是指交易相对人基于经济利益考量自愿与经营者达成或积极实施纵向价格垄断协议。该样态中，交易相对人在与经营者达成协议时往往会附带约定利益分配机制，如签订《奖励协议》等。此外，对于那些缺乏经营管理能力、分销效率差的交易相对人来说，纵向协议是非常关键的管理手段。在多个交易相对人参与的带有区域特

① 交易相对人“样态谱系模型”的构造借鉴清华大学张晨颖副教授提出的“经营者参与行政性垄断行为的‘三总六分样态谱系’模型”，并在此基础之上进行修正。参见张晨颖：《行政性垄断中经营者责任缺位的反思》，载《中外法学》2018年第6期。

征的纵向协议中,规模小、竞争能力差的交易相对人为了维持稳定的利润也可能倾向与经营者达成并实施纵向协议。

2. 放任样态

放任状态,是指交易相对人因受到经营者的强制而参与纵向价格垄断协议,明知自己的行为可能损害《反垄断法》保护之法益,具有反抗可能性但未反抗,放任这种结果的发生。尽管不存在积极追求的行为表现,但也完全不存在反抗行为,从而顺从经营者所制定的价格体系。

当经营者强制交易相对人接受并实施纵向价格垄断协议时,交易相对人会进行两个层面的利益考量:其一,比较在正常情况与转售价格限制下的成本与利润;其二,放弃现有合作而转向其他经营者所增加的额外成本。当"沉淀成本"无法锁定交易相对人,但损害可以完全或绝大部分转嫁于第三方时,交易相对人往往选择沉默,此时构成放任样态;当"沉淀成本"可以锁定交易相对人时,根据损害可否转嫁等具体情形进一步判断构成被动样态或放任样态。

3. 反抗样态

反抗样态,是指交易相对人面对经营者的经济强制,在具有反抗可能性的前提下,主观上具有"抗拒"态度,没有放任结果的发生,客观上采取了反抗措施,试图挑战垄断协议约定的价格体系。譬如,交易相对人直接放弃与该经营者的合作或者直接以"受害者"的身份提起反垄断民事诉讼或向行政机关进行举报。

根据交易相对人反抗行为合格与否,可以将反抗样态进一步分为反抗合格样态和反抗失格样态。当反抗行为没有达到合格标准时,对竞争的损害仍应部分归咎于该交易相对人,如交易相对人未按照约定价格转售商品,但在遭到经营者的严厉处罚后遵守协议;反之,若反抗行为达到了合格标准,即使造成竞争法法益的损害也不归咎于该交易相对人。

4. 被动样态

被动样态,是指交易相对人因对经营者所施加的强制行为不具有反抗可能性而当然不违法的样态。交易相对人承担法律责任的前提是其具有一定的决策自由。在完全被动的情形下,交易相对人尽管客观上成了"帮凶",但在主观上并不具有可责性,不能苛求交易相对人为避免垄断行为而不惜一切代价。

在样态谱系图中,从放任样态到被动样态,交易相对人均受到了经营者不同程度的强制,本身系受害者。因此,在对经营者从重处罚的同时,根据反抗可能性、反抗程度等情形梯次配置交易相对人的法律责任是可取之道,也是样态谱系模型构建的初衷。

(四)交易相对人责任设置的目标

法律责任的设定,其目的在于追究法律责任,保障有关主体的合法权利,维护法律所调整的社会关系和社会秩序,其作用在于惩罚、教育和预防违法。[①]《反垄断法》亦如此,在惩罚与监管之间找到平衡点是交易相对人责任设置的目标追求。

市场信息失灵、垄断协议自身极强的隐蔽性、执法资源的有限性等因素,决定了纵向垄断协议当事人之外的第三方很难发现垄断协议或者搜集相关证据,交易相对人作为其中的参与者,最了解这一违法行为,[②]在利益受损的情形下比任何人都有动力去揭发它。每个国家反垄断主管机关的财政预算和人力资源都是相当有限的。因此,它们通常没有足够的能力来充分执行反垄断法,此时利用私人执行来补充竞争法公共执行的不足是非常吸引人的一种方式。[③] 交易相对人作为纵向垄断协议的受害者,通过举报或诉讼的方式揭发垄断行为,有助于发挥其独特优势,及时发现垄断协议,降低监管成本。但是,对交易相对人科以法律上不利后果在一定程度上会抑制交易相对人充当"私人总督察长",降低其维护公共利益的积极性,甚至可能产生变相维持协议之效果。因此,交易相对人责任设置的大方向和出发点应当是在惩罚违法者之外,鼓励揭发者,而不能限制交易相对人的监督作用。这意味着不是所有情况下都要为交易相对人设置法律责任,有效的路径是将交易相对人作类型化区分,有限度地惩罚交易相对人。

我国纵向价格垄断执法普遍程度较低,加之生产—分销链上交易相对人弱势地位明显,现阶段对于交易相对人的法律责任设置总体上应以谦抑性为中心。谦抑性要求立法者在不影响社会进步的情况下,最大限度地缩小法律的调整范围,以获取最大的社会效益。[④] 对于在被动情况下参与纵向价格垄断协议的交易相对人,以免罚为原则、处罚为例外,充分发挥揭发者的积极功能;对于积极共谋情况下的交易相对人,以处罚为原则、免罚为例外,全面惩罚协议的参与者。但是,从国际上对于纵向价格垄断的执法历史看,随着制造商分销行为的表面规范化与纵向价格垄断执法程度的加深,交易相对人的处罚力度也应不断加大。

---

① 参见舒国滢主编:《法理学导论》,北京大学出版社2006年版,第163页。

② 参见彭博:《纵向垄断协议当事人原告资格问题研究——以提起损害赔偿之诉为视角》,载《经济法论丛》2018年第2期。

③ See C. J. Michael Flavell and Christopher J. Kent, *the Canadian Competition Law Handbook*, Carswell publishing, 1997, p. 196. 转引自王健:《反垄断法私人执行的优越性及其实现——兼论中国反垄断法引入私人执行制度的必要性和立法建议》,载《法律科学(西北政法学院学报)》2007年第4期。

④ 参见何柏生:《简单性原则对法学的要求》,载《法学》2005年第9期。

四、交易相对人责任认定的因应:认定规则与立法完善

芝加哥学派的弗兰克·伊斯特布鲁克(Easterbrook)法官曾言:"威慑是反托拉斯法最优先,甚至可能是唯一的目标。"①欲达成此目标,须遵循一套基本规则,明确所欲制裁的行为、主体、标准及方式。在纵向价格垄断协议上,制裁交易相对人也必须如此。下文将针对不同样态中的交易相对人剖析其法律责任的认定规则,并进一步提出立法完善建议。

(一)积极参与类样态中交易相对人责任的认定规则

前文已论及,积极参与类样态中主要表现形式是交易相对人与经营者之间存在激励机制。其中,交易相对人的责任认定,总体上应建立以垄断利益流向为导向的认定标准。具体思路应遵循以下 3 个步骤:第一,明确经营者与交易相对人之间的奖励机制是双方协商的结果,还是单纯作为经营者主导下纵向协议的配套维持机制。从奖励机制的源头入手,探析交易相对人的主观意图。第二,明确"奖励"是否系损害消费者利益基础之上的垄断利益。我国《反垄断法》未禁止限定最高转售价格,在很大程度上是因为这类行为对消费者没有损害甚至有利,②而在固定转售价格或限定最低转售价格中,消费者因最终承担不合理的高价而蒙受损害。需要查明其中的超额利益是均流向经营者,还是借助奖励机制在经营者与交易相对人之间进行分配。第三,约定的"奖励"是否在经营者与交易相对人之间进行了实质性分配及分配的比例如何。如果交易相对人未实际获得"奖励"或"奖励"过低,则可适当从轻或减轻处罚。

(二)受强制类样态中交易相对人责任的认定规则

受强制类样态包括放任样态、反抗样态和被动样态。三者共同之处在于,交易相对人均受到经营者的经济强制;差异之处在于,是否具有反抗可能性,以及是否进行了反抗。认定受强制类样态中交易相对人的法律责任关键有二:一是"反抗可能性"的认定标准;二是"司法逃逸"的诉权制约。

1."反抗可能性"的认定标准

在经营者的经济强制下,反抗可能性是交易相对人责任认定的首要步骤。一个人不对其所做的事情负有道德责任,如果其做那件事情仅仅是因为其本来不能做其他

---

① Frank H. Easterbrook, "Predatory Strategies and Counterstrategies", *The University of Chicago Law Review*, Vol. 48, No. 2(1981), pp. 263 – 337.

② 参见王先林:《竞争法学》,中国人民大学出版社2015年版,第194页。

行动。[①] 与此相反,当人的意志能够选择为或者不为该种行为时,意志的作用便是使人的行为受到称赞或者责难的唯一原因。[②] 对于交易相对人来说,如果不接受经营者所提出的纵向价格垄断协议,将会遭受罚款或断货等严重利益损失,交易相对人又不具有转向其他经营者的余地而只能被动配合经营者,此时应当认定不具有反抗可能性。逐利是交易相对人参与经营活动的目的,不能苛求其为了避免垄断行为而不惜一切代价,反抗可能性的界定不以"圣人标准"进行评价,而应以一般理性人为标准。不同案件中交易相对人所受经济强制的程度不同,反抗可能性也应视个案情况作具体认定。

在认定反抗可能性时,应当充分考虑相关市场的竞争状况。经营者强制交易相对人的背后实际上反映的是经营者的控制能力,除非制造商或零售商具有市场支配力,否则它们就无法滥用转售价格维持来达到反竞争的目的。[③] 当经营者不具备相应的市场力量时,交易相对人具有反抗可能性,完全可以"用脚投票",寻找新的合作伙伴。此外,"市场力量"应当作广义的解释,不局限于市场支配地位,还包括相对优势地位。以纵向价格垄断协议普遍存在的汽车业为例,如果以在相关市场的市场份额达到 1/2 推定经营者具有市场支配地位,那么几乎所有的汽车品牌在我国汽车市场均不具有市场支配地位。但是,任何品牌的汽车厂商对于自己在特定区域的经销商来说,一般具有极强的相对优势地位。经销商尽管也有转向其他汽车品牌厂商的可能性,但由于巨大的"沉淀成本",仍难以打破经营者的"锁定效应"。[④] 交易相对人对经营者的这种依赖性,往往也成为经营者施加经济强制的重要砝码。

当然,反抗可能性的判断本身还存在很多不确定的因素。经营者与交易相对人在某种层面上依赖对方的配合是市场运作的正常情形,因为合同或协议关系本身是双方行为或多方行为,当事人之间或多或少都会存在依赖关系,如果将这种依赖关系泛化为不具有反抗可能性,则可能出现过分保护交易相对人的局面,有违反抗可能性构建之初衷。因此,要准确有效地认定反抗可能性,必须对判断要件作出明确、严格的规

---

① 参见[美]哈里·法兰克福:《可供取舍的可能性与道德责任》,葛四友译,载徐向东编:《自由意志与道德责任》,江苏人民出版社 2006 年版,第 367 页。转引自张明楷:《责任论的基本问题》,载《比较法研究》2018 年第 3 期。

② 参见[美]H. C. A. 哈特:《惩罚与责任》,王勇等译,华夏出版社 1989 年版,第 166 页。

③ 参见张骏:《完善转售价格维持反垄断法规制的路径选择》,载《法学》2013 年第 2 期。

④ 此外,麦当劳、肯德基等取得特许经营者的快餐店或者便利店,它们与特许权人的关系也存在这样的问题。它们之间的关系可以作为相对优势地位的问题进行规制,也可以作为市场支配地位的问题进行分析,关键问题是如何界定相关市场。参见王晓晔:《论滥用"相对优势地位"的法律规制》,载《现代法学》2016 年第 5 期。

定。总体而言,我国近半数纵向价格垄断协议集中于汽车、天然气领域,在这些特殊领域,产品或服务专业化程度高,前期所投入的沉淀成本不一定能轻易转为他用,故以不存在反抗可能性为常态。但是,交易相对人如果通过一段过渡的缓冲期,能够调整适应新的环境,那么仍应该认定交易相对人具有反抗可能性。① 具体认定可遵循以下3个思路:第一,反抗可能性认定的前提是经营者实施的纵向垄断协议损害市场竞争。换言之,若经营者与交易相对人之间所形成的协议不存在负外部性,就没有必要在反垄断法层面分析交易相对人的法律责任。② 第二,以经营者与交易相对人之间是否建立长期稳定合同关系为基准,结合交易相对人所投入之成本、客户延续性等因素综合认定。一般来说,合作周期越长,相互依赖程度也越高,反抗可能性也越低。第三,以经营者与交易相对人之间是否存在协议维持机制为辅助因素,结合罚款金额、强制实施手段等综合认定。倘若共谋协议的强制实施手段非常软弱,即对削价行为的探查又慢又不系统,该共谋集团就必须承认其弱点。③ 协议的维持比达成更关键,当不存在强制实施手段时,交易相对人更有动机破坏协议的实施。

2."司法逃逸"的诉权制约

在反抗样态中,交易相对人对经营者提起反垄断私人诉讼是常见情形。如前所述,我国《反垄断法》并未确立行政前置的实施机制,行政程序中对交易相对人的潜在追责与司法程序中对交易相对人的潜在救济,可能导致交易相对人向司法逃逸的现象。如果不能保持行政程序与司法程序责任认定的一致性,将极大削弱对交易相对人的制裁力度。解决此问题,从交易相对人的原告资格着手是较有效的做法。

我国现有的法律法规并未对交易相对人的原告资格作出明确规定,法院在这一争议上态度也不够明确。而在国外,已经发展出两大较成熟的理论:一是诉权否定论,该理论的基础是"同等过错原则"(the in pari delicto doctrine),即参与垄断行为的交易相对人不能从违法行为中获得损害赔偿,进而否定其原告资格;④二是有限诉权论,该理论以交易相对人参与协议的过错程度为基础,有限赋予原告资格。交易相对人如果在被诉违法行为中是"共同发起人"或者"同等"参与该行为,则不具有原告资格。⑤ 笔者

---

① 参见何之迈:《公平交易法专论》,中国政法大学出版社2004年版,第350页。

② 该问题应当通过竞争法之外的其他法律进行规制,如通过合同法或其他专门法律进行规制。

③ 参见[美]库尔特·勒布、[美]托马斯·盖尔·穆尔:《斯蒂格勒论文精粹》,吴珠华译,商务印书馆1999年版,第201页。

④ See *Black's Law Dictionary*(9th ed.,2009).

⑤ 参见[美]菲利普·阿瑞达、[美]路易斯·卡普洛:《反垄断法精析:难点与案例》(英文影印本),中信出版社2003年版,第89页。

赞同后一种理论。一方面,有限诉权论较之诉权否定论进行了价值判断,以“过错”为基点,切合交易相对人身份的复杂性,既扩充了交易相对人的救济途径,发挥其揭发功能,同时又否定了共谋者与积极参与者的诉权,阻止企图向司法逃逸的投机者。另一方面,赋予原告资格并不意味着必然救济,与行政程序中的追责也并不必然发生冲突。投机者贸然将自己暴露于诉讼之中,不仅面临败诉风险,而且可能遭到反垄断执法机构或受到垄断行为侵害的第三人的后续追责,对于企图通过司法路径“洗白”的交易相对人来说仍是不小的威慑。

此外,在交易相对人提起的后继诉讼中,依据行政决定推定交易相对人的原告资格有助于保持行政程序与司法程序责任认定的一致性。如果行政决定中对交易相对人作出了处罚,推定不具有原告资格,除非交易相对人可以提供充足证据进行反证;相反,如果行政决定中未对交易相对人作出处罚,则推定交易相对人具有原告资格。

(三)交易相对人责任制度立法完善的基本思路

法律责任作为一种否定性后果,必须由法律规范作出预先规定,任何机关和个人均无权向行为人追究法律明文规定以外的责任。如前所述,我国在垄断协议法律责任条款上的泛化,直接造成了交易相对人在处置上无法可依、无章可循的尴尬局面。为此,有必要在立法层面上针对不同样态的交易相对人设置对应的法律责任。

1.“积极参与类样态”的法律责任制度完善

在禁止性条款的设立上,现行《反垄断法》第 14 条已有表述禁止经营者与交易相对人达成纵向垄断协议,但缺乏对交易相对人违法性的进一步说明。从立法层面解决此问题,有两个基本思路:(1)“以行为主体为中心”,对交易相对人参与纵向垄断协议的行为进行明确的法律表述,规定该类主体是《反垄断法》下的违法主体;(2)“以行为为中心”,基于交易相对人是纵向垄断协议的帮助者或组织者,明确禁止帮助、组织其他经营者达成垄断协议的行为。在第一种思路下,交易相对人本质是经营者,既已禁止经营者参与纵向垄断协议,若又对交易相对人作出规定,不免有立法重复之嫌,且未厘清两者的本质区别。第二种思路是较有效的方法,既表明经营者是垄断协议的主导者,交易相对人是帮助者或组织者,有便于在法律责任设计上进行区分。

在法律责任条款的构设上,具体遵循如下准则:第一,过罚相当。对于积极主导达成并实施纵向协议、组织和帮助经营者达成垄断协议的交易相对人,准用经营者的法律责任条款。对于胁迫其他经销商或生产商加入并实施垄断协议的交易相对人,应当予以从重处罚。第二,合理分配。在积极参与类样态中,交易相对人未受到经营者的强制,主动实施协议,但其与经营者所发挥的作用不同,各自所造成的损害与过错程度也不同,故有必要在二者之间合理分配各自的法律责任。反垄断执法机构应当根据垄断利益在二者之间的分配情况,如是否分配、分配比例等,比照经营者的法律责任作出适当的处罚,在一般情况下交易相对人所承担的法律责任不应超过经营者。

2. "受强制类样态"的法律责任制度完善

在体系上,应当在第二章增设禁止性条款规制垄断协议的胁从者,明确规定胁从行为亦构成《反垄断法》中的违法行为,并在第七章中配套设置相应的法律责任。

在禁止性条款的设立上,同样应当遵循"以行为为中心"的思路,对在经济强制下参与纵向垄断协议的行为进行明确的法律表述,具体表述上应体现两大核心特征:第一,受到经营者的经济强制;第二,参与了垄断协议的达成或实施。其中,交易相对人是持"放任"态度还是"抗拒"态度,既应全面囊括,又应当依据主观恶性程度等因素加以必要区分。

在法律责任条款的构设上,重点关注法律责任的分配、法律责任的极差及行政与司法程序的协调 3 个问题。第一,受强制类样态下的交易相对人较之经营者是受害者,所承担的法律责任不应超过经营者。对于强制交易相对人参与实施纵向垄断协议的经营者,应当予以从重处罚。受强制的交易相对人可以根据相关市场竞争状况、参与者之间的依赖程度等予以从轻、减轻或免除处罚。第二,各细分样态梯次配置法律责任。"放任样态"中交易相对人具有反抗可能性,却未采取任何必要措施,放任损害结果的发生,考虑其受到经营者的强制,应比照经营者的法律责任从轻或减轻处罚。"反抗样态"中交易相对人破坏了协议的实施,降低了垄断损害,主观恶性较前者降低,应比照经营者的法律责任减轻或免除处罚。"被动样态"中交易相对人不具有反抗可能性,当然不违法。第三,关于行政程序与司法程序的协调,如前所述,保持行政程序与司法程序中对交易相对人责任认定的一致性。对交易相对人的原告资格进行类型化分析,以过错程度为基点,明确垄断协议的"共同发起人"或者"同等"参与者不具有原告资格。

五、结语

我国反垄断行政执法案件的数量本就寥寥无几,涉及纵向价格垄断协议的案件更是稀少,每一起案件都是反垄断领域的焦点,其中一旦卷入交易相对人的多重身份,其违法性认定与责任分配必成为重中之重。在反垄断执法机构对交易相对人违法性问题置若罔闻的背景下,交易相对人参与纵向价格垄断协议的样态谱系模型应运而生。在此基础之上,针对不同样态下的交易相对人提出相应的违法性认定规则并梯次配置法律责任是可行之道。

我国《反垄断法》实施已逾十载,在纵向垄断协议的规制上已无法匹配日新月异的商业安排。2020 年 1 月 2 日国家市场监督管理总局发布《〈中华人民共和国反垄断法〉修订草案(公开征求意见稿)》,首次对组织、帮助其他经营者达成垄断协议的行为进行规制,①但面对错综复杂的交易相对人样态仍尽显疲态。与有百余年反垄断执法经验的美国相比,我国对纵向价格垄断协议的规制从无到有历经 10 余年沉浮,仅有不到 20 起案件,样本不甚丰富,且执法机构均未将交易相对人纳入违法主体的考量范围,如何精准把握交易相对人在纵向价格垄断协议中所发挥的客观作用及所持主观态度是检验我国垄断协议执法水平的"试金石"。明确交易相对人责任认定的各项规则,尚须理论革新、实例检验、经验积累,任重道远。

(责任编辑:梁鹏)

① 《〈中华人民共和国反垄断法〉修订草案(公开征求意见稿)》第 17 条规定,禁止经营者组织、帮助其他经营者达成垄断协议;第 53 条第 2 款规定,组织、帮助经营者达成垄断协议的,适用前款规定。

知识产权法的整体性逻辑及其基本法的经济法属性*

朱与墨**

摘　要:科学技术是第一生产力,知识产权是第一财产权,知识产权法就是生产力激励保护法,是生产力“长尾”保护法。现代知识产权法有其整体性的逻辑结构,体系自洽、逻辑自足。它以专利法为前驱,创新、创造技术和产品,引领社会向前迈进。其形成的新的生活方式及相应的精神领域由著作权法调整,形成的新的生产方式及相应的物质产品的流通领域由商标法调整。反不正当竞争法紧随其后对专利、著作、商标在工商业领域的市场竞争秩序予以规制。知识产权“合法垄断”下的竞争可能导致完全垄断市场,故由反垄断法接续调整。公法向私法领域扩张,特别是知识产权法,是应现代工商陌生社会高速运转和知识产权客体非物质实体性的本质所需。知识产权法调整人的复杂劳动在生产领域的运用,激励社会增量利益,对当代社会市场经济的调节和规制功能日益明显,具有明显的经济法属性。我国知识产权基本法当下可以公法为主、私法为辅的综合模式进行立法。

关键词:知识产权法;整体性逻辑;知识产权基本法;经济法属性

2019年12月28日第十三届全国人民代表大会常务委员会公布了第十五次会议审议的《民法典(草案)》,并向社会公开征求意见。《民法典》里面没有知识产权篇,只在总则第五章“民事权利”的第123条专门规定民事主体享有知识产权以及知识产权

---

* 收稿日期:2020年4月21日。

本文是国家社科基金项目“知识产权领域反公地悲剧问题的法经济学分析及治理”(编号“18BFX163”)的阶段性研究成果。

** 深圳大学中国经济特区研究中心经济学博士,副教授。

的客体种类。[①] 出于对知识产权法属性、整体性、逻辑自足性的不同理解,立法技术上对知识产权能否提炼出一般规则独立成编,法学界目前争议较大。因此,立法机关在分则设计中,没有知识产权篇的安排。《民法典》已经全国人大表决通过,但知识产权法学界期盼的知识产权法入《民法典》再次落空。2020 年我国知识产权强国建设的重要阶段性目标是基本实现知识产权治理体系和治理能力现代化。那么,首要任务就是完成知识产权法理论的体系化建设。

一、融入与排斥:围绕与《民法典》关系展开

(一)知识产权法与民法典关系的学术梳理

21 世纪初,我国启动了《民法典》的编纂起草工作,2002 年 1 月知识产权法学研究会郑成思会长受命主持起草民法典中的知识产权篇,并按时完成任务,但 12 月底提交第九届全国人大常委会第三十一次会议的《民法典》没有按照原计划将知识产权法以专篇列入,郑成思会长在事后所著的《知识产权论》中认为,这是一个"十分令人满意的选择",[②]表明他是不同意知识产权法入《民法典》的;接下来他说受命之初就是"明知不可为而为之",争取起草的条款能超越"知识产权的一般规定","不是能收入民法总则,就是收入民诉法",可见,他认为知识产权法属于民法的特别法。知识产权法专篇入《民法典》的第一次努力没有成功,2003 年全国人大会议对《民法典(草案)》的审议也没有通过,知识产权法整体立法思路被搁置,之后采取了"化整为零"的分散立法,以单行法方式通过各部,再整合为《民法典》。但知识产权法学界对知识产权法与《民法典》的关系的研究讨论并未就此停止。

知识产权法在财产法体系中的位置如何,以及民法典如何安置知识产权法,学界先后有三模式、四模式、五模式几种观点。2005 年张玉敏教授等在《论我国民法典设置知识产权编的理由及基本构想——以概括式立法为目标模式》中,将处理知识产权与民法典的结构关系概括为"链接式""纳入式""双重立法模式"3 种可能的方案。[③] 2010 年李扬教授将其概括为 4 种代表性观点。[④] 即徐国栋教授的全部移入观点,以维

---

① 《民法典》第 123 条(原《民法总则》第 123 条)规定:"民事主体依法享有知识产权。知识产权是权利人依法就下列客体享有的专有的权利:(一)作品;(二)发明、实用新型、外观设计;(三)商标;(四)地理标志;(五)商业秘密;(六)集成电路布图设计;(七)植物新品种;(八)法律规定的其他客体。"

② 郑成思:《知识产权论》,法律出版社 2003 年版,第 79~80 页。

③ 参见张玉敏、王智斌:《论我国民法典设置知识产权编的理由及基本构想——以概括式立法为目标模式》,载《甘肃社会科学》2005 年第 5 期。

④ 参见李扬:《知识产权法基本原理》,中国社会科学出版社 2010 年版,第 130~131 页。

护民事权利的逻辑自足性与民法典的体系包容性。吴汉东教授持单独设篇对知识产权作一般性规定加民事特别法规定的观点,因为知识产权法是一个开放式、创新性、综合性的法律规范体系,不宜将其全部植入民法典,只宜对知识产权的性质、范围、效力、保护、运用与在先权关系、限制等在民法典中作原则性规定,但同时保留民事特别法的体例。① 郑成思研究员的观点同吴汉东教授的观点。梁慧星研究员认为,知识产权法没必要纳入民法典,只在"总则"之"民事权利"里列举知识产权权利客体即可,理由是专利法、商标法、著作权法已构成一个独立的知识产权法律体系,可以作为民法典外的特别法加以规定。袁真富认为,可制定与民法典并驾齐驱的知识产权法典,因为知识产权法虽属于民法,但与民法区别相当大。2018年,刘春田教授认为目前主要有5种模式可供选择:一是将知识产权诸单行法合编的所谓"知识产权法典"化模式;二是将知识产权法诸单行法律统一纳入《民法典》;三是废除知识产权诸单行法律,将单行法的实体规范整合放进《民法典》,程序性规范以实施细则或行政法规出现;四是废除知识产权诸单行法律,整合知识产权法、物权法等为体系化的财产法,置于《民法典》中;五是保留现有知识产权诸单行法律,提取知识产权法的一般规则作为知识产权篇归入《民法典》分则。②

(二)知识产权属性、地位的独特观点

除知识产权法与民法典的关系问题讨论热烈外,关于知识产权的属性、在财产谱系中的地位问题,学界也开展了深入的讨论。

1. 私权公权化说

在各派观点的纷争中,冯晓青教授等发表了《试论知识产权的私权属性及其公权化趋向》一文,③指出私权性是知识产权的本质属性,但知识产权在知识经济时代正由传统意义上的私权蜕变为一种私权公权化的权利。这种权利变化趋向为建构知识产权法的利益平衡机制、保障知识产权人的专有权、实现知识产权法的公共利益价值提供了客观基础。文章认为知识产权兼具私权属性和公权属性,二者既对立又统一,是一种公私混合的权利。基于对知识产权权利属性的反思,文章认为知识产权法与传统民法存在很大的背离和叛逆,其与传统民法的私权神圣和私法自治的理念已不完全吻合,知识产权法不宜纳入我国民法典中,知识产权法仍应当保持其相对独立性。

---

① 参见吴汉东:《知识产权立法体例与民法典编纂》,载《中国法学》2003年第1期。

② 参见刘春田:《我国〈民法典〉设立知识产权编的合理性》,载《知识产权》2018年第9期。

③ 参见冯晓青、刘淑华:《试论知识产权的私权属性及其公权化趋向》,载《中国法学》2004年第1期。

2. 回归民法整体性说

针对我国知识产权法，理论研究和司法实践存在诸多问题，特别是知识产权领域出现的一些新的法益，基于知识产权的法定性而难以得到有效保护。李扬教授提出了以民法为核心的整体性知识产权法观念，要求对知识性权利和知识性利益进行区分，授予利益享有者债权性质的请求权，知识性利益才能得到充分保护。整体性知识产权法观念下知识产权的兜底保护法不是反不正当竞争法而是民法，民法是知识产权法难以保护的正当法益最后的适用手段。但是应当注意各个知识产权单行法调整功能的不同，充分发挥各个单行法的独特作用，而不能混淆它们之间的界限。[①] 关于知识产权法与民法典的关系，李扬教授的观点同梁慧星研究员的观点，而且还指出中国制定知识产权法典时机尚不成熟。

3. 第一财产权说

刘春田教授指出，创造作为另类劳动（复杂劳动），是一切知识、技术的来源，也是一切财产的来源。没有创造就没有知识、技术，也就没有在技术支配下的劳动。以创造成果为标志的和以市场程度为价值衡量标准的知识财产的出现，使知识产权成为知识经济社会的"第一财产权"，传统的物和一般劳动的价值主体地位被动摇沦落为"附加值"。从逻辑和实践中看，知识产权均优于物权、债权，即便那些贵重的物质材料，也是来自知识、技术的结果。因此，在知识经济时代价值主体当属于知识、技术，技术已超越于物，从幕后走上台前，点石成金中"金"的价值已让位于"点石成金术"。[②] 知识产权与物权在量上为此长彼消趋势，其终将在民事财产法体系中居于主导地位，知识产权回归民法典，必将成为世界民法运动的大势。基于其"第一财产权说"的观点，相较以前知识产权学界认为知识产权法与民法是特别法与一般法的关系的观点，他认为知识产权法与民法是属于部分与整体的关系，而非特别法与普通法的关系。知识产权诸单行法律游离民法外，既缺乏相互间的观照与衔接，更无法实现用民法的精神、宗旨和原则来对它们进行统领与整合。知识产权法入《民法典》独立成编、纳入分则体系在实践与理论价值、模式选择、技术问题、历史超越等方面具有必要性、切实可行性。

综上所述，由于我国知识产权法学界对知识产权法与民法典的关系认识不一，分歧很大，民法典的立法机关在之前两次拒斥知识产权法篇入典就不足为奇了。《TRIPs协定》已明确知识产权是私权，这在我国也已成为共识，但究竟是什么导致学者观点分歧如此大，以致知识产权篇不能进入民法典？据悉，鉴于知识产权法的重要性，我国将

---

① 参见李扬：《重塑以民法为核心的整体性知识产权法》，载《法商研究》2006年第6期。

② 参见刘春田：《我国〈民法典〉设立知识产权编的合理性》，载《知识产权》2018年第9期。

转向另一条立法的道路,即制定《知识产权基本法》,以此来统领知识产权各单行法,基本法的地位相当于未来知识产权法典的总则部分。

二、品相与逻辑:知识产权法体系自洽性建构

自改革开放以来,我国为适应有法可依的需求,通过条件反射式立法,基本形成了"一知识财产一法律"的知识产权立法体系。这种受渐进式改革指引的分散立法体系的弊端就是人为将知识产权关系进行了条块分割,出现知识产权特别法十分发达,但一般规则却长久缺位,基础理论异常薄弱,缺乏形式意义上的知识产权法规范的问题。换言之,知识产权基本法,也就是久被诟病的体系化严重不足。

(一)体系化的松散起点:没有权威稳定的定义

为什么会出现这种局面?对什么是知识产权,没有提炼一个高度概括和涵摄力强的概念,从名称到内涵一直摇摆不定。很多国家的法理专著、法律乃至国际条约都是以划范围列举的方式来明确知识产权的概念。17世纪中叶法国学者卡普佐夫将一切来自知识活动领域的权利概括为"知识产权"。19世纪比利时法学家皮卡弟认为,知识产权是一种特殊的权利范畴,它根本不同于对物的所有权。①《建立世界知识产权组织公约》第2条就是通过列举知识产权的客体类型即著作权、邻接权、发明、实用新型、科学发现、外观设计,商标、商号、商业标记、反不正当竞争权,加一个"一切其他来自工业、科学及文学艺术领域的智力创造活动所产生的权利"②兜底条款的方式来下定义的,这显然不像一个定义。我国知识产权学者们尝试给知识产权下一个高度抽象概括性的定义,但难以达成一致,有教材概括为"智力成果权说"(郑成思),"智力成果、经营标记和商业信誉说"(吴汉东),"形式说"(刘春田),"信息说"(张玉敏),"信号集合说"(李琛);③还有"私权公权化说"(冯晓青)、④"智力财产权说"(李扬)⑤等。本文无意一一穷尽,概括也不一定适切,也不一定是学者的最新观点,随着认识的深入或教育传播的需要,专家学者的观点也在升华和变化。刘春田教授在统编本科教材《知识产权法》中将其概括为"A+B"的模式,即知识产权是基于创造成果和工商业标记依法产生的权利的统

---

① 参见[苏联]B.A.鲍加特赫等:《资本主义国家和发展中国家的专利法》。转引自中国科学技术情报所专利馆编:《国外专利法介绍》,知识出版社1980年版,第12页。

② 参见郑成思:《知识产权论》,法律出版社2003年版,第57页。

③ 参见张玉敏、张今、张平:《知识产权法》,中国人民大学出版社2009年版,第2~3页。

④ 参见冯晓青等:《当代中国民商法若干问题研究》,中国人民公安大学出版社2006年版,第53页。

⑤ 参见李扬:《知识产权法基本原理》,中国社会科学出版社2010年版,第130~131页。

称。[①] 另外,关于知识产权的客体、特点,我国著名的知识产权法学者郑成思、郭寿康、吴汉东、刘春田等的观点也存在较大分歧,难以统一。[②] 最基本的定义、权利客体、权利特点,观点异彩纷呈,莫衷一是,难免使知识产权法自身的体系化建设困难重重。

著作权法、专利法和商标法是目前公认的三大知识产权主干法,但定义知识产权无论是采用"A+B+C"还是"A+B",抑或"A"的模式来下定义,总让人难以信服。要么难以厘清三大主要权利客体之间的关系,如商标与智力、知识无涉,逻辑难以自足;要么难以用一个核心词汇统领三者。19世纪50年代,专利、版权和外观设计3个法律领域逐渐分流,商标法则在19世纪下半叶被承认为独立的法律部门,以期解决原来混杂、重叠的情形。到19世纪80年代,工业产权、文学产权的二分法逐渐被接受,并成为统领和支撑上述各种知识产权法律的架构,但工业和文学是什么逻辑关系,并未有合理解释,文学领域的电影是文学产权还是工业产权?因此,知识产权法在立法活动中并未完成以知识产权的名义实现权利制度的体系化。所以,有人就直言,"知识产权法是对专利法、商标法、著作权法等法律规范的一个总称,这一称法是虚设的,是一种理论概括"。[③]

(二)对体系化缺失的批判与建构尝试

体系化是一种重要的研究方法,是指把既存的各种各样的知识或概念,依据一个统一的原则安放在一个有主干分支并且在逻辑上有关联的理论框架中。针对知识产权体系化不足的囧境,我国不少学者对此进行了研究探讨。赵霞在梳理知识产权现有的智力成果说、信息说、知识产品说、知识说、符号说等观点并对之逐一批判之后,认为符号说能够很好地揭示知识产权对象的本质性规定,但是不能说知识产权的对象就是符号组合,在体系化过程中,构建"内部体系"的价值建构法对知识产权法的体系化更重要。以知识产权类型化为基础,通过确定不同知识产权类型的"意义",可以把知识产权分为:关于"美"的知识产权,即具有引起人们愉悦、舒畅、振奋等情感,满足人们精神需求的知识;关于"用"的知识产权,即能够直接被人们所运用而产生物质效用,以此来满足人类生产和生活的物质需要的知识;关于"区别"的知识产权,即具有区别这个知识本身与其他知识之间的不同和这个知识与它所代表的事物之间建立关联的知识。研究认为,这样可以初步构建知识产权法的"内部体系",揭示体系内部的意义脉络关联。[④]

---

① 参见刘春田:《知识产权法》,高等教育出版社2015年版,第4~5页。

② 有"知识信息、知识产品、知识财产、智力成果、创造性智力成果与识别性工商标记"等诸多观点。转引自房绍坤、宋红松、李阁霞:《知识产权基本法框架体系研究》,载国家知识产权条法司编:《专利法研究》(2014年),知识产权出版社2014年版,第132页。

③ 黄勤南主编:《新编知识产权法教程》,中国政法大学出版社1995年版,第263页。

④ 参见赵霞:《论知识产权法的体系化》,载《理论界》2014年第4期。

"美""用""区别"对三大类知识产权进行了进一步的抽象概括,这种研究很有意义,但三者之间在一个体系内部是什么意义脉络关联,没有深入研究和揭示。

形式理性是一切法律的内在诉求,形式理性是以一种更体系化、更有概括力和更能体现逻辑自洽性的方式来组织法律材料和展开法律思维。"基础理论极为贫弱,细节研究却异常繁荣,多数学者都沉醉于技术发展、国际协调带来的热点问题。我们看不到知识产权法学的存在,只有知识产权法。"①有很多学者认为专利、商标、著作权等不同法律之间个性大于共性,将专利、商标、著作权归入知识产权的名下只是为了称谓的方便,"总要找间房子装起来"便宜行事。胡波就知识产权法的形式理性研究指出学术上提取"公因式",归纳一般性的概念和规则,将著作权、专利、商标甚至植物品种权等其他新类型权利整合成一体,然而却没有形成真正意义上的"知识产权法总论"。实现知识产权法的形式理性化,路径在于法典化、回归民法和单行法的结构合理化。知识产权的法典化不是将现有的各种单行法简单地汇总起来,而是要寻找贯彻始终的脉络和沟通连接的关节,在不同知识产权法律之间提取出来制度性的"公因式",从而形成"共同语言";寻找能够沟通专利、商标、著作权等类型知识产权,并且能够在内部贯穿始终的脉络线索,在此基础上形成逻辑层次分明的体系结构。② 前面用"美""用""区别"类型化方法来建构知识产权法"内部体系"的不足在于,没能揭示知识产权法体系的脉络线索和逻辑层次。

(三)作为"生产力激励保护法"的结构体系建构

著作权、专利权、商标权、植物新品种权、集成电路布图设计权、反不正当竞争权等为什么会被人们统称为知识产权?总有其存在的合理性。笔者认为,这些看似相互独立的松散结合,其实它们自我构成一个内部体系,有清晰的脉络线索和逻辑层次。2019年11月在中共中央办公厅、国务院办公厅就知识产权问题第一次联合发布的《关于强化知识产权保护的意见》中,第一句开宗明义"加强知识产权保护,是完善产权保护制度最重要的内容,也是提高我国经济竞争力的最大激励",这句话连用了两个"最"字,可见知识产权对进入新时代的中国的重要性。从"是提高我国经济竞争力的最大激励"来看,知识产权法就是落实创新驱动的"生产力激励法";从"是完善产权保护制度最重要的内容"来看,知识产权法就是"生产力成果保护法";二者合起来就是"生产力激励保护法",以生产力的激励保护为主脉络线索。专利法位于这个主脉络线索的前端,它调整科学技术的最前沿,激励创新创造,单向引领第一生产力向人类未知领域

---

① 李琛:《论知识产权法的体系化》,北京大学出版社2005年版,第1页。

② 参见胡波:《知识产权法的形式理性》,载《社会科学研究》2018年第1期。

前进,从而引领人类社会向前迈进。习近平总书记指出,“自古以来,科学技术就以一种不可逆转、不可抗拒的力量推动着人类社会向前发展”。[①]

生产力决定生产关系,生产力前进中的每次科技革命,都将对社会存在产生深刻的影响,产生新的生产、生活方式,形成新的生产关系。正如马克思在《资本论》中所说的那样,“手推磨产生的是封建主为首的社会,蒸汽机产生的是工业资本家为首的社会”。从科学技术与社会关系的角度,马克思认为,科学技术起源于人的感性实践,他将技术视为人类满足自身需要的工业活动,技术活动是人类活动的基本形式。人类社会的发展与科学技术的发展相伴而生,人类在运用技术改变自然的同时也在改变人类对自身的认识、提高人类的技能和思维能力,这是人类基本的感性活动形式,也是认识的源泉。任何形态的技术自人类社会产生以来都表现了人类本质的某些方面。[②] 科学技术源于社会实践,具有社会属性。马克思曾指出:技术展现了人对自然的能动关系,展现了他的生活生产的直接过程,因而也展现了他的社会生活关系以及由他而产生的文化表现。[③] 马克思还指出,“随着资本主义生产的扩展,科学因素第一次被有意识地广泛加以发展、应用并体现在生活中,其规模是以往的时代根本想象不到的”。[④] 科学因素被有意识地加以发展应用,主要指的是专利制度的建立。生产力前进背后“衍生”出来的社会生产生活方式、生产关系的文化精神领域由著作权法跟进接续调整,激励创作出多样的文学、艺术和科学作品,实现文化的多样性来满足社会丰富多样化的需求。生产力前进背后“衍生”出来的物质产品,其技术因素被专利权保护后,则进入公有领域,其在工商领域有市场生命力的物质产品,则由商标法来调整,激励那些工于制造、精益求精、诚实守信的经营者的商业标记标识形成品牌。这些品牌在海量市场信息中成为“宠儿”,超越“噪音冗余”,出其类而拔萃,容易被消费者识别和接受,降低其所代表商品的交易成本,从而优胜劣汰,被无形之手的市场关爱。著作权法和商标法两者并行,“无缝衔接”地紧随专利法之后发挥作用。基于认识的局限,专利法与著作权法、商标法在保护对象上均有所重叠。著作权法和专利法保护对象纵向重叠部分主要为外观设计、计算机软件、人工智能等功能性作品,既可专利又可版权;商标法和专利法的纵向重叠部分为商品的装潢、包装,既可构成商标权保护对象,又可给予外观设

---

① 习近平:《科技是国家强盛之基,创新是民族进步之魂》,载人民网:http://opinion.people.com.cn/n/2014/0610/c1003-25128050.html,最后访问日期:2020年4月8日。

② 参见彭雁翎、陈联俊:《科学技术与人的自由解放之思——基于马克思的科技思想视角》,载《理论建设》2019年第4期。

③ 参见马克思:《资本论》(第1卷),人民出版社1975年版,第410页。

④ 马克思、恩格斯:《马克思恩格斯全集》(第47卷),人民出版社1979年版,第572页。

计专利保护,还有气味、动态商标也可能被授予专利。著作权法与商标法重叠的保护对象主要有作品标题、形象要素、书法作品和图形作品等。紧随著作权法和商标法后的是反不正当竞争法,其主要调整、鼓励专利、著作、商标在市场经济中的公平、充分、有效竞争,规制竞争秩序。知识产权的激励措施就是一种合法的、有限的时空垄断,一旦出现制度异化,出现完全垄断市场,这时紧跟反不正当竞争法后面的反垄断法就在市场领域"登台献技",进行反垄断调整,维护公平合理无歧视的交易秩序。这使科学进步、技术创新、生产力发展给人们带来的福利最大化。其他与技术创新有关的集成电路布图设计、数字技术、人工智能归于专利法。其他与作品传播、演绎有关的邻接权归于著作权法。其他与工商业标记、声誉有关的域名、地理标志、认证标志等归于商标法。商业秘密法的宗旨完全与专利法、商标法的激励创新创造、鼓励公开、传播、价值溢出的宗旨相反,其在一定程度上还产生阻碍技术发展的消极作用。因此,商业秘密法应该不包含于现代知识产权法体系之中。基于前面的分析,"生产力激励保护法"的现代知识产权法结构体系,可用图 1 表示。

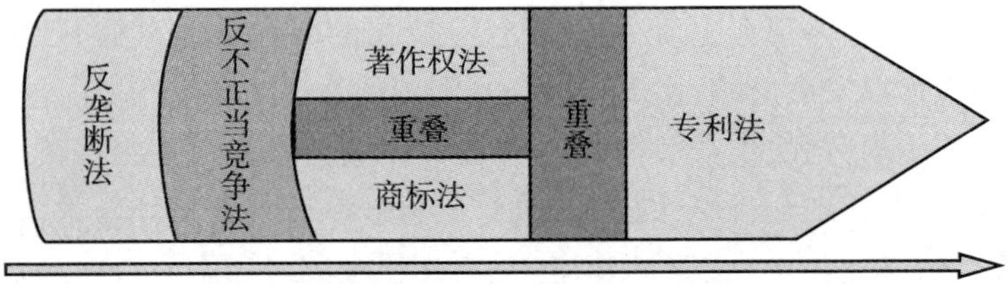

图 1　现代知识产权法体系结构(横置)

注:未考虑面积比例。

(四)现行知识产权法律文献的结构体系检视:无序和无理

基于前文对现代知识产权法体系的建构,我们再来检视一些权威的国际条约和国内重要的法律、教材对知识产权体系的罗列和介绍。《建立世界知识产权组织公约》第 2 条就是列举了知识产权的客体类型即著作权、邻接权、发明、实用新型、科学发现、外观设计,商标、商号、商业标记,反不正当竞争权,并加了一个智力创作活动产生的其他一切权利的兜底条款,我们看不出有任何清晰的内在逻辑线索和层次结构。世界贸易组织主导签署的《TRIPs 协定》之中也没有就知识产权下定义,而是走实用主义的路线,罗列知识产权的范围,其顺序是:著作权、相关权利(邻接权)、商标权、地理标志、工业品外观设计权、专利权、集成电路布图设计权、未披露过的信息专有权。[①]《TRIPs 协定》又称《与贸易有关的知识产权协定》,上述排列也看不出有商业贸易逻辑及结构层

① 参见刘春田:《知识产权法》,高等教育出版社 2015 年版,第 499～500 页。

次。最早规定知识产权编的意大利《民法典》(1942年)在“智力作品权和工业发明权”一章中规定了著作权、专利权及实用新型和外观设计专利权三节。在我国原《民法总则》和《民法典(草案)》中,规定的知识产权权利客体的排序是:作品,发明、实用新型、外观设计,商标,地理标志,商业秘密,集成电路布图设计,植物新品种,法律规定的其他客体兜底;从中也看不出逻辑层次和体系结构。在2002年和2017年专家们为我国《民法典(草案)》起草的《知识产权篇(专家建议稿)》中,排序也不一样。不妨把不同知识产权法对权利谱系或客体的排序列成表格(见表1),其无序、各行其是的情形就更一目了然了。共同点就是都把著作权客体排在了第一,后面就基本互不相同了;把著作权放在第一的正当理由又是什么?对此找不到相关解释。

表1　不同知识产权法对权利谱系或客体的排序

项目排序	1	2	3	4	5	6	7	8
《建立世界知识产权组织公约》	著作权	邻接权	发明权	发现权	外观设计权	商标及商业标志权	反不正当竞争权	智力创作活动产生的其他一切权利
《TRIPs协定》	著作权	相关权利(邻接权)	商标权	地理标志权	外观设计权	专利权	集成电路布图设计权	未披露过的信息专有权
2002年中国《民法典(草案)》中的《知识产权篇(专家稿建议)》	著作权及邻接权	商标及商业标识权	专利权	集成电路布图设计权	商业秘密权	传统知识产权	生物多样化权	其他智力成果权
2017年中国《民法总则》	著作权及邻接权	专利权(3类客体)	商标权	地理标志权	商业秘密权	集成电路布图设计权	植物新品种权	法律规定的其他客体权
2019年中国《民法典(草案)》中的《知识产权篇(专家建议稿)》	著作权及邻接权	专利权(3类客体)	集成电路布图设计权	育种成果权	商标权	地理标志权	商号权	商业秘密权

翻阅国内知识产权法教材,其权利客体的介绍,基本是按著作权、专利权和商标权顺序编排。但李扬教授的《知识产权法基本原理》把著作权法和专利法合在一编叫作"创作法",其已经意识到两者的共同点都是智力活动的成果,区别在于智力活动的矢量不同而已;把商标、域名、反不正当竞争合为标识法,共同点在于信用的保护。① 郑成思研究员的《知识产权论》直接把专利权排在第一,然后按照商标权、版权、反不正当竞争权顺序介绍知识产权客体。② 但遗憾的是,其未解释为什么这么排序。这与本文建构的"生产力激励保护法"的现代知识产权法体系结构大致相同。不同点在于,笔者认为,专利法之后要先介绍著作权法,因为著作权法和商标权法虽然并行于专利权法后,著作权法激励精神产品的生产来供养人类的精气神,商标法激励优质的物质产品和服务来供养人类的血肉骨,但是著作的智力创作更接近专利创新创造,而商标品牌的形成、商业方法的创新虽然也有智力因素,但不是主要的。日本在《知识产权基本法》第2条第1款中规定:"本法所称知识财产是指:发明;设计;植物新品种;外观设计;著作作品及其他人类创造性活动的成果,(包括被发现、被破解的可运用于工业中的自然法则或自然现象);用于表示经营活动中的商品或服务的商标、商号等标识,以及商业秘密等对经营活动有用的技术信息或者商业信息。"③这种智力高低依次排序就很好地蕴含了知识产权法是生产力激励保护法的主旨,把专利权放在了前面,然后才是著作权,虽然把发现权放在著作权后,但明确规定了自然法则和自然现象的可专利性;在这之后才是经营活动中的商标、商号等标识。

三、何枝可依:知识产权基本法的面向

目前,我国知识产权法典化所需要的中国特色知识产权实践积累,以及知识产权体系化的基础均差距甚远,剩下的路只有先行制定知识产权基本法的选择了。知识产权基本法的地位相当于知识产权法的"总则"。2002年,民法典起草知识产权篇入典失败,日本颁布了《知识产权基本法》,提出了知识产权兴国战略。我国在2008年出台《国家知识产权战略纲要》后,就有专家学者开始研究探讨制定我国的知识产权基本法的问题。已有研究涉及立法目的、思路、模式、体系结构、基本原则、基本内容等,本文不作全面介绍,只以时间顺序扼要介绍每项研究的亮点。

(一)我国对知识产权基本法的研究和属性主张

关于知识产权基本法的结构体系研究,齐爱民在研究了日本《知识产权基本法》的

---

① 参见李扬:《知识产权法基本原理》,中国社会科学出版社2010年版,第3～8页。

② 参见郑成思:《知识产权论》(第3版),法律出版社2003年版,第4～5页。

③ [日]中村真帆:《日本知识产权基本法》,载《网络法律评论》2004年第1期。

四章的篇章结构和内容之后，认为日本的基本法虽然对知识产权法的一般性问题进行了规定，但是立法的目的和主要内容是规定政府及社会各界如何来推进知识财产的创造、保护和应用义务，改变行政机关在知识产权保护问题上各行其是的消极涣散的局面。他认为，知识产权公法私法的划分标准是：公法是调整国家促进知识财产的创造、保护和应用而形成的纵向知识产权关系的法律；私法是调整平等主体间在知识财产的创造、保护和应用方面形成的横向知识产权关系的法律。因此，日本《知识产权基本法》属于行政法性质，在法律性质上日本《知识产权基本法》是公法而不是私法，是形式意义上的知识产权法。但是齐爱民研究认为，知识产权法应该为私法，我国应该先制定的知识产权基本法，包括总则、知识产权的行使、完全知识产权、定限知识产权、法律责任、调整横向的知识产权法律关系。基本法制定实施后再在民法典中制定知识产权法编，最后才制定知识产权法典。① 基于著作权法、商标法等知识产权单行法的各主要组成部分，分别由不同的政府部门起草，缺乏整体性考虑，相互连接还不够紧密，房绍坤等研究指出，我国还缺乏一部能够涵盖整个知识产权法领域的上位法律即知识产权基本法，这部法律应实现加固基础、强化联结和封顶完工 3 个任务。我国基本法应确立鼓励创新的原则、利益平衡原则、制止不正当竞争的原则以及制止滥用知识产权和限制竞争的基本原则。②

张鹏等集中研究了知识产权基本法的立法目的、思路、基本原则、总体内容，认为制定知识产权基本法是处于知识产权入典和知识产权成典之间的重要战略选择，是民法典知识产权规定的落实，是知识产权法典的探索，知识产权基本法是知识产权入典和知识产权成典之间的历史衔接。知识产权基本法的内容包括“一个目标、两个维度、三个支柱、四个特征、五个原则、六个制度”。③ 对知识产权基本法立法目的和基本原则的最新研究认为，在我国经济发展新常态下，立法是深化知识产权领域改革、建设中国特色知识产权制度、加快实现知识产权治理体系和治理能力现代化、积极参与和主导国际规则制定、推动形成全面开放新格局的现实需要，其包括激励创新、私权神圣、诚实信用、严格保护和高效运用等基本原则。④ 立法具有重要现实意义，其能够贯彻落实新发展理念、促进创新驱动发展、实现经济高质量发展、满足人民群众对美好生活的需求。

综上所述，近 10 年，学界对我国知识产权基本法的立法目的、思路、模式、体系结

① 参见齐爱民：《知识产权基本法之构建》，载《河北法学》2009 年第 5 期。

② 参见房绍坤、宋红松、李阁霞：《知识产权基本法框架体系研究》，载《专利法研究》2014 年刊。

③ 参见张鹏：《知识产权基本法立法思路与总体内容研究》，载《专利法研究》2017 年刊。

④ 参见张鹏、赵炜楠：《〈知识产权基本法〉立法目的与基本原则研究》，载《知识产权》2018 年第 12 期。

构、基本原则、基本内容等进行了较深入的研究,对某些问题的研究也存在分歧。其中,有一个基本问题的分歧:关于立法模式(法的属性)问题,有学者主张私法属性模式,也有学者主张公私法混合模式。这个前提问题能决定我国知识产权基本法的立法目的、思路、结构、内容、基本原则,须加以厘清确定。

（二）作为经济权利的政府经济调节手段

《TRIPs协定》明确知识产权属于私权后,知识产权属于私权已成国际社会的共识。建立私权制度,可以激发人的创造活力,可以为人类提高生活水平创造和积累更多的物质和精神财富。这是技术、经济、法治发展和社会群体博弈的必然结果,也是市场经济的客观要求。但知识产权基本法是不是私法,笔者认为这一点值得探讨。在日本、韩国等国家,《知识产权基本法》为什么取向公法?在1909年关于知识产权利益保护的报告中,美国著作权法的国会委员会为何把社会利益放在首位?即使到了20世纪八九十年代,美国的常春藤大学落实拜杜法案分配财政资助项目技术专利利益时,进行处置权配置创新"法人优先、发明人劣后",专利发明人所享有的份额往往只有1/3,[①]也体现了把社会利益放在首位的特点,因为法人相对自然人拥有更强的专利实施产业化的能力。19世纪以来,工业的快速发展使资本主义国家从传统的农业熟人社会进入工商陌生人社会,在人和物高速流动的社会场景里,为了维护财产秩序,随着国家调控机制的进一步扩大,法律除确认和保护民事权利外,又增加了管理的职能。作为普通的民事权利的专利权、商标权等,在其知识产权的基础之上被划分出体现国家管理内容的工业产权(成为一种体现国家意志的经济权利)。经济权利是在承认私权的前提下强调国家的管理即公权,民事权利者则特别强调权利者的意思自治即私权,这是经济权利与民事权利的本质区别。[②] 美国动不动就挥舞知识产权大棒,进行对301条款、331条款、337条款等的调查,就是知道知识产权是政府的经济权利。在知识产权法中,公权的渗透与国家对经济生活的指导分不开,这表明知识产权法出现了公法私法融合加强的趋向,并不是公权私权融合。日本《知识产权基本法》的立法目的是非常明确的,就是应对国内外社会经济形势的变化,进一步增强本国产业的国际竞争力,明确国家、地方公共团体、高校和企业的责任,集中、有计划地实施有关知识财产创造、保护及应用的措施。[③] 在国外,人们愈来愈认识到知识产权法本质上是竞争法,知识产权法

① 参见张胜、郭英远、杜垚垚:《"拜-杜"法案、权利配置创新与大学职务成果转化——以美国常青藤大学为例》,载《科研管理》2020年第1期。

② 参见刘华、戚昌文:《直面知识经济:知识产权的冲突、调整与发展走向》,载《华中师范大学学报》(人文社会科学版)2000年第5期。

③ 参见[日]中村真帆:《日本知识产权基本法》,载《网络法律评论》2004年第1期。

与竞争法的共同目的就是鼓励和保护创新,同时促进和保护完全竞争市场的公平自由竞争,两者都调整创新成果的保护和市场竞争行为。[①] 基于此,知识产权法开始脱离个人中心主义,趋向权利人个人利益和进一步促进创新的社会利益的平衡。现在对当前知识产权法的认识有一些新趋向。高富平指出,知识产权法通过事先赋权以保护合法的竞争力量,建立竞争秩序;反不正当竞争法是赋予救济方式,以扼制不正当的竞争;反垄断法则规制各种排除、限制竞争的市场行为,通过鼓励自由竞争来鼓励创新。可见,保护竞争、促进创新是知识产权法和竞争法的共同目标,知识产权法应被纳入竞争法体系中加以理解和应用。[②] 我国目前仍处于社会主义初级阶段,发展仍是硬道理和使命,新中国的经济学就是发展经济学。中国特色知识产权制度同时具备了"创新之法"和"发展之法"的属性,是激励创新的基本法,是高端发展的促进法,也是维护秩序的保护法。对此,有一些研究旗帜鲜明地指出,未来知识产权工作的中心和重心是知识产权领域的经济调节,调节使命主要是考虑在经济非均衡下纠正市场失灵及补偿创新的外部性,采用的手段主要是规划、标准与政策等宏观调控手段和以结构性调控措施为主的微调手段,建立知识产权宏观调控体系,整体调控知识产权与创新能力、产业结构、贸易结构、企业竞争力的关系等。[③] 这些"有形之手"的调节手段是经济法的看家本领。综上所述,在发达资本主义国家和我国都出现了知识产权基本法的公法取向、经济法取向。这些文献从知识产权法的当代使命和调整方式的外在形式昭示我国将制定的知识产权基本法的经济法取向。

(三)我国知识产权基本法经济法面向的理由

从知识产权法和经济法的起源、概念、本质和特征上看,知识产权法均可落入经济法范畴。两者均起源于市场经济,是市场经济之法,经济法是为了克服民法与行政法对市场经济调整之不足而产生的;知识产权法是市场经济与科技相结合的法,综合了行政法调整方式和民法调整方式调整科技创新对市场经济发展的促进。考察国内外经济法的诸代表性概念,都能发现其能包含知识产权法的应有之义。[④] 如德国的"集成说"认为,直接影响国民经济为目的的规范总体为经济法;"对象说"指出以改进生产为目的而规制交易经济和共同经济的法;"机能说"认为,经济法是国家在统制经济和特定经济政策意义上的与经济秩序有关的经济制度。日本的"金泽说"认为,经济法是适

---

① See Mptias Ganslandt, Intellectual Property Rights and Competition Policy, IFN Working Paper, no. 726 (2008), http://www.ifn.se/wfiles/wp/wp726.pdf, 2014-12-20.

② 参见高富平:《竞争法视野下创新和竞争行为调整的体系化思考》,载《法商研究》2015 年第 3 期。

③ 参见张鹏、赵炜楠:《〈知识产权基本法〉立法目的与基本原则研究》,载《知识产权》2018 年第 12 期。

④ 参见邱本:《经济法原论》,高等教育出版社 2001 年版,第 11~15 页。

应经济的社会协调性要求的法;“正田说”认为,经济法是规制以垄断为中心的经济从属关系的法;“丹宗说”认为,经济法是国家规制市场支配之法;“今村说”认为,经济法是维护自由竞争法;等等。而知识产权制度产生于西方,其专利制度、商标制度、反不当竞争法等具有鲜明的“直接影响国民经济”“为改进生产为目的而规制”“适应经济的社会协调性”“规制市场支配”“维护自由竞争”等经济法的价值追求。我国原《民法通则》颁布之前的“综合说”“纵横说”“行政说”“纵向说”的经济法观点主要受苏联影响,苏联高度计划经济制度已失败,当时我国也没有完全建立起知识产权制度,在此不论。党的十四大确立建立社会主义市场经济体制目标后,到目前产生了5种有影响的经济法理论,即国家协调经济法论、国家干预经济法论、国家调节经济法论、经济管理经济法论、经济管理和市场经济法论。笔者认为,其实这五大学说并没有什么显著性的本质区别,只不过国家因时制宜,采用了不同的、具体的经济手段而已。有人对经济法观念进行4个方面的更新:从权力经济到权利经济,从政府干预到“干预政府”,从国家利益到社会整体利益,从一元本位到多元本位;经济法形成以反垄断法和计划法为核心的体系。① 从调整对象上看,经济法调整的是市场经济中一种具有新质的经济关系,即商品(市场)经济在自由竞争基础上形成的具有垄断性、盲目性的社会关系。知识产权法也是调整市场经济中的自由竞争、合法垄断和市场寡头垄断的社会关系。从特征上看,经济法和知识产权法都具有维护社会公共利益的特征。经济法要求国家对经济进行干预,协调经济秩序,分配好社会正义;知识产权法就是典型的社会利益平衡法。

在我国,知识产权法属于经济法是有历史渊源的。改革开放初期,我国最早的法学权威教材就把知识产权法编进了经济法。1985年法律出版社出版的简明法学教材系列《经济法讲义》第十二讲就规定了专利和商标的工业产权法,②而不是在同批教材的《民法讲义》中编入专利和商标的工业产权法。道格拉斯·诺思曾说:“产业革命不是世界经济增长的原因,经济增长的关键在于制度因素,特别是确立财产所有权的制度。因此,必须设立有效率的产权制度,使个人的收益率与社会收益率接近于相等,以刺激和促进人们去从事合于社会需要的活动。”③知识产权法就是这种制度典范,在知识产权法刚横空出世时,知识产权的公共利益性和公法品性就已凸显出来,它不是一种自然权利,也并非起源于任何一种民事权利,而是社会博弈的产物。它是在看似完

① 参见邱本:《经济法原论》,高等教育出版社2001年版,第46~48页。

② 参见北京大学法律系经济法教研室撰写:《经济法讲义》,法律出版社1985年版,第170页。

③ 柳适等编译:《诺贝尔经济学奖得主讲演集》,内蒙古人民出版社1998年版,第68页。

全不符合私法原则的环境下产生的,而且逐渐演变为今天绝大多数国家普遍承认的一种私权、一种民事权利。[①] 把知识产权法定为私权,仅仅是一种激励手段,知识产权法的本旨是公共利益。空想社会主义者摩莱里和德萨米提出“经济法实质上就是分配法”,[②]在此基础上有学者提出经济法是调整“内物权”的增量利益的法,[③]以这个观点为基础,笔者认为,民商法调整领域在于流通领域平等主体之间的财产关系和人身关系。民法主要维护社会生活领域人身和财产的安全、稳定和秩序;商法追求加速财产的流转,物尽其用,充分实现其价值和发挥其使用价值;但流通领域遵循价值规律,等价有偿,社会财富总量不会发生增值。因此,民商法是调整等量利益的法。经济法是调整在现代国家进行宏观调控和市场规制的过程中发生的社会关系的法律规范的总称。市场规制是生产领域宏观调控目的延伸的必然要求。经济法调整领域在于生产领域,激励创新创造,调整对象为劳动力、企业生产力和产权;作为经济法的知识产权基本法促使简单劳动转化为复杂劳动,提升商品的交换价值,增加商品的附加值,促使整个社会财富增值。“给天才的火焰添加利益的柴薪”,[④]在个人与社会之间对这种复杂劳动所创造的巨大剩余价值进行平衡分配,通过这种分配激励创造知识产品,进而增加社会总财富总价值。可见,知识产权法是调整增量利益的法,具有经济法属性。[⑤]

其实,随着社会的发展,公法私法逐渐出现混合交融的趋势。一个社会关系领域既可以有公法调整空间,建立公法规则体系,又可以有私法调整空间,建立私法规则体系。如土地、房屋不动产物权领域,既有物权法规则体系,又有经济法规则体系,两者分属不同部门法。金融领域也一样,既有属于商法的商业银行法规则体系,也有属于经济法的金融监管调控规则体系。我国知识产权基本法也应该这样,可以既有知识产权公法规则体系又有知识产权私法规则体系;两者可以分立,也可以采取公法私法混合模式。至于知识产权法到底是公法规则体系强大一些,还是私法规则体系强大一些,这可以根据国内外经济发展形势、国家的发展战略去抉择,可以“此一时彼一时”。如我国处于实现制造强国、“智造强国”目标的过程中时,可以公法为主,把知识产权基本法制定为公法,通过有效的政策激励知识产权的创造,日本的经验可资借鉴。如我国已是知识产权强国,形成了知识产权文化,知识产权观念如物权观念一样深入人心,

---

① 参见郑成思:《知识产权法》,法律出版社 1998 年版,第 4 ~5 页。

② 杨紫煊主编:《经济法》,北京大学出版社 1999 年版,第 23 页。

③ 参见陈乃新:《剩余权冲突、经济法与法治革命——论法治模式的必要选择》,载《经济法研究》2001 年刊。

④ 杨紫烜主编:《经济法原理》,北京大学出版社 1987 年版,第 299 页。

⑤ 参见朱与墨、刘欣欣:《知识产权法的经济法属性归属》,载《社科纵横》2004 年第 6 期。

重点在于促进知识产权使用、流转,知识产权基本法可以私法规则体系为主。

知识产权法取向经济法时,其与民商法关系并不冲突。民法源远流长、博大精深,一半以上的现代部门法都起源于民法,如反垄断法就是从侵权法发展出来的。知识产权法取向经济法定位时,仍然必须坚持以民法为核心的整体性知识产权法观念,即民法仍然是知识产权最后的兜底保护,知识产权法的发展仍可从民商法中获取滋养。同时,知识产权法在公私两法域驰骋成长,发达后同样可以"反哺"民法的财产权体系和侵权法体系。20 世纪以来出现了"法律社会化""私法公法化"的立法潮流,公法向私法渗透。基于以上分析论证,立足中国当前的发展状况,对于我国的知识产权基本法的立法模式、属性,笔者的观点倾向"以公法为主、私法为辅的混合法模式",大量的知识产权私法规范可以在知识产权各单行法中规定。

四、结语

知识产权法篇未能纳入《民法典》,促使笔者对知识产权法进行了深入思考。由于理论上没有完成知识产权法的体系性建构,从而导致知识产权各单行法各自独自发展,伴以政策、规章、司法解释层出不穷,知识产权制度出现碎片化反公地悲剧现象;进而出现执法上的困境、司法上的不统一。本文准确把握了知识产权法就是生产力激励保护法的本质,依此梳理了知识产权法的内在自洽逻辑和整体性结构体系,进而形成了知识产权法属于经济法属性的观点,我国现阶段制定的知识产权基本法宜以"公法为主、私法为辅的混合法模式"服务于中华民族的伟大复兴。

(责任编辑:曹珊)

【财税金融法】

政府补贴的存在解构与法治进路

——基于中国发展的历史经验*

李胜利** 许俊伟***

摘　要：随着市场经济的发展，现代经济社会中政府的作用越来越大。经济运行的专业化和复杂化强烈要求国家增强经济管理职能，政府补贴因此具备了存在基础与巨大的价值功用。在我国，其被地方政府所广泛采用，逐渐成为地方政府竞争的主要手段之一，在为地方经济发展做出巨大贡献的同时也暴露出一些问题。所以，有必要多维度对政府补贴与国家发展的关系展开解构，以此说明合理且公正的政府补贴对国家发展所具有的重大意义。政府补贴的合理与公正显然是政府补贴法治化的追求。为此，未来我国政府补贴的实施必须在遵循经济规律中贯彻比例原则，将公平竞争审查制度严格落实进政府补贴制度之中，适当修改《反垄断法》，以应对公平竞争审查制度存在的局限，并依托政府部门既定目标设置来逐步完善问责机制。

关键词：政府补贴；公平竞争审查；法治化；国家发展

一、问题的提出

众所周知，国内外针对政府补贴的相关讨论多年来一直未停歇，这个话题始终历久弥新。有学者指出，政府补贴是政府或者政府授权组织出于促进经济发展、保证经济公平的目的，对经济活动中的企业或者个人提供的无偿性财政资助。① 政府通过这

---

* 收稿日期：2020 年 6 月 29 日。

本文是国家社会科学基金项目“反不正当竞争法与反垄断法的关系研究”（15BFX123）的阶段性研究成果。

** 法学博士，安徽大学法学院教授、博士研究生导师。

*** 安徽大学法学院经济法学博士研究生。

① 参见王彦明、王业辉：《政府补贴的法理与规制进路》，载《河南社会科学》2015 年第 12 期。

种财政资助来发挥杠杆效应,以加快产业升级、促进经济发展。由此可见,政府补贴是国家为了达到特定目的所采取的重要经济干预手段。在具体实践中,政府补贴的形式也是多种多样,远不局限于财政资金补贴,①非现金补贴即税收优惠、土地出让金优惠等间接补贴形式往往不一而足。② 在这种环境下,显然存在市场机制及价格信号被扭曲的可能,不公正抑或是不合理的政府补贴定然会破坏微观市场主体公平竞争的制度环境。③ 申言之,作为一种国家干预经济的重要政策手段,政府补贴在其出现之时势必就会带有破坏市场结构、扭曲市场机制、降低分配效率、发生权力“寻租”等诸多风险,更多企业或者个人的理性行为也许就因此被政府或者政府授权组织的偏好所替代。所以,新自由主义学派长期批判政府干预。④

但即便如此,作为新自由主义学派代表人物的哈耶克也曾表示,应正确理解政府干预活动。⑤ “在发达社会中,政府应当运用它所享有的经由征税而筹集资金的权力,并由此而为人们提供市场因种种缘故而不能提供或不能充分提供的一系列服务。”⑥所以,不难发现纵然是被视为最强调市场机制作用的新自由主义学派也并未完全排除现代经济社会发展中的政府作用。⑦ 自发的市场机制并不能自行趋向于充分就业、物价稳定和适度的经济增长,⑧萨缪尔森早在20世纪40年代就提出过“当代社会中所有的社会都是既带有市场成分也带有指令成分的混合经济”⑨的论断,这即使在典型的市场经济国家依然概莫能外。虽然有些国家长久以来对我国采取的政府补贴措施加以指

---

① 参见唐清泉、罗党论:《政府补贴动机及其效果的实证研究——来自中国上市公司的经验证据》,载《金融研究》2007年第6期。

② 参见冯辉:《论我国的地方政府竞争及其法治调控》,载《广东社会科学》2016年第5期。

③ 参见张辽:《政府竞争如何影响地区经济增长?》,载《经济经纬》2017年第4期。

④ 新自由主义学派认为,政府对经济的干预政策有弊而无益。参见胡代光、厉以宁编著:《当代资产阶级经济学主要流派》,商务印书馆1982年版,第141页。其代表人物弗里德曼曾言,“在过去几十年里,政府所从事的较大部分新事业没有达到它们的目标……那只看不见的手对进步的有效作用大于那只看得见的手对退化的作用”。参见[美]米尔顿·弗里德曼:《资本主义与自由》,张瑞玉译,商务印书馆1986年版,第192页。

⑤ 参见[英]弗里德里希·冯·哈耶克:《自由秩序原理》,邓正来译,生活·读书·新知三联书店1997年版,第279~281页。

⑥ [英]弗里德里希·冯·哈耶克:《法律、立法与自由》,邓正来、张守东、李静冰译,中国大百科全书出版社2000年版,第332页。

⑦ 参见姚海放:《论政府补贴法治:产业政策法、财政法和竞争法的协同治理》,载《政治与法律》2017年第12期。

⑧ 参见高培勇编著:《公共经济学》,中国人民大学出版社2012年版,第8页。

⑨ [美]保罗·萨缪尔森、[美]威廉·诺德豪斯:《宏观经济学》,萧琛等译,华夏出版社1999年版,第5页。

责,但这却不妨碍他们在不同阶段或明或暗地通过政府补贴解决市场无法解决且又必须解决的问题,只不过在形式上相对隐蔽化和法治化罢了,竞争内生垄断的固有缺陷客观决定了政府干预的社会基础。① 波音公司和空中客车公司就曾因补贴恩怨诉至WTO,这场旷日持久的"大战"可谓输赢各半,至于WTO裁判的正确与否因不是本文旨趣故而不作讨论,可这场"大战"无疑是战略性政府补贴的最好佐证。由此可见,政府补贴在国际竞争中扮演了重要角色,②其已然成为各国目前所普遍采用的一种产业政策措施,而且这种规模还在日益增大。

并且,随着科技的进步,各国已经充分认识到新兴产业对经济的发展具有巨大作用,政府在这当中应尽的职责早已不再是修复市场失灵,而是塑造市场。新兴产业的发展在很大程度上取决于科学技术水平,③这无疑就要求政府通过补贴来支持企业做科研的积极性。但与此同时,国家不可能对所有企业的科研都进行支持,只能将这有限的补贴用于促进国家发展的产业。质言之,政府对补贴的配置决定了国家产业的发展方向。一言以蔽之,政府补贴的实质其实就是政府意志在相关产业或者领域的体现,是国家产业意志力的具体表现形式。但是,意志必须受制于理性,否则意志之间的无序、混乱、冲突便难以避免。④ 就政府补贴而言,如果国家产业意志缺少了产业理性的驾驭,那只会带来破坏市场结构、扭曲市场机制、降低分配效率、发生权力"寻租"等诸多不良后果。因此,政府补贴既应是政府补贴意志的表达,更应是政府补贴理性的表达。

历史提供镜鉴更肇启未来,随着中国特色社会主义进入新时代,我国经济发展面临的新挑战、新使命、新任务不断增多,营商环境也亟待改善,⑤而这些无不需要法治化的政府补贴加以实现。鉴于此,本文试图从政府补贴的存在基础和价值功用出发,深度解构政府补贴与中国发展乃至现代国家发展的关系,并在此基础上以中国视角审视且阐明政府补贴法治化发展的逻辑进路,以期依靠健全的制度体系规范政府补贴

---

① 参见张占江:《政府与市场和谐互动关系之经济法构建研究——以社会中间层主体为路径》,载《法律科学(西北政法学院学报)》2007年第3期。

② 参见姚曦:《国际补贴规则的新动向及中国改革建议》,载《东北师大学报》(哲学社会科学版)2019年第6期。

③ 参见徐娟:《新常态下产业政策转型研究——新兴产业补贴方向与补贴时机比较》,载《科技进步与对策》2016年第11期。

④ See Max Weber, *On Law in Economy and Society*, Cambridge: Harvard University Press, 1956, p. 130.

⑤ 参见杨丽花、董志勇:《市场化法治化便利化视野下的营商环境建设》,载《中国特色社会主义研究》2019年第5期。

行为。

二、政府补贴与国家发展的关系解构

随着市场经济的发展,经济运行的专业化和复杂化强烈要求国家在社会化生产程度越来越高的过程中增强经济管理职能,这便为政府补贴的存在创造了基础。一般认为,我国经济自改革开放以来取得的辉煌成就应归功于地方政府竞争,而政府补贴又在地方政府竞争中被惯常采用,这就使其促进地方政府竞争的价值功能显而易见,但同时,需要对因地方政府过度竞争而由补贴衍变产生的重大问题予以妥善处理。正因政府补贴事关国家发展,对其进行多维度的关系解构就显得非常必要。

(一)政府补贴的存在基础:公私融合的深入及经济国家的勃兴

在古典主义理论中,亚当·斯密主张,国家的职能不应干涉市场活动,国家应当仅限于做好"守夜国家"的本分。① 但当资本主义的自由市场机制陷于重重危机之时,"社会企盼出现另外的调节机制",②凯恩斯为此提出了"必须抛弃自由放任的主张,实行国家干预"的理论,③这一理论无疑在以美国为首的资本主义国家迅速摆脱1929～1933年的经济危机中立下了汗马功劳。而且,随着市场经济的发展,经济运行的专业化和复杂化强烈要求国家在社会化生产程度越来越高的过程中增强经济管理职能,公与私应当形成共同体化,在互相依赖、相辅相成、深入融合中共同促进国家的繁荣与进步。④ 而"公私融合"自然是相较"公私对峙"而言的,是现代社会的一个重要特征,⑤公与私从对峙走向融合的根本动因显然来自"共同体化"——市场是理性共同体化的一种相互交错与并存,⑥任何主体都可以进入开放市场。

在这公私深入融合的时代大势下,政府与企业之间的合作作为一种典型的"公私

---

① 参见[英]亚当·斯密:《国富论》,郭大力、王亚南译,商务印书馆1981年版,第328页。

② 漆多俊:《论现代市场经济法律保障体系》,载《中国法学》1994年第5期。

③ 参见[英]约翰·梅纳德·凯恩斯:《就业、利息和货币通论》,徐毓枬译,商务印书馆1983年版,第47页。

④ 经济发展和社会运动的规律,终结了社会与政治国家的虚幻对立,国家作为社会和公共利益的天然代表,从统筹协调、调控监管、提供或组织提供公共产品和准公共产品、市场操作诸方面,逐渐成为一国经济所不可或缺的内在组成部分。参见史际春、宋槿篱:《论财政法是经济法的"龙头法"》,载《中国法学》2010年第3期。

⑤ 参见冯辉:《论时代需要的竞争法与竞争法的时代价值——从公私对峙到公私融合》,载《政治与法律》2010年第12期。

⑥ 参见[德]马克斯·韦伯:《经济与社会》,林荣远译,商务印书馆2004年版,第72页。

融合”势必更加凸显其重要性,①官民捆绑、一致打拼在当代已成为各国所普遍采用的一种国家竞争模式,“混合经济”亦成为现代市场经济的主流。② 在这样的大背景之下,以民族国家为单位的国际竞争极大冲击了原来的那种初级、静态的竞争状态,各国政府积极、主动地以经济发展内在力量的身份深度参与社会分工,支持、鼓励特定民族产业或者企业进行国际竞争,这尤其在一些高科技产业、新兴产业及需要抢占战略制高点的产业中颇为普遍。质言之,民族国家下的全球性企业对国家保障自身合法性与区域性政治单位的继续生存作用显而易见,③我国的国有企业也在经济国家的激烈角逐中为民争利。④ 揆诸以上种种,经济的共同体化改变了私人经济行为都以利润最大化为终极目标的格局,宏观经济稳定、产业技术升级、企业社会责任、国家经济战略、壮大民族经济等目标已在市场经济中融会贯通,经济属性与政治属性相糅合的“经济国家”必将能够放大整个经济体制的产出和市场机制的红利,而这也正是公私融合的力量所在。

事实上,经济和社会发展到一定阶段后必然出现的经济国家具有突出的实践性及实用性,并在国家实现经济职能时进一步体现为高度整合一切资源和手段。这意味着被现代经济国家视为基础的市场经济实乃一种高阶的市场经济、一种公私深入融合的市场经济,并非简单的“市场缺陷 + 政府弥补”抑或是“政府缺陷 + 市场弥补”的市场经济,而是一种政府与市场交融共生的经济,政府需要且应当作为经济发展的内在力量深嵌于国家经济整体之中。亦借于此,政府补贴便在公私融合的深入及经济国家的勃兴中具备了存在基础,现代经济国家已不再会也不可能囿于“公私对峙”,或者说政府与市场人为地划分出一条界线而裹足不前。

(二)政府补贴的价值功用——以我国地方政府竞争为视角的阐发

自改革开放以来,我国经济在短时间内取得了辉煌成就,足可称为奇迹。但成就取得并非易事,第二次世界大战后只有中国在内的极少数国家实现了经济的持续性快速增长,大多数国家因受“华盛顿共识”的影响迷失于各种改革的尝试中。一般认为,我国经济增长奇迹的取得应主要归功于地方政府竞争。各地由于受到积极改变落后

---

① 参见曾婧婧、钟书华:《美国联邦政府与州政府科技合作40年》,载《中国科技论坛》2010年第12期。

② 全球化和国际化彻彻底底改变了国家的生存环境,塑造了一个真实而残酷的竞争生态,现在国际社会这个大家庭没有哪个国家能够独善其身。参见冯辉:《论经济国家——以经济法学为语境的研究》,中国政法大学出版社2011年版,第105页。

③ 参见[美]默里·L.韦登鲍姆:《全球市场中的企业与政府》,张兆安译,上海三联书店、上海人民出版社2002年版,第213页。

④ 参见许俊伟:《党组织内嵌模式下的国有企业治理机制完善》,载《法治现代化研究》2020年第1期。

面貌的发展冲动驱使,[1]以横向竞争的方式,通过经济和公共政策推动区域经济发展。[2]“在经济要素恒定的约束条件下,竞争成为串联地方政府施政目标与施政行为的主轴。”[3]而且,受制于我国地区间发展不平衡与社情民意多有差异的现状,仅靠中央的积极性是不够的,[4]地方政府的竞争无疑也有力推动了市场化改革。申言之,地方政府由利益驱动形成的竞争构成了我国改革开放后制度变迁尤其是制度创新的核心力量。与资本主义国家在1929~1933年经济危机前始终坚持自由市场机制不同的是,我国的“市场之手”是在经济体制改革中逐渐变大的。[5]地方政府为了在竞争中胜出,有着“经济人”更是“政治人”属性的地方政府官员在晋升激励下,[6]以甘于冒险、敢于试错的精神自发作出体制创新行为,使我国的体制创新具有了强大且旺盛的生命力。虽说这种体制创新往往是“打擦边球”式的,可如果成绩斐然,通常会得到中央的“事后追认”并作为“试点”向全国推广,这也在一定程度上促进了地方政府从多角度展开竞争。

其中,政府补贴早已作为我国地方政府为获取竞争优势所惯常采用的手段,成为地方政府扶持区域性特定产业与区域内企业的“援助之手”。[7]特别是随着我国近年来经济发展方向的调整,代表经济增长质量的战略性高科技产业、新兴产业已被视为衡量区域竞争的重要标尺,这显然更加彰显了地方政府补贴具有的巨大价值功用。尽管我国产业政策一般会以中央政府的规划为主导,但这并不妨碍地方政府根据切身实际来制订适合地方的产业发展规划,[8]此举不仅有宪法依据,也是财政分权理论的生动体现。[9]换言之,国家层面的经济社会管理及统筹协调难免挂一漏万,中央政府通过补贴有意识地平衡地区发展与升级产业结构依然替代不了地方政府补贴所具有的功能。

---

① 参见史际春:《论地方政府在经济和社会发展中的权与责》,载《广东社会科学》2011年第4期。

② 参见周飞舟:《政府行为与中国社会发展——社会学的研究发现及范式演变》,载《中国社会科学》2019年第3期。

③ 鲁篱、刘弘阳:《论我国地方政府竞争失范之规制》,载《理论探讨》2018年第3期。

④ 参见史际春:《地方法治与地方宏观调控》,载《广东社会科学》2016年第5期。

⑤ 参见许俊伟:《马克思主义经济法:新时代中国经济法的正本清源之路》,载《华北电力大学学报》(社会科学版)2020年第1期。

⑥ 参见寇恩惠、戴敏:《中国式分权与地方政府创新补贴偏向》,载《当代经济科学》2019年第6期。

⑦ 参见刘弘阳:《我国地方政府差异性补贴的规制路径——以欧盟国家援助行政审查模式为借鉴》,载《学习与实践》2018年第9期。

⑧ 参见许俊伟:《论产业政策法治化的完善:时代契机下的变革与转型》,载刘艳红主编:《东南法学》(2019年春季卷),社会科学文献出版社2019年版,第219~236页。

⑨ See Yingyi Qian & Barry R. Weingast, “Federalism as a Commitment to Preserving Market Incentives”, *Journal of Economic Perspectives*, No. 4 (1997), pp. 83-92.

很多地区间因历史情况、资源环境、地理位置等原因可能形成了迥异的地区发展状况，[①]中央为此需要理智、正确地发挥引导作用，断不能采取“一刀切”的做法。但是，这绝非意味着地方政府补贴尽善尽美，差异性补贴屡见不鲜的客观事实也让地方政府饱受诟病，而由区域过度竞争带来的重复建设更被当作产业同构化的根源。

并且，改革开放后我国几乎所有省级和市级地方政府都为专门从事重大项目招商引资及经营管理而出资设立了投资公司或国际投资公司，在此基础上的政府补贴进一步促进了地方政府竞争，为我国经济增长奇迹的取得立下了赫赫战功。但与此同时，地方政府在过度竞争下由补贴衍变产生的重大问题同样发人深省，如若无法妥善处理必定会大大消减其积极功能。所以，合理且公正的政府补贴对国家发展来说至关重要，而政府补贴合理且公正的实现则有赖法治加以保障，政府补贴必须在法治轨道内进行。

三、我国政府补贴法治化发展的逻辑进路

在现代国家中，将政府各种行为纳入法治轨道已基本成为共识。就政府补贴而言，法治化的政府补贴应当是合理且公正的政府补贴，需要倚赖一系列制度安排保证政府补贴的合理且公正。所以，未来我国政府补贴的实施考量必须在遵循经济规律的前提下贯彻比例原则，从预算管理着手对政府补贴限度予以把控。伴随公平竞争审查制度在我国的全面推行，为了尽量降低政府补贴对市场公平竞争的不良影响，在政府补贴中严格落实公平竞争审查制度自然就具有了重要价值。但公平竞争审查制度的固有局限使通过公平竞争审查的政府补贴也存在限制竞争的可能，这就要求《反垄断法》对此有所作为。鉴于此，适当修改《反垄断法》就显得理所应当。并且，为了保证政府补贴能够更趋于合理，在我国有必要依托政府部门既定目标设置来完善问责机制，对政府补贴的合理与否展开动态评估。毋庸赘言，相信依靠这四者间的联动运行，塑造政府补贴合理且公正的全方位链条必将形成，我国政府补贴势必会朝着法治化方向发展。

（一）以经济运行规律遵循为前提贯彻比例原则

通说认为，“比例原则发端于19世纪初的德国警察法，最初的含义包括三项子原则”，[②]即合目的性原则、必要性原则和均衡性原则。后经不断发展，逐步拓展到了宪

---

① 参见刘伟：《财政补贴的竞争法审查及其改进——兼论〈公平竞争审查制度实施细则（暂行）〉》，载《财经理论与实践》2018年第5期。

② 孟雁北：《产业政策公平竞争审查论》，载《法学家》2018年第2期。

法、刑事诉讼法等公法领域。① 所谓合目的性原则,即指手段需要与目的相符合,为达目的所采取的手段应能够确保目的的达成。② 因此,合目的性具有自觉趋向的性质。③ 所谓必要性,即指手段实施后造成的必要损害最小。质言之,在多个能够达成目的的手段中,无疑要选择造成损害最小的那个。所谓均衡性,即指因手段造成的损害能够与公共利益的增进相平衡。二者可以在利益得失的权衡中展开比较,通过最佳手段的寻求以实现均衡性,国家对基本权利的限制与由此得以实现的社会利益之间必须有适度的平衡关系。④ 由此可见,比例原则的3项子原则层层递进,合目的性分析为必要性分析奠定了基础,而必要性分析则又为均衡性分析奠定了基础,三者环环相扣,有利于将抽象标准具体化。"随着政府职能的延伸,比例原则逐渐在工商、交通、环境等各类行政执法领域中获得适用,但总体上仍限于在行政法范畴内发挥审查行政权力行使合理性的功能",⑤这显然为分析政府补贴是否合理且公正创造了可能。

但与此同时,政府补贴的实施还应当以遵循经济运行规律为前提。这就使在对政府补贴的分析中不仅要贯彻比例原则,还应当增加是否遵循经济运行规律的分析,如此才能建构起完整的政府补贴分析框架。所谓遵循经济运行规律,即指人们的活动必须遵循和服从经济运行的客观规律,以免事与愿违和事倍功半的情况发生。因而,就政府补贴而言,遵循经济运行规律前提下的比例原则贯彻是其实现合理且公正的保证。具体来说,政府补贴的设置需要经过"是否遵循经济运行规律→是否能够达成预期补贴目的→对市场公平竞争损害是否最小→预期补贴目的达成与市场公平竞争损害间是否形成均衡"的酝酿。"只有在私人经济不能够正常而有效地完成一项任务的时候,作为最后的手段,或者在保障责任的框架内作为其保留功能,国家才能够直接干预经济。"⑥这意味着,政府在实施补贴前必须充分重视市场在资源配置中的决定性作用,设置政府补贴时应当协调好与竞争间的关系,紧密契合市场实际,让政府补贴切实满足于现实需求,以期达到以最小补贴的额度取得最优补贴的效果。

---

① 参见郝银钟、席作立:《宪政视角下的比例原则》,载《法商研究》2004年第6期。

② 在社会历史领域内进行活动的,全是有意识的,任何事情的发生都不是没有自觉的意图、没有预期的目的。参见《马克思恩格斯选集》(第4卷),人民出版社1995年版,第247页。

③ 参见袁日新:《论公平竞争审查制度的逻辑意蕴》,载《政法论丛》2018年第5期。

④ 参见杨登杰:《执中行权的宪法比例原则　兼与美国多元审查基准比较》,载《中外法学》2015年第2期。

⑤ 梅扬:《比例原则的适用范围与限度》,载《法学研究》2020年第2期。

⑥ [德]罗尔夫·施托贝尔:《经济宪法与经济行政法》,谢立斌译,商务印书馆2008年版,第342页。

“法律实施具有规则依赖性”，[①]为此，需要严格执行《预算法》第4条第2款的要求，即政府的全部收入和支出都应当纳入预算。目前，我国法学界的很多学者也把预算法视为政府补贴法治化实现的主要法律依据。[②] 因为无论是“预算契约论”还是“预算信托论”，都在于论证民众及其代议机关对于政府的本源地位，以及由此产生的对政府预算控制的合法性。[③] 所以，从预算管理着手对政府补贴限度予以把控也进一步体现了比例原则的贯彻，预算审核与监督的强化无疑会有利于防止政府补贴任意情形的发生。并且，为了使政府补贴更加趋于谨慎，还应适当限缩省级以下政府补贴的范围和方式。毋庸讳言，合理且公正的政府补贴就是满足在遵循经济规律中贯彻比例原则分析的政府补贴，而公正的政府补贴恰好也是公平竞争审查制度的追求。

（二）严格落实政府补贴公平竞争审查制度

诺思曾言，“制度提供基本的结构，在整个人类历史上，人们通过这个基本结构来创造秩序并减少交换中的不确定性。它与所采用的技术一起，决定了交易费用和转型成本，进而决定着从事经济活动的获利的可能性与可行性”。[④] 所以，制度的重要性不言而喻。综观各国的制度变迁史，不难发现沟壑、困顿和曲折随处可见，但在仔细观察后也依然可以清晰看到，凡是有效的制度无不植根于历史文化传统与特定社会情境中。“一个国家一个模式”永远是一个不变的逻辑，[⑤]新近在我国建立的公平竞争审查制度，无疑就深深植根于社会主义市场经济的伟大实践中。正是由于我国实行社会主义市场经济，政府才有义务保障市场的公平竞争；而伴随国家治理体系与治理能力现代化的推进，以及高质量经济发展、营商环境改善等新任务的出现，对市场公平竞争的保障理应提升到一个前所未有的高度。是故，当下中国建立起来的公平竞争审查制度必定能够发挥出应有效能。值得说明的是，公平竞争审查制度并非仅仅属于竞争法。虽然竞争法规制各种反竞争行为，[⑥]但是公平竞争审查制度往往会追溯到宪法层面。与其将公平竞争审查制度视为竞争法部分，不如将公平竞争审查制度当作经济宪法内

---

① 王红霞：《论法律实施的一般特性与基本原则——基于法理思维和实践理性的分析》，载《法制与社会发展》2018年第4期。

② 参见肖京：《国家治理视角下的财政预算法治化》，载《法学论坛》2015年第6期。

③ 参见冯辉：《宪政、经济国家与〈预算法〉的修改理念——以预算权分配为中心》，载《政治与法律》2011年第9期。

④ ［美］道格拉斯·C.诺思：《制度、制度变迁与经济绩效》，杭行译，格致出版社、上海三联书店、上海人民出版社2014年版，第140页。

⑤ 参见包万超：《宪政转型与中国司法审查制度》，载《中外法学》2008年第6期。

⑥ 参见李胜利：《反不正当竞争法与反垄断法的关系：实然现状与应然选择》，载《社会科学辑刊》2019年第3期。

容,如此更能凸显出公平竞争在一国经济发展中的独特地位。这在许多国家的宪法规定中也有所显现,[①]国家需要将公平竞争理念贯穿于各类制度中。

自党的十八大以来,党和政府对市场公平竞争的关注度可谓史无前例。2013年《中共中央关于全面深化改革若干重大问题的决定》便提出,要建设统一开放、竞争有序的市场体系,清理和废除妨碍全国统一市场和公平竞争的各种规定和做法,严禁和惩处各类违法实行优惠政策行为,这无疑为我国公平竞争审查制度的建立奠定了基调。随后,国务院在2016年出台了《关于在市场体系建设中建立公平竞争审查制度的意见》(以下简称《意见》),提出要科学建立公平竞争审查制度,以及推动公平竞争审查制度有序实施,标志着公平竞争审查制度在我国开始全面建立。随着党的十九大报告中进一步强调清理废除妨碍统一市场和公平竞争的各种规定和做法,2017年国家发展改革委、财政部、商务部、工商总局、国务院法制办5部门联合印发了《公平竞争审查制度实施细则(暂行)》(以下简称《实施细则(暂行)》),提出要清理和规范影响特定企业生产经营成本的优惠措施,这显然对公平竞争及统一市场的维护具有重大意义。2019年国务院政府工作报告更是清晰指出,公平竞争是市场经济的核心,要加快清理妨碍统一市场和公平竞争的各种规定和做法,公平竞争审查制度自然获得了较之以往更大的运行空间。通过上述梳理可知,公平竞争审查的实质其实就是政府部门在制定政策措施及实施相关行为时要确保符合公平竞争要求和有关法律法规,在实现政策目标的同时不能妨碍市场在资源配置中的决定性作用。

鉴于政府补贴能够对公平竞争的市场环境造成破坏,而我国又确实存在大量的差异性补贴,故有必要严格落实政府补贴公平竞争审查制度。[②] 基于此,应当根据《实施细则(暂行)》对所有政府补贴展开定期审查并按第6条的规定形成书面结论,严格禁止对外地和进口商品、服务实行歧视性价格和歧视性补贴政策,严格禁止违法违规实施影响特定企业生产经营成本的优惠措施,以实现对企业公平竞争权利的保障,[③]促进

---

① 参见张守文:《公平竞争审查制度的经济法解析》,载《政治与法律》2017年第11期。

② 可能会有观点认为,政府补贴本身就是国家为了达到特定目的所采取的手段,理所应当不该接受公平竞争审查。但这种情况早已被《实施细则(暂行)》考虑了进来,《实施细则(暂行)》第18条即为对此类情况的规定,满足条件的自然就可以得到豁免。事实上,先前出台的《意见》就对此有所考量,合理且公正的政府补贴绝不会因公平竞争审查制度的严格贯彻而受到功用的减损。是故,面对当前中国仍有很多缺乏公正的政府补贴阻碍现代化经济体系建设的现实,在我国严格落实政府补贴公平竞争审查制度可谓正当其时。参见叶光亮:《论公平竞争审查》,载《竞争政策研究》2016年第6期。

③ 参见张玉洁、李毅:《公平竞争审查制度构建的价值维度与实践进路》,载《学习与实践》2018年第6期。

现代化经济体系建设。但值得警惕的是，地方政府可能出于对部分企业招商引资的承诺，以及考虑到部分企业对当地经济发展的贡献，①会变相以“试点”名义实施不公正的政府补贴，这必然就给各级公平竞争审查机构提出了更高要求，需要各级公平竞争审查机构在审查过程中顶住压力、鼓足勇气，真正保证公平竞争审查制度在具体实践中落到实处，以尽量使政府补贴都趋于公正。但是，通过了公平竞争审查的政府补贴是否就完全意味着其为公正的政府补贴还有待商榷，为此有必要从《反垄断法》角度展开深入分析。

（三）适当修改《反垄断法》破除补贴规制困境

在《实施细则（暂行）》中，政府补贴对市场公平竞争造成影响的情形被广泛列举。但在这些情形列举中，“没有法律法规依据或者国务院规定”、“没有法律法规依据或者未经国务院批准”以及“违法违规”等字眼也是高频出现。透析这些语词存在的背后含义，不难发现，合法合规的政府补贴不会对市场竞争造成影响，理应通过公平竞争的审查。然而，得出这种结论未免显得太过轻率，合法合规的政府补贴也有可能破坏市场公平竞争，这显然就需要《反垄断法》对此有所作为。但令人遗憾的是，适用《反垄断法》第五章针对滥用行政权力排除、限制竞争的规定，依然未能对此展开有效规制，以致当前不符合《实施细则（暂行）》中豁免事由的合法合规政府补贴仍可能在限制竞争，而地方政府的定向补贴和变相减税就是最好例证。② 当定向补贴和变相减税因人而异时，对市场公平竞争的破坏自不待言。而置身于依法治国的背景之下，如果这样的因人而异是依据法定权限和法定程序完成的，那么《反垄断法》必定就缺乏规制能力，毕竟《反垄断法》规制的情形仅被局限在超出法定权限和法定程序的滥用范围。所以，《反垄断法》秉持的此种态度让合法合规的政府补贴即使在缺少豁免事由的情况下，也敢公然破坏公平竞争、阻碍现代化经济体系建设，这无疑要求对《反垄断法》的部分条款进行适当修改从而加以应对。

面对市场经济已在公私融合中深入发展的现实，市场机制无法解决且又必须解决的问题需要由国家干预经济来实现也已成为共识，合理且公正的政府补贴理应存在于一国经济整体中。鉴于此，为了能够对缺少豁免事由但形式合法合规的政府补贴等限制竞争的行政行为展开有效规制，应当将《反垄断法》第五章“滥用行政权力排除、限制竞争”相应修改为“使用行政权力不合理排除、限制竞争”，③如此不仅在充分肯定政府

---

① 参见余明桂、回雅甫、潘红波：《政治联系、寻租与地方政府财政补贴有效性》，载《经济研究》2010 年第 3 期。

② 参见熊伟：《法治视野下清理规范税收优惠政策研究》，载《中国法学》2014 年第 6 期。

③ 丁茂中：《论我国行政性垄断行为规范的立法完善》，载《政治与法律》2018 年第 7 期。

补贴功用中层层嵌套般地完成了公平竞争审查,也实现了政府补贴向合理化甚至法治化的一大跨越。这意味着,即便是依法定权限和法定程序所进行的政府补贴,《反垄断法》依然对此具有规制力,从而破除了当下的规制困境。我国目前针对行政性垄断的正当性判断尚且停留在行政法思路,这就难免会陷入程序合法性否定实质合理性的窘态,而将行政性垄断定义为"使用行政权力不合理排除、限制竞争"无疑对打破这种窘态大有裨益,《反垄断法》在此时具有了发挥作用的巨大空间,有利于通过对合法性审查框架的突破以展现合理性审查要求。① 但在政府补贴中,仅有《反垄断法》的修改仍无法最大限度保障政府补贴的合理性,任何政府补贴都无一例外地由政府官员作出,故而完善的问责机制才是保障政府补贴合理性的关键。

(四)依托既定目标设置逐步完善问责机制

纵览历史之前进步伐,问责制明显是资本主义国家最早的一部民法法典——《拿破仑法典》所确立的过失责任原则在当代的高级进化,应由角色担当、说明回应及违法责任"三段式"组成。② "但经过对我国近年来的问责实践展开观察,不难发现问责制在我国更多被强调为对违法责任的追究",③明显有悖于现代政治体制的理性选择。所以,考虑到政府官员对政府补贴合理与否负有不可推卸的责任及政府补贴同样存在无法实现特定目的的可能,依托既定目标设置来对问责机制进行逐步完善就显得至关重要。因为在政府补贴的实际操作过程中,政府官员享有较大的自由裁量权,完善的问责机制无疑是保障政府补贴合理性的关键,同时这对国家特定目的的实现也有重大意义。

而在恰当的分权与赋权并为政府部门设置合理且相对单一的目标后,鉴于"权力乃为权利而设",④其实施的政府补贴也理应及时向社会公开,让公众依据政府部门的目标设置来实时评判补贴效果,以广泛监督倒逼政府部门养成在谨言慎行下履行职责的习惯,这对互联网高度发达的中国来说并非难事。并且,接受补贴的企业也要及时开展信息披露,假设信息披露质量低的企业更容易获得政府补贴,那必定会对社会绩

---

① 参见徐士英:《竞争政策视野下行政性垄断行为规制路径新探》,载《华东政法大学学报》2015年第4期。

② 参见史际春、冯辉:《"问责制"研究——兼论问责制在中国经济法中的地位》,载《政治与法律》2009年第1期。

③ 许俊伟:《新时代我国互联网金融治理——基于政府规制的反思与优化》,载《理论月刊》2020年第4期。

④ 漆多俊:《论权力》,载《法学研究》2001年第1期。

效产生负面影响。[①] 与此同时,政府补贴还是一个动态过程,需要实现的特定目标亦会因经济社会发展而发生变化,政府补贴与特定目标实现之间的有效性可能因此就会出现变动,这就要求政府部门依实际所需适时作出调整,而这也必然有利于进一步彰显出政府补贴的合理性。是故,对政府补贴的动态评估是其合理性保障中不可或缺的一环,关乎政府补贴的合理与否,政府官员必须在评估后就政府补贴调整的部分及时进行说明,以回应公众关切。

由此可见,政府补贴中完善的问责机制应当由科学目标设置下的角色担当,信息披露与动态评估下的说明回应,以及违法责任 3 部分组成,而不仅只是违法责任这部分的内容。如果政府官员能够在科学目标设置下对政府补贴展开及时的信息披露和说明回应,并依“业务判断规则”[②]让人有理由确信所作决策在所处情境中是合理的,那么即使政府补贴因特定情况出现而变得不再合理时,官员也无须对此承担责任。反之,在这种机制下官员若仍经不起问责,就理应要承担行政责任、刑事责任等不利后果。而“业务判断规则”不仅体现了在不违背过失责任和人人可被问责的法治基础上对政府官员的合理宽容,也是一种对官员体系能力之局限的客观承认,可谓与我国现实深度吻合。总而言之,依托既定目标设置的问责机制完善是保障我国政府补贴合理性的关键,必将决定我国政府补贴法治化的发展进程。

四、余论

实践早已证明,政府调节与市场调节在经济国家中都具有不可替代的功用,应当共存于一国经济整体中。现代的市场经济绝不是简单的“市场缺陷 + 政府弥补”抑或是“政府缺陷 + 市场弥补”的市场经济,而是一种政府与市场交融共生的经济,只要市场不能调节或者不能有效调节,政府就必须出面调节以维护市场运行秩序和一国整体利益。质言之,凡是社会与人民需要政府做的事,政府就一定要去做,此关乎国家

---

① 参见刘俊、曹向:《信息披露、寻租与政府补贴有效性》,载《财经理论与实践》2014 年第 3 期。

② 业务判断规则(Business Judgment Rule),又被称为“商业判断规则”,用于追究董事、经理的责任,在普通法上已存在并发展了 100 余年,是美国公司法及判例法上的一个重要原则。但在问责制下追究政府官员责任时,这一规则更宜被称为“业务判断规则”。是指官员必须对职责范围内的事宜全面负责,可当自己所作某项行为并未有利益冲突、所作决策或判断有充分可靠依据、让人有理由相信在特定形势下所作的决策或判断行为合乎职责要求、既定目标和公共利益时,便可认为其适当履行了职责而不必对其行为后果(包括负面后果)承担责任;反之,该官员就应当对其行为的不良后果承担法律责任。显然,这是高于一个普通成年人所应承担的“善良管理人”注意义务的专业责任。参见史际春、肖竹:《论分权、法治的宏观调控》,载《中国法学》2006 年第 4 期。

兴亡。

事实上,政府与市场古已有之,二者关系更是一个老生常谈的话题,历史上也确实存在相对立的情况。但市民阶层在人民中的比例毕竟有限,作为其主体的商人更是只占很少一部分,市场与政府相对立的情况明显不符合当代错综复杂的经济发展现实。所以,政府与市场早已相互渗透,政府需要在自觉与不自觉、该做且必须做中回应社会与人民的期盼,发展经济、改善民生已成为新的民族意识形态。正因如此,面对公私融合的深入,属于人为推进型而非自然演进型的中国经济社会更要有正确的理念和认识作指导,社会主义市场经济实践唯有如此,才能在良好平稳中有序地进行。

政府补贴作为国家为了达到特定目的所采取的干预经济手段,其对国家发展的重要性自然显而易见。但这并不代表政府补贴可以不受约束,其理应在法治轨道内进行,以确保合理与公正,将政府各种行为纳入法治轨道也是现代国家的共识。而随着公平竞争审查制度在我国的有序实施,对影响市场公平竞争的政府补贴治理节点势必大幅前移,这无疑有利于让所有的政府补贴都尽量公正,对我国政府补贴合理且公正的整体达成具有催化意义,加快了政府补贴法治化的进程。但与此同时,我们必须清醒认识到,政府补贴公正且合理的达成是一项系统性工程,不能仅倚赖公平竞争审查制度的严格落实,需要通过一系列制度安排来保证其合理且公正,经济法学界乃至整个法学界均应对此有所作为,使政府补贴能够在实践中取得良好效果,最大限度助力中华民族伟大复兴中国梦的实现。

(责任编辑:徐曼)

经济新常态背景下预算监督理念转变与制度调整*

谭芷欣** 黎江虹***

摘　要:预算法治变迁的历史表明,财政可持续性危机推动预算监督法治由规范性理念转向有效性理念。在我国经济新常态背景下,囿于预算规范性尚未实现的法治环境,我国预算监督法治的理念只能在规范性基础上审慎追求预算的有效性。在此基础上,预算监督制度调整应将立法机关预算审批权拓展至预算宏观方面,强化总额控制,建立预算绩效问责制度。同时,进行政府核心预算机构建设,实现预算权集权化,并继续坚持和完善以外部控制为主导的预算执行控制模式。

关键词:经济新常态;预算监督;规范性;有效性

党的十八届三中全会提出建立现代公共预算制度的法治要求。与此同时,我国经济步入一种新常态,经济发展基本告别过去几十年高速增长的"快车道",进入中高速发展时代。受其影响,我国财政情势正在发生不可逆的显著变化。在此背景下,预算制度作为政府财政的运行方式和法治表征,必将受到重大冲击,其中尤以预算监督制度所受影响最为深刻。鉴于此,本文将尝试探讨我国经济新常态背景下预算监督法治的因应之策。在研究思路方面,首先基于公共预算制度的演进史探索预算监督法治变迁的动因与逻辑,进而分析我国经济新常态背景下预算监督法治理念的合理转向,并在此基础上,尝试提出我国预算监督法治应该进行的制度调整。

---

* 收稿日期:2020年7月15日。

本文是国家社科基金项目"央地财政权责配置中的政府和市场互动机制研究"(17Bfx103)的阶段性研究成果。

** 美国布兰迪斯大学(Brandeis University)社会学系本科生。

*** 中南财经政法大学法学院教授、博士研究生导师。

一、历史变迁视域下预算监督法治演进及其动因与逻辑

预算制度的历史变迁或可以揭示预算监督法治转型的基本动因与逻辑路径,对我国经济新常态背景下预算监督法治之因应具有重要指示意义。

(一)历史变迁视域下预算监督法治的演进

著名公共预算学者娜奥米·凯顿(Naomi Reighton)曾把现代公共预算制度产生后的历史划分为预算时代和超预算时代两个阶段。① 在两个时代分野的20世纪七八十年代,预算监督法治发生了较显著的历史变迁。

一方面,立法机关的预算审批监督权有所扩展。传统预算时代,立法机关的预算审批监督主要着眼预算的微观层面,重点审查预算项目的必要性及其配套预算资金数量的合理性。而在超预算时代,立法机关普遍将预算宏观事项纳入审查监督范围,并着重审查预算支出总量与结构等宏观方面。同时,政府核心预算机构的预算权亦不断强化,逐渐取得财政支出规模和资源配置决策的主导权,支出部门的预算自主性愈渐受到限制,需要在核心预算机构给定的限额内编制部门预算。

另一方面,立法机关的预算执行监督权开始虚化。传统预算时代,预算执行监督基本上奉行在详细预算科目体系基础上的投入控制,立法机关通常严格按照预算法案确定的科目体系监督政府预算执行,政府灵活性相对较小,预算执行中的细微变动通常也需要经过立法机关的预算调整批准。而进入超预算时代,立法机关的预算执行监督开始松动,预算执行相对灵活,可以在总额限制内相对自由地改变预算。② 同时,政府核心预算机构的预算执行控制亦有所松弛,支出部门被赋予较大的执行灵活性。传统预算时代的外部控制模式开始被抛弃,相对宽松的内部控制模式逐渐成为预算执行控制的主导模式。预算执行更自由和灵活的管理责任模式在有些国家已经被付诸实践,并大有流行之势。

(二)预算监督法治演进的动因与逻辑

考察预算监督制度变迁所处的时代环境,可以发现经济形势的显著变化是其重要动因。20世纪70年代,经济滞胀危机开始席卷世界,公共预算的经济环境发生逆转。在经济长期低速发展且周期性停滞不前的影响下,财政形势也急转直下,财政收入增速趋缓的同时伴随极大不确定性。在此背景下,为支应正常财政支出需求,在税负水

---

① See Naomi Caiden, "A New Perspective on Budgetary Reform", *Australia Journal of Public Administration*, 2010, 48(1).

② 参见马骏、赵早早:《公共预算:比较研究》,中央编译出版社2011年版,第163页。

平大幅攀升的同时，财政赤字规模亦日渐扩张，财政可持续性越来越成为一个极其紧迫的问题。

不难发现，预算时代进入超预算时代所呈现的预算监督制度变迁，是财政情势持续紧张引发预算监督法治理念转向的直接结果，财政可持续性危机是构成预算监督制度法治变迁的基本动因。就逻辑而言，在财政收入无法支应财政支出需求时，赤字财政就会成为自觉或不自觉的财政措施。但赤字财政并不具有可持续性，在财政赤字规模日渐膨胀时，财政可持续性危机亦日渐加深。在此条件下，控制财政支出规模、提高财政支出效率成为应对财政可持续性危机的不二法门，并直接推动预算监督法治发生由规范性理念向有效性理念的历史转变。① 深究之，预算监督理念的转变有其必然性。在以预算规范性为终极价值追求的传统预算时代，预算执行被严格束缚于既定的预算法案。然而，规范性理念下的预算监督既无法控制作为执行依据的预算法案的支出规模，也不能应对预算执行时环境变化所带来的效率损耗。由此，预算监督法治存在放弃严苛低效规范性理念而转向有效性理念的强大动因。有效性理念不再过分强调预算执行必须严格按照既定预算安排转而更加关注公共预算的产出效率和政策结果，正好契合了预算规模控制和支出效率的时代要求。一言以蔽之，预算监督法治变迁的基本逻辑理路是，经济不景气条件下的财政情势紧张导致财政可持续性危机，进而推动预算监督法治发生从注重形式控制到注重实质产出效率与规模统制的理念变迁，并最终推动预算监督制度发生一系列变革。

二、我国经济新常态背景下预算监督理念转型

党的十八届三中全会以后，我国经济形势发生重大变化。基于财政情势变化对预算监督法治理念的深刻影响，探讨我国经济新常态背景下预算监督理念的变化殊有必要。

（一）我国经济新常态背景下财政情势转变

改革开放以来，我国经济发展保持了30多年的高速增长。在此基础上，我国财政收入亦经历了30多年持续快速增长的黄金时代。数据统计显示，从20世纪90年代开始，我国财政收入每年的增长率都保持了两位数的超高速增长，平均增长速度更是高达18%。然而，2012年以来，我国经济增速开始回落，经济发展步入新常态，经济增长基本上将与过去30多年10%左右的高速度告别，进入中高速增长时代。受其影响，我国财政收入的增速也随之放缓，2012年的财政收入增长率已经降至分税制改革以后的

---

① 参见蒋悟真：《论中国预算法的现代化》，载《环球法律评论》2018年第5期。

较低水平。可以预见,我国财政收入在未来相当长的时期内都不可能再像过去30多年那样高速增长,甚至会出现零增长或负增长。概而言之,中国财政的转折亦越来越明显,公共预算环境已经发生了逆转。①

与此同时,我国财政支出的刚性需求却愈来愈旺盛,因赋权型社会支出固有的法定性、不可预测性和不受预算控制性特征而面临越来越大的压力。② 而且,囿于我国人口福利正在消失,庞大人口基数下的老龄化现象日渐加剧,即使保持现有的社会福利体系,并审慎提高社会福利标准,养老、医疗卫生等赋权型社会支出也将爆炸式增长。不难预见,我国未来财政情势将在财政收入增速趋缓和财政支出持续膨胀的双重压力下日趋严峻。当前,地方政府的债务规模处于历史最高水平,便是财政情势趋于严峻的有力证明。质言之,我国财政情势已经发生历史性的转折,公共预算环境已经发生重大的、根本性的变化,预算监督法治也必将受到重大且深远的影响。

(二)我国预算监督法治理念的因应与抉择

前已述及,在财政情势趋于严峻时,预算监督法治发生了由规范主义控权理念向功能主义有效理念的转变,即规范性向有效性的转变。我国财政情势在经济新常态背景下已然处于公共预算制度历史变迁的关键节点。基于财政情势影响预算监督法治理念的逻辑理路,我国存在遵循预算制度演进规律、推动预算监督法治由规范性理念转向有效性理念的强大动因。

然而,同时需要注意的是,虽然财政情势紧张推动预算监督法治由规范性理念转向有效性理念是公共预算制度演进的历史经验,具有特定的客观性,但是囿于我国预算监督法治基础的薄弱性,应该审慎考量并抉择我国预算监督法治理念的转型。就我国现实来看,预算法治尚未完成规范性构建,预算"软约束"成为我国公共预算实践中尚存的问题。详言之,我国预算规范性的缺失体现在多个方面:一是立法监督权力和能力缺失,人民代表大会,尤其是地方各级人民代表大会在履行预算法赋予的各种监督职责时往往心有余而力不足,在预算专业机构建制、人员配置数量和专业能力诸方面都存在很大不足。二是政府内部预算执行控制体系尚未健全,支出部门预算执行缺乏有效约束,预算执行自由裁量权泛滥。三是预算规范性控制立法不健全,预算调整缺少完整的规范性依据。现有预算调整条款疏于规范财政资金在预算科目间的变动,且在调整范围上缺乏周延性。

---

① 参见马骏:《中国公共预算面临的最大挑战:财政可持续》,载《国家行政学院学报》2013年第5期。

② See Straussman, Jeffrey, *Right-based Budgeting*, in Irene Rubin, eds., New Directions in Budget History, State University of New York Press, 1987.

规范性强调的是预算的法定性和执行刚性,有效性侧重预算资源的有效配置,隐含对经济发展的正面调控功能。① 前者属于形式法治的范畴,后者则更多属于实质法治的范畴。客观而言,预算监督法治理念由规范性向有效性的历史转变建立在公共预算已经具有完备的规范性基础之上。或可言之,预算规范性形式法治在某种程度上构成预算有效性实质法治的前提和基础。综观我国,囿于形式法治尚未完成,预算规范性尚付阙如的国情现实,预算监督法治理念仍然存在很大的固守预算规范性的历史动因。在此意义上而言,我国经济新常态背景下预算监督法治的理念转型既存在因应财政情势转型的现时动因,也存在关照规范性缺失之法治现实的固有阻力。

在此背景下,我国经济新常态背景下的预算监督法治既不应该无视财政情势变化引起的预算有效性理念诉求,也不应该忽视因预算规范性法治基础缺失而产生的继续构建预算规范性的需求,应该在预算规范性理念的基础上审慎追求预算的有效性。申言之,一方面,应该正视我国预算规范性缺失的国情现实,注重规范主义的正面价值,继续坚持并完善规范性监督的形式法治,借由预算规范向实现预算效率转变的同时构造预算有效性理念的法治基础;另一方面,应该适应经济新常态背景下财政情势由富裕向紧缺的历史转型,积极吸纳预算有效性理念中与规范主义控权不相冲突的因素,同时在价值衡平的基础上审慎尝试在特定领域适度放松预算规范性控制。

三、我国经济新常态背景下预算监督制度调整

正如有学者所言,立法机关与行政机关间预算权力的配置是预算规范性和有效性冲突的缩影。② 我国经济新常态背景下预算监督法治理念的转型必须落实在制度层面,即预算权力配置层面,方才具有实际意义。鉴于此,我国应该契合经济新常态背景下预算规范性与有效性的张力进行相应的预算监督制度调整。

(一)立法预算监督制度拓展与创设

在经济新常态背景下,立法预算监督制度调试应该聚焦于人大预算审批权范围拓展和预算绩效问责制度构建两方面。就预算制度的演进规律来看,预算有效性理念下立法机关预算权力的变动具有双向性。一方面,立法机关的预算审批权应该有所拓展,即从传统微观预算项目的审查拓展到宏观预算总量层面的审查。囿于立法机关预

① 参见黎江虹:《规范性和有效性:政府预算中的二重奏》,载《武汉大学学报》(哲学社会科学版)2015年第3期。

② 参见黎江虹:《规范性与有效性:政府预算中的二重奏》,载《武汉大学学报》(哲学社会科学版)2015年第3期。

算审批权的拓展与预算规范性理念并无冲突,我国在预算规范性尚未实现的条件下也可以借鉴适用,以应对财政紧缺情势下预算支出控制之需求。另一方面,立法机关预算执行监督权应该有所限缩,将监督重点转向结果导向的预算问责。结合我国预算执行立法监督乏力之现实,构建既契合预算有效性理念又无碍于预算规范性理念的预算绩效问责制度,是比较合理的选择。

预算审批权拓展的核心要义在于,转变人大预算审查监督的重点。详言之,人大预算审查监督需要在传统预算收支平衡审查的基础上重点审查支出预算总量,审查预算安排是否符合中央制定的中长期财政规划。借由总量控制抑制预算规模持续快速膨胀以应对经济不景气条件下的财政汲取困难,是预算有效性理念的本质内涵。作为基于分析预测形成的未来财政收支改革方案,①财政规划是预算有效性理念下总额控制的基本手段。审查预算安排是否符合既定财政规划确定的支出预算限额是预算审批权因应预算有效性理念的必然要求。此外,人大行使预算审批权还应该重点关照政府债务状况,审查地方政府债务规模的合理性及其是否纳入预算管理。规范政府债务不仅是硬化政府预算约束的必然要求,而且是控制政府财政规模的现实需要,同时契合预算规范性和有效性双重法治理念。

建立预算绩效问责制度的关键则在于,完善预算绩效评价结果应用制度。根据预算有效性理念,立法机关预算绩效问责的实质是减少预算无效率支出部门可支配预算资金的份额,降低部门成员谋利益的能力,对其实施变相惩罚。而预算绩效评价结果应用是预算绩效问责的直接表现。为此,人大应该建立绩效评价结果应用制度体系,将绩效评价结果作为决算审批和未来年度预算审批的重要参照因素。同时,应该建立合理的绩效指标体系和科学的绩效评价方法,提升绩效评价结果的质量,②以确保预算绩效问责的准确性。

(二)行政预算控制制度坚守与完善

在经济新常态背景下,因应预算监督法治理念合理转变的行政预算控制制度调整,即预算权力在政府内部的配置调整,也应该表现在两方面:一是核心预算机构建设;二是预算执行控制模式选择。

根据预算有效性理念,预算权的配置必须有利于实施规模控制,即必须创设一个相对全面和一致的决策过程,以将预算中分散的利益和观点统合起来。③ 盖因如此,行

---

① 参见陈治:《财政可持续视野下预算控制机制的失效与应对》,载《法商研究》2017年第3期。

② 参见李春根、徐乐:《预算绩效评价结果应用的现状与优化》,载《中国行政管理》2019年第10期。

③ 参见[美]艾伦·希克:《国会和钱——预算、支出、税收》,苟燕楠译,中国财政经济出版社2012年版,第3页。

政预算控制制度改革必须进行核心预算机构建设,实现预算权的集权化。详言之,一方面,我国应该确立财政部门的核心预算机构地位,渐次将当前呈碎片化分布的预算权从国家发展改革委、国资委、科技部门等统一收归财政部门,实现预算编制权的集权统一。另一方面,应该实现预算政策计划权与预算编制权的协调统一,逐步改变我国当前政策计划权在国家发展改革委而预算编制权在财政部门导致的政策制定不受预算约束或预算编制脱离政策束缚的分离现象。对此,理想化的改革方案是将二部门合二为一,但考虑到机构合并改革的复杂性和长期性,当前比较可行的方案是建立国家发展改革委和财政部门稳定沟通交流的机制,不断提升计划权与预算权的协调性。

预算执行控制模式是集中体现传统预算规范性理念与当前预算有效性理念分野的制度节点。在预算规范性理念主导的传统预算时代,外部执行控制模式,即预算执行由核心预算机构对支出部门的支出行为进行严格的以预算科目体系为基础的事前控制的制度模式,大行其道。而在预算有效性理念主导的超预算时代,内部控制模式,即预算支出由支出部门进行自我控制,核心预算机构只对其进行事后审查的制度模式,则广泛流行。甚至灵活性更高的管理责任模式,即支出部门和项目管理者具有完全支出自由权而只对预算支出的产出和结果承担管理责任的制度模式,亦逐渐兴起。虽然借由执行灵活性实现预算效率,以弥补总量控制下支出需求无法完全满足的难题,是预算有效性理念的本质要求;但虑及内部控制模式,尤其是管理责任模式必须建立在预算形式法治已经十分成熟、预算规范性业已充分实现的基础之上,①我国当前行政预算执行控制仍应继续坚守规范性理念,即继续坚持和完善以外部控制为主导的预算执行控制模式,而仅在个别成熟领域审慎尝试内部控制模式或管理责任模式,通过规范预算行为实现预算执行效率。

四、结语

党的十八届三中全会以后,我国经济发展逐渐步入增速趋缓的新常态,财政情势也随之发生了由富裕向紧缺的历史转型,预算环境发生了根本性变化。公共预算制度的历史演进表明,财政情势转型推动预算理念的转向,我国预算监督法治存在由规范性理念转向有效性理念的现时动因。但同时,囿于预算规范主义控制功能在我国尚未完全实现,预算规范性不够,我国也存在固守预算规范性理念的历史动因。在此背景下,本文提出我国经济新常态背景下的预算监督法治只能在预算规范性理念的基础上审慎追求预算有效性。在此基础上,预算监督制度的调整应将立法机关预算审批权拓

① 参见马骏、赵早早:《公共预算:比较研究》,中央编译出版社 2011 年版,第 483 页。

展至预算宏观方面,强化总额控制并建立预算绩效问责制度。同时,应该进行政府核心预算机构建设,实现预算权集权化,并继续坚持和完善以外部控制为主导的预算执行控制模式。

(责任编辑:曹珊)

论金融监管权的纵向选择性集分*

刘志伟**

摘　要：既往针对正规金融机构所建立的中央垄断性垂直金融监管体制，已难以对地方性金融组织或业态的深化发展形成有效性监管，此即要求金融监管权在中央与地方间进行重新分配。金融监管权纵向划分的管理模式和实施状况，既涉及中央事权的调整，关乎中央与地方关系的协调，也深刻影响一国金融业的发展进程、风险状况和安全维护目标，因而须对事关金融监管权纵向配置的立场、标准、方法等因素予以澄清。究竟是以市场安全还是以监管效率为侧重、是注重金融特征标准还是权力属性标准、是采用异权分割法则还是同权分割法则，乃中国金融监管权纵向选择性集分之具体管理模式最终确立所须考量的核心要素。

关键词：央地关系；金融监管；纵向划分；管理模式

既有金融监管法律法规基本将地方政府排斥于金融监管权力享有者的范围之外，并构建了以"一行三会"（现已调整为"一行二会"）为核心的中央垂直金融监管体制。同时，中国金融监管体制改革的理论研究与实践经验借鉴，也主要集中于中央"一行二会"金融监管权力结构关系的调整，而对中央与地方及省以下各级地方政府金融监管权力配置关系的研究则缺乏应有关注。现行金融监管体制对地方政府参与金融监管的法律排斥、中央与地方政府及地方政府间金融监管分权配置研究的缺失并不代表"金融监管的地方政府参与"这一命题不重要或者根本没有意义。恰恰相反，因受包括小额贷款公司、融资担保公司、典当行、区域性金融交易场所等地方性金融组织或业态的深化发展、风险的频繁暴露的影响，以及对其风险进行有效规制的理论与现实诉求

* 收稿日期：2020 年 4 月 28 日。

本文是国家社科基金青年项目"地方金融监管体系的法治化构建研究"（19CFX076）的阶段性研究成果。

** 山东滨州人，法学博士，西南政法大学金融创新与法制研究中心研究人员，副教授。

等多元因素的影响,地方政府参与到金融监管中来已然成为中国金融监管结构优化,尤其是新兴地方性金融组织或业态之监管有效性提升的重要作用因子。

进一步讲,中国金融深化发展过程中地方性金融组织或业态的快速发展,尤其是近年来不同地域、不同类型地方性金融风险事件的爆发,已然表明既往针对正规金融体系而建立的,以"一行二会"为核心的中央垂直金融监管体制难以对地方性金融组织或业态的深化发展给予有效性监管,甚至还会因既有金融监管体制的滞后性、不完备性而影响整个金融系统的稳定,此种情形的发生集中凸显为"金融发展"与"监管滞后"间矛盾的深化。为因应地方性金融组织或业态规范发展与有效监管的现实诉求,国家不得不对既行以"一行二会"为核心的中央垂直金融监管体制给予结构上的调整,并且也已经采用授权或委托等形式将"7+4"型地方性金融组织或业态的监管权力交由省级政府指定的政府职能部门行使。在国家有关中央与地方政府金融监管分权政策的指引下,各级地方政府也积极对地方性金融组织或业态之监管理念、监管方式、监管体制等进行"先行先试"的改革创新试验。值得注意的是,地方性金融组织或业态之监管权的下放与地方政府主动性的金融监管创新改革,尽管在一定程度上有助于地方性金融组织或业态乃至整个国家金融系统稳定性的维护,然而,中央与地方金融监管权划分的具体制度安排和实施状况,既涉及中央事权的调整,关乎中央与地方关系的协调,也深刻影响一国金融业的发展进程、风险状况和安全维护目标,需要从理论层面对中央与地方金融监管权重新划分的立场、标准、方法与模式进行澄清与证成。循此研究进路,分别对中央与地方金融监管权划分的立场究竟是以安全还是监管效率为侧重、是以金融属性抑或是权力属性为划分标准、是采用异权分割或者是同权分割的划分方法,以及究竟是采用垂直监管、属地监管还是中央督察式金融监管模式等展开研究。

一、金融监管权纵向选择性集分中的中央权威与有效治理

宪法所确立的民主集中式的单一制国家结构形式直接决定了中央对所有领域权力享有的合法性与权威性,而地方权力的享有则只能源于中央的政策或法律授权,并且地方权力的行使也必须限定于中央授权的范围之内。在中国语境下,作为现代意义行政权之一的金融监管权在中央与地方政府之间的分配,即表现为中央是否愿意授予地方政府金融监管权,以及会在多大程度上授予地方政府金融监管权的问题。值得注意的是,中央与地方政府金融监管权力划分及其边界确立背后所隐藏的是权威体制与有效治理间的矛盾,并且这一矛盾又反过来成为困扰金融监管权在中央与地方政府之间科学合理配置的永久性难题。其中,客观存在决定了金融监管权会集中于中央政

府,并且金融监管权的中央集中主要是国家出于维护金融安全的考虑,当然也在一定层面上体现了其对金融形式公平的追求;而对金融进行有效治理的客观诉求则推动了中央政府将部分金融监管权力转授给地方政府享有并行使,而这又集中体现为国家对金融监管效率和实质公平的追求。尽管引导中央与地方政府金融监管权划分的明线主要是对金融安全和金融监管效率的衡平,但金融安全和金融监管效率的衡平始终是围绕公平价值而展开,并且公平价值才是金融监管权分配与行使的终极指向。因此,金融监管权纵向配置中金融安全与金融监管效率价值的选择与确立是中央与地方政府金融监管权划分立场的直接展现,而金融公平是中央与地方政府金融监管权划分立场的根本出发点。同时,以金融公平为核心的金融安全与金融监管效率的衡平在制度安排上,“攸关上下级权限、责任之分,攸关如何既维护中央、上级权威,令行禁止,同时又调动地方、下级积极性”。①

(一)金融安全与中央垂直金融监管体制的确立

金融监管法律制度创立的初衷即是为了对金融交易、金融市场和金融体系的安全进行维护,并且“金融安全在金融监管法律价值范畴中居于核心地位,这是由金融业的信用脆弱性、金融机构内在脆弱性以及金融资产价格内在波动性所决定的”。② 金融本身的内在规定性决定了以金融安全为核心的金融监管规则的制定与金融监管法律的颁行,正如“每次金融危机都会促使人们更加重视金融安全问题,并深入思考金融运行模式、理念和制度存在的问题或缺陷,并往往能发现金融危机的发生都和金融监管的漏洞有关,于是出台相关法律,加强金融监管”。③ 值得注意的是,既有关于金融监管中金融安全问题的研究更多是直接性地就政府与市场的边界进行分析,具体讨论金融监管适度的“度”究竟应该在哪里,哪里才是金融监管的“临界点”或“边界线”,而很少直接从金融监管权在不同层级政府或政府不同职能部门之间的划分角度来分析金融安全问题。事实上,金融监管权在横向层面的功能性分权很少直接性地触及金融安全问题,在更大程度上是对金融监管效率的分析。然而,在纵向层面的结构性分权,即金融监管权在中央与地方政府和上级政府与下级政府之间的分配则直接性地与金融安全相关联。当然,金融监管权的纵向配置也会直接性地与金融监管效率有关。质言之,

① 李宜春:《论分权背景下的中国垂直管理体制——概况、评价及其完善建议》,载《经济社会体制比较》2012 年第 4 期。

② 盛学军:《后危机时代下对金融监管法价值的省思》,载《重庆大学学报》(社会科学版)2011 年第 1 期。

③ 邢会强:《金融危机治乱循环与金融法的改进路径——金融法中“三足定理”的提出》,载《法学评论》2010 年第 5 期。

与金融安全直接相关的金融监管问题的探讨,除金融监管中政府与市场的边界外,还有金融监管权在中央与地方政府及地方政府之上下级政府之间的分配问题。

金融监管权纵向配置中对金融安全的考量直接会涉及中央政府是否及在多大程度上授予地方政府一定的金融监管权力,并决定了金融监管体制究竟是选择中央垂直性金融监管模式、完全的属地管理模式,抑或是选择其他类型的金融监管模式。中国改革开放之前尽管没有现代意义上的金融监管,但还是存在一般意义上的金融管理,那时金融的管理主要采用的是"自上而下"的以"条条"为主的管理模式,但是改革之后中央政府将一定范围内的信贷管理权、金融组织思想政治管理工作,以及中央金融政策执行监督权下放地方政府享有并行使,以调动地方政府经济发展的积极性和活力,从价值层面讲,即是对金融效率和金融管理效率价值的满足。然而,在一定范围内金融管理权力的下放导致了地方政府对国有银行分支机构信贷活动的干预和地方性金融组织或业态的膨胀,这导致了区域性或系统性风险的集聚与暴露。出于防范金融风险、维护金融安全与稳定的需要,中央政府逐渐将金融管理权上收中央,并在此基础上建立了以"一行三会"(现已调整为"一行二会")为核心的中央垂直性金融监管体制。中央垂直性金融监管体制的建立则直接将地方政府排斥在金融监管权的享有与行使范围之外,这有助于"保证国家宏观政策和规范市场秩序的法律的贯彻落实和严格执行",①以及金融安全价值的最终实现。中央垂直金融监管体制能够保证金融安全价值的实现,原因在于,其在一定程度上可避免地方政府"为发展而融资"的冲动而对辖区内银行业金融机构信贷资金配置的过度干预、地方性金融组织或业态的违法违规发展,以及包括非法集资在内的非法金融活动的纵容等,继而防止金融资源配置的扭曲和区域性或系统性金融风险的积累与爆发。

(二)金融监管效率与金融监管属地管理安排

金融危机的治乱循环一直是围绕金融监管的加强与放松展开的,即金融安全与金融效率的衡平,②还有一点便是,以追求金融监管效率提升为目标的金融监管体制调整。"金融监管体制的核心问题是监管权集权与分权的制度安排,所以金融监管体制的选择核心就是选择合理的集权度以及与此配套的组织模式。"③值得注意的是,金融监管体制不仅包括业界、学界及监管层经常讨论的金融监管权横向层面的功能性分权,还包括随着地方性金融组织或业态发展及区域性金融风险的爆发而提出的纵向层

---

① 郭小聪:《集权与分权:依据、边界与制约》,载《学术研究》2008年第2期。

② 参见冯果:《金融法的"三足定理"及中国金融法制的变革》,载《法学》2011年第9期。

③ 徐孟洲等:《金融监管法研究》,中国法制出版社2008年版,第130页。

面的结构性分权。通常意义上的金融监管有效性主要是围绕金融安全、金融效率与金融公平3项价值展开的,而经常忽视金融监管效率的问题。退一步讲,即使既有研究已经对金融监管效率进行分析,这也主要是从金融监管权在中央政府各金融监管职能部门的功能性配置的角度来谈,而很少从中央与地方政府及地方政府之上下级政府之间金融监管权纵向的结构性配置角度予以分析。因此,谈及金融监管效率问题,除要谈及金融监管权横向的功能性配置外,还要从纵向层面的金融监管权结构性配置进行分析。

金融监管权纵向层面的结构性配置可能存在两种情形:其一,按照同权分割法则将金融监管权在中央金融监管部门及其派出机构进行权力的分配,但被分的金融监管权属于同一性质的权力,即中央金融监管部门及其派出机构的职能、职责具有高度的一致性,并且派出机构的权力主要源于中央金融监管部门的行政性授予。其二,采用异权分割法将金融监管权分配给中央金融监管机构与地方政府金融监管机构,以及不同层级地方政府金融监管机构。其中,各个层级政府的金融监管机构都拥有不同于其他层级政府金融监管机构的金融监管权力,并且不同层级金融监管机构的金融监管权力具有各自独立的运行空间也不会存在交叉性,同时上级政府金融监管机构不得对下级政府金融监管机构金融监管权力的行使进行人为性的随意干预。值得注意的是,就前一种情形而言,这主要是在金融安全价值支撑下而建立的中央垂直性金融监管体制;而后一种情形的典型代表是完全性的“属地管理”模式,各级地方政府金融监管机构对自己辖区内的金融组织或业态进行独立性的监管。因而,纯粹的或完全的“属地管理”模式在更大程度上是对金融监管效率的体现,这样有利于地方政府结合本地情形制定适用适合本地的金融监管政策、金融监管规则,以及提升地方政府金融监管的灵活性和回应性。

(三)金融监管权纵向选择性集分:安全与监管效率衡平

中央与地方政府金融监管权划分,既不能因过于注重金融安全而将金融监管权力集中于中央金融监管机构,同时也不能因对金融监管效率的单一追求而将金融监管权力彻底交给地方政府金融监管机构享有并行使,而应在金融公平价值的指引下将金融安全与监管效率价值进行均衡,具体落实到制度安排或监管行为上,即体现为金融监管权在中央金融监管机构与地方政府金融监管机构的选择性集分模式。值得注意的是,金融监管权在纵向配置上的选择性集分安排主要表现为两种形态:

其一,金融监管权在中央与地方政府之间选择性集分安排需要结合金融监管对象的不同形态及其属性进行配置。在既有金融监管体制之下,中央金融监管机构也已经将传统的银行、证券、保险等金融组织或业态纳入其监管范围之内,并且随着金融监管理念从机构监管向功能监管的转变,中央金融监管机构也已经将具有银行、证券、保险业务属性的金融产品或服务、金融组织或业态纳入其监管范围。值得注意的是,中央政府及其金融监管机构已经将小额贷款公司、融资担保公司及典当行等准金融或类金融组织或业态的监管权力授权或委托地方政府金融监管机构享有并行使。因此,金融监管权在中央与地方政府之间的选择性集分安排主要是结合金融监管对象的不同形态及其属性进行划分。

其二,金融监管权在中央与地方政府之间选择性集分安排需要结合金融自身的内在规定性进行配置。中央与地方政府金融监管权的划分主要是对地方新兴的类金融或准金融组织或者业态进行监管,而对此,中央政府及其金融监管机构已经采用政策、部门规章及其他规范性文件的方式将其金融监管权力授权或委托地方政府行使,但这里所谓的地方政府,主要是指省级政府,而对于省级政府与地市、区县政府金融监管权力如何配置基本上没有进行规定。中央政府及其金融监管机构授权或委托的模糊性将导致金融监管权在地方各级政府之间的配置可能采用省级以下垂直监管模式或者纯粹的"属地管理"模式。从金融自身的内在规定性来看,或许省级以下垂直监管模式更能有效实现金融安全与金融监管效率的均衡。另外,为了避免各省级政府之间金融监管"朝底竞争",中央应当设立专门的金融监管督察机构或者委托具有金融稳定职能的中国人民银行对省级政府金融监管政策或规则的制定与制定情况进行监督、监察。质言之,金融监管权在中央与地方政府之间选择性集分安排另一表现即中央督察式省级以下垂直金融监管模式的建立。

二、金融监管权纵向选择性集分中的金融特征与权力属性

金融监管本身是对金融组织或者活动的监管,因而金融监管权在中央与地方政府及地方政府之上下级政府之间的配置须结合金融属性标准来安排,并且金融属性标准之重要程度和影响范围的具体特征又会对金融监管权的纵向配置的实践及其监管效果产生直接性的差异。值得注意的是,尽管金融监管权是金融监管职能法定化的表现,并且其产生与金融本身之战略重要性和影响范围广的内在规定性直接相关,但金融监管权一经确立便具有了其自身的内在规定性。同时,金融监管权作为一种涵括准立法权、行政权和准司法权在内的综合性权力,虽然其本质属性属于现代意义上的行政权,但准立法权和准司法权的融入又增加了其纵向配置的复杂性,因而金融监管权的纵向配置要结合金融监管权之具体性的准立法权、行政权和准司法权的内在规定性进行分析。是故,中央与地方政府金融监管权划分的实践需要结合金融特征、金融监管权属性或者两者的结合予以展开。

（一）金融特征标准：重要程度抑或影响范围[①]

金融监管权在政府不同职能部门之间的功能性配置，更多是从金融行业内部不同分支内在规定性的差异或者是以金融监管目的的差异等为分权的落脚点，如银行、证券、保险监管权力在银行、证券、保险监管机构之间的权力划分，或者是出于金融系统稳定、金融风险防控、金融消费者保护等目的而将金融监管权力分别赋予宏观审慎监管机构、微观审慎监管机构和行为监管机构。然而，金融监管权在中央与地方政府及地方政府之上下级政府之间的纵向配置则主要是对金融自身内在规定性整体特征进行考量，即从金融的虚拟性、脆弱性、高风险性等来考虑金融作为战略重要领域对整个国民经济生活的影响，而这又具体缘于“金融服务关系到人民群众的生产和生活，金融稳定关系到社会的稳定，金融发展关系到经济的发展，金融安全关系到国家的安全，金融的兴衰关系到国运的兴衰”。[②] 显见，金融对于整个国家来说具有非常重要的战略地位，并且因其关系国计民生而影响范围甚广。因此，对于金融的监管，尤其是金融监管权在中央与地方政府及地方政府之上下级政府之间的纵向配置，必须对金融的重要程度和影响范围这两项整体性特征予以认真考量。质言之，金融监管权在纵向层面划分的实践需要遵循以下两种类型的具体标准和方法：

其一，主要以金融自身的战略重要性作为金融监管权在纵向层面划分的实践性标准。具体是从金融自身的战略重要性来考虑金融监管权的纵向配置，需要从金融自身整体和金融细分后各类型金融的内在规定性两个层面的标准对金融监管权进行划分。首先，从金融自身整体的重要程度进行考量，应将金融监管权完全划归中央金融监管机构享有，而权力则主要由中央金融监管机构及其派出机构共同行使，地方政府则完全被排除在金融监管享有者的范围之外；其次，从金融的深化发展与行业细分来看，应将具有高杠杆率、强外部性、信息不对称性的金融组织或者活动的监管权力交由中央金融监管机构享有，而对于那些尤其是不具有高杠杆率、强外部性的新兴准金融或类金融组织或者活动，则交由地方政府金融监管机构享有并行使。另外，地方政府金融监管机构也可以行使中央金融监管机构委托从事的金融监管权力。

其二，主要以金融自身的影响范围作为金融监管权在纵向层面划分的实践性标

---

① 需要说明的是，对于金融监管权纵向配置金融属性标准的选择与确立，主要是源于封丽霞等学者对中央与地方立法权限划分标准的讨论，有关中央与地方立法权限划分的标准具体是结合立法事项的重要程度和影响范围而展开的，并且指出中国中央与地方立法权限的划分主要是遵循立法事项之重要程度标准，而世界上有些国家中央与地方立法权限的划分主要是遵循立法事项之影响范围标准。具体参见封丽霞：《中央与地方立法权限的划分标准：“重要程度”还是“影响范围”？》，载《法制与社会发展》2008 年第 5 期。

② 邢会强：《商业银行的公共性理论——兼论商业银行收费法律问题》，载《现代法学》2012 年第 1 期。

准。事实上,以金融自身的影响范围作为金融监管权纵向配置的标准,主要是从金融组织或活动是否涉及社会公众、是否具有强外部性及影响的地域范围3个方面进行考虑。一是对于那些涉及社会公众,即影响人员数量众多的金融组织或者金融活动的监管权力交由中央金融监管机构享有并行使;二是对于那些具有强外部性,即自身风险会向其他金融组织或领域传递,甚至会导致整个金融系统产生金融风险的金融组织和活动应该交由中央金融监管机构享有,并且对于那些"大而不能倒"的系统重要性金融组织和活动的监管权力应该由宏观审慎监管机构进行监管;三是对于那些具有金融服务超越注册或备案地的辖区或者跨省,甚至是面向全国的金融组织或者活动的监管权力应该交由中央金融监管机构享有。与之相对,对于那些不涉及社会公众、外部性较弱、服务范围限于特定地域的金融组织或活动的金融监管权,则应交由审核、注册或者备案地的地方政府金融监管机构享有并行使。

值得注意的是,我国有关金融监管权在中央与地方政府及地方政府之上下级政府之间的划分都不同程度地遵循了重要程度和影响范围这两项标准。金融监管权纵向配置中的重要程度和影响范围标准或多或少地存在一定的交叉或者重合。比如,依据重要程度标准所确立的具有高杠杆率、强外部性、信息不对称性的金融组织或者活动,经常与依据影响范围标准所确立的涉及社会公众的、强外部性的金融组织或者活动存在一定范围的重合。① 当然,金融监管权纵向配置中的重要程度和影响范围标准还是存在诸多差异的,并且会直接影响金融监管权在中央与地方政府及地方政府之上下级政府之间配置的实践,甚至会直接影响金融监管的有效性。譬如,如果按照影响范围标准,地方性的村镇银行或许应由地方政府金融监管机构进行监管;而如果按照重要程度标准,地方性的村镇银行或许将由中央金融监管机构进行监管,中央与地方政府金融监管机构的差异将对金融监管的效果产生直接影响。

(二)权力属性标准:准立法、行政或司法权能

金融监管权虽然是现代意义上的行政权在金融领域的具体体现,但是现代意义上的行政权已经不仅仅涵括纯粹性的行政权能,其还包括了一定的立法权能或司法权能,因而金融监管权是集立法权能、司法权能和行政权能在内的综合性权力,具象化到金融监管实践之中,转换为准立法权、准司法权和纯粹行政权的结合。值得注意的是,准立法权、准司法权和纯粹行政权的结合本质上是横向层面功能性集权的体现,这在根本上是为了满足对金融进行专业化管理的需要,而对社会经济事务进行专业化管理

---

① 参见封丽霞:《中央与地方立法权限的划分标准:"重要程度"还是"影响范围"?》,载《法制与社会发展》2008年第5期。

又是通过权力的结构化来实现的。一般意义上的"权力结构化的过程是职权的分化和职能的专业化过程",[①]并且"分工原则决定了社会经济事务由不同的行政部门按专业分工实施",[②]因而源于专业化、技术化需求而对一体化或集中性的权力进行了功能性分权,这促成了立法权、行政权、司法权的分离。然而,专业化、技术性的诉求要求通过分析事物的内在规定性及其逻辑结构将该事物的管理权进行合理配置,不仅体现为由集权到分权的转换,还会涉及分权之后权力结构重新调整中的再次集权。因专业化分工需要而促生的独立性金融监管机构或者金融监管权力,事实上又打破了既存立法权、行政权与司法权三者相分离的局面,独立性金融监管机构本身已经成为以纯粹性行政权为核心、以准立法权和准司法权为两翼的新型权力载体,体现在金融监管权力层面即立法权能、司法权能和行政权能的再次合一。

无论是立法权能、司法权能和行政权能的分离,还是3项权能的再次合一,这都是横向层面的功能性分权或者功能性集权,并且这都是基于变化中的现实诉求而进行的权力结构化的调整。当然,权力结构化的调整决然不是仅限于横向层面的功能性分权或者功能性集权,还应包括纵向层面的结构化分权及分权之后的结构性集权,而结构性集权主要就是通常所谓的分权之后的选择性集权。需要注意的是,金融监管权在纵向层面的结构化配置还主要体现在结构化分权层面,尚未走到结构化集权那一步,因为目前金融监管权主要集中于中央金融监管机构。既然金融监管权力是涵括准立法权、准司法权和纯粹行政权在内的综合性权力,那么金融监管权的纵向配置就需要对准立法权、准司法权和纯粹的行政权进行区别分析,厘清准立法权、准司法权和纯粹的行政权这3项权力究竟能否及能够在多大程度上下放给地方政府享有并行使。具体而言:

一是就金融监管权之准立法权而言,金融监管权之准立法权是立法机关的立法权能附加给政府及其金融监管部门的表现,即由政府及其金融监管部门享有并行使立法权权能。对于金融监管权之准立法权的纵向配置,对于属于上述所言影响范围大和重要程度深的金融组织或活动的监管权力只能划归中央政府及其金融监管机构享有并行使,反之,则可授予地方政府及其金融监管机构享有并行使,事实上这可借鉴《立法法》之地方政府规章制定的规定。当然,既然可以在限度范围内将准立法权授予地方政府及其金融监管机构,那么地方人民代表大会也可以结合与准立法权相关的金融事

---

① 魏红英:《纵向权力结构合理化:中央与地方关系和谐发展的基本进路》,载《中国行政管理》2008年第6期。

② 金国坤:《行政权限冲突解决机制研究:部门协调的法制化路径探寻》,北京大学出版社2010年版,第22页。

项制定地方性金融法规。

二是就金融监管权之纯粹行政权而言,金融监管权之纯粹行政权在本质上仅是对包括地方政府规章在内的法律的执行权,因而可以将其授予地方政府金融监管机构享有并行使。退一步讲,即使地方政府不享有相应的金融监管权之准立法权或者其他的立法权,地方政府金融监管机构依然可以成为金融监管权力的执行者,因为"中央原则上拥有在所有领域的立法权,却并非在所有事务领域都直接行使行政管理权,中央直接管理的事务范围并不多,大部分事权都赋予了地方各级政府……即使中央享有专属立法权的事务,其行政权也可以赋予地方政府"。① 因而,金融监管权之纯粹行政权可以由地方政府及其金融监管机构享有并行使。

三是就金融监管权之准司法权而言,金融监管权之准司法权是司法机关之司法权能附加给政府及其金融监管部门的表现,即由政府及其金融监管部门享有并行使司法权能。立法权能、行政权能和司法权能本质上是立法权、行政权和司法权的核心,并且这3项权力都是国家权力的体现,但立法权和行政权可以部分授权、部分转让,可以有地方立法、地方行政,可以有授权立法、授权行政等。唯独司法权是不能转让的,是不能授予其他主体行使的,因而不能有"地方司法",不能有"授权司法"……这就是司法权同立法权、行政权相比所独具的国家专属性和专有性。② 既然"只有立法和行政才在中央和地方的法律共同体之间加以划分",③而司法不具有地方分权的性质,那么,金融监管权之准司法权是否可以配置给地方政府及其金融监管机构?此问题的解决或许需要从司法权为什么不能实行中央与地方分权的原因的角度进行分析。司法权的国家独享从理论的角度,主要是为了维护国家主权和法制的统一,具体到实践角度即是为了保证相同性质的金融案件必须遵循相同的司法裁判程序,司法裁判所适用的法律除地方性法规以外必须是相同的。进一步讲,金融监管权之司法权能的附加是通过本应由司法机关享有并行使的司法权附加给主要行使行政权的金融监管机构实现的,主要行使行政权的金融监管机构行使司法权绝对不可以称为司法权,而只能称为准司法权。显见,准司法权的存在只是因为司法权的行使主体发生了变更,而司法权的本质没有改变,所以准司法权的国家专有性和专属性并没有改变,此时准司法权便不得转让给地方政府及其金融监管机构。

---

① 朱丘祥:《从行政分权到法律分权——转型时期调整垂直管理机关与地方政府关系的法治对策研究》,中国政法大学出版社2013年版,第43页。

② 参见刘作翔:《中国司法地方保护主义之批判——兼论"司法权国家化"的司法改革思路》,载《法学研究》2003年第1期。

③ [奥地利]凯尔森:《法与国家的一般理论》,沈宗灵译,中国大百科全书出版社1996年版,第348页。

三、金融监管权纵向选择性集分中的同权与异权分割方法

中央与地方政府金融监管权的划分即是纵向性权力结构形成的前提或者过程，而金融监管权力的结构化过程并非仅仅以对金融监管权力进行彻底性分解为前提，金融监管集权模式之下依然会有因金融监管权力内部分解而生成的金融监管权力结构，金融监管集权模式与分权模式最大的区别即在于金融监管权力分割方式的不同或者说是权力划分方式的差异。其中，金融监管集权模式之下的权力分解所遵循的是同权分割法则（又称横向权力分割法则），而在金融监管分权模式下所遵守的是异权分割法则（又称纵向权力分割法则）。值得注意的是，"同权"与"异权"分割法则之核心差异即是被分割的权力究竟是同质性的权力还是异质性的权力，对同质性权力进行的分割即是同权分割，而对异质性权力进行的分割即是异权分割。目前，我国中央与地方政府存在明显的"职责同构"的特征，"中央没有把权交给地方政府，具有与地方机能（事务）共有的性质"，①并未对中央与地方政府各自独立的权力范围进行明确有效界分，这明显属于集权模式下权力分解的同权分割方式，而异权分割方式所形成的纵向权力结构即是中央与地方政府分别具有各自独立的权力范围，且中央与地方政府非依法律法规授权或法定程序不得介入彼此权力行使或者进入彼此的权力范围。

（一）金融监管权纵向划分中的同权分割法则

金融监管权纵向配置之同权分割法则实乃中央与地方政府及地方各上下级政府间金融监管权划分方法之一种，其强调同质性权力的可分割性，本质上是对同种性质的金融监管权力同时赋予中央和地方政府及其金融监管机构享有的权力分割方法。中央和地方政府及其金融监管机构所享有或行使的权力实际上是同一种性质的权力，并且存在权力分割的同时态性和权力空间的交叉性，②单一制国家权力的集中性决定了，地方政府金融监管机构的权力完全附属于中央金融监管机构的权力，并不具有相对或者绝对的独立运行空间或者时间，中央金融监管机构可以随时随地对地方政府金融监管机构的金融监管权力范围进行自主性的调整或者对其权力的行使进行干预。具体来讲：

一是中央金融监管机构所享有的金融监管权力与在地方的金融监管派出机构的权力具有同质性的特点。譬如，改革前原银监会的派出机构会根据原银监会的授权对有关银行业金融机构及其分支机构的设立、变更、终止和业务活动进行监督管理，同时

---

① ［日］松村岐夫：《地方自治：政治主体》，孙新译，经济日报出版社 1989 年版，第 27 页。

② 参见潘德斌等：《中国模式：理想形态及改革路径》，广东人民出版社 2012 年版，第 4 页。

原银监会自身也会依照法律、行政法规规定的条件和程序,负责审查批准银行业金融机构的设立、变更、终止及业务范围。原银监会与其派出机构都在负责银行业金融机构的设立、变更、终止及业务活动的监督管理,具有金融监管权力享有与行使的同质性特征。

二是中央金融监管机构的监管权力与在地方的金融监管派出机构的监管权力具有同时态性。中央与在地方的金融监管派出机构之金融监管权力的同时态性,决定了在地方的金融监管派出机构在行使金融监管权力的同时,中央金融监管机构也可以对同一监管对象或监管内容行使监管权力,并且中央金融监管机构对金融监管权力的行使会直接影响地方的金融监管派出机构之金融监管权力的行使。在同权分割法则之下对中央与在地方的金融监管派出机构之金融监管权力的分割存在共时性的特点,这会导致在地方的金融监管派出机构之金融监管权力的行使得不到运行时间上的保障,或者说在地方的金融监管派出机构的监管权力的行使时间存在较大不确定性;但从另一个角度来讲,这又有利于中央金融监管机构对在地方的金融监管派出机构之金融监管权力行使的有效控制,能够做到中央金融监管机构之监管政策或法律法规的执行的高效、统一及"令行禁止"。

三是中央金融监管机构的监管权力与在地方的金融监管派出机构的监管权力具有空间上的交差性。同权分割法则指引之下的金融监管权纵向配置,中央金融监管机构与在地方的金融监管派出机构各自并不存在独立性权力范围或者运行空间,在单一制国家权力由中央集中享有的背景之下,则集中体现为在地方的金融监管派出机构之金融监管权力范围的划定完全是基于中央单向性的控制,中央金融监管机构享有在地方的金融监管派出机构所享有的任何类型的金融监管权力,而在地方的金融监管派出机构的金融监管权力范围或者运行空间完全被中央金融监管机构的金融监管权力所覆盖。质言之,中央金融监管机构的金融监管权力与在地方的金融监管派出机构的金融监管权力具有空间上的交叉重叠,而在地方的金融监管派出机构的金融监管权力是完全地附属于中央金融监管机构的金融监管权力,即在地方的金融监管派出机构所享有的金融监管权力,中央金融监管机构同样享有,并且中央金融监管机构金融监管权力的运行会对在地方的金融监管派出机构之金融监管权力的范围与运行空间形成直接性的压缩或者控制。

总的来讲,中央与在地方的金融监管派出机构之金融监管权力具有同质性的特点,并且彼此没有相互独立的权力范围或者运行空间。在地方的金融监管派出机构之金融监管权力由中央金融监管机构单向行政性授予决定了在地方的金融监管派出机构的金融监管权力完全性地附属于中央金融监管机构的金融监管权力;同时,中央金融监管机构可以随时随地对在地方的金融监管派出机构的金融监管权力进行调整。依据同权分割法则对金融监管权力的纵向划分,于制度实践层面即体现为中央垂直金融监管体制或者是省级以下垂直金融监管体制的确立。值得注意的是,省级以下垂直金融监管体制从内部来看是同权分割法则在制度实践上的应用,但是省级以下垂直金融监管体制的确立表明,中央与地方政府已经对金融监管权力进行了明确有效的划分,中央与地方政府已经明确有效界定了各自的金融监管权范围,而中央与地方政府金融监管权的明确划分则是依据异权分割法则进行的权力分割。

(二)金融监管权纵向划分中的异权分割法则

中央与地方政府金融监管权划分之异权分割法则是除对中央与地方政府金融监管权划分之同权分割法则外的另一类型的权分割划分方法。与同权分割法则相比,异权分割法则与之有明显的相对性的特征,即被分割权力的异质特性、权力的异时态性和权力独立性。① 值得注意的是,此处所言被分割权力的异质性主要是同质性的权力被完整地赋予同一主体,不同性质的权力则被分配至不同的主体,而不是说权力本身的异质性。转换到金融监管权在中央与地方政府间的配置则体现为,依据异权分割法则明确划分中央与地方政府金融监管机构各自独立的权力范围,彼此并不存在权力享有或者行使上的同时态性和交叉重叠的特征。在中国语境之下,地方政府金融监管机构的金融监管权力还是源于中央的授予,但与同权分割法则不同的是,按照异权分割法则在中央与地方政府之间进行的金融监管权力的划分,并不是在金融监管机构的体系之内进行,或者说,不是上级金融监管机构对下级金融监管机构的权力授予或者委托,而是通过法律法规授权的方式予以进行的。显见,同权分割法则在形式上于更大程度上是行政委托或者依据内部规定进行行政授权的表现,而异权分割法在形式层面于更大程度上体现为依据法律法规而进行的授权。当然,并不是说依据法律法规进行的授权一定是异权分割法则内容的体现。

1. 金融监管权纵向配置之异权分割法则的本体内容

异权分割法则是将同一种属性的金融监管权力完完整整地交由同一金融监管主体享有,即中央与地方政府金融监管机构均具有各自独立的金融监管内容和金融监管对象。此时,金融监管权属性的分析并不是从权力属性的角度,而是从金融监管之金融特征的角度来分析。例如,对从事吸收存款、发放贷款业务的银行和只从事贷款业务的小额贷款公司进行监管的金融监管权的正当性是存在差异的,因为前者具有高杠杆率、强外部性和信息不对称的特点,而后者主要体现为信息不对称的特征,并不具备

① 参见潘德斌等:《权力结构论》,中国国际文化出版社 2010 年版,第 93 页。

高杠杆率和强外部性的特征。这决定了金融监管权力属性的差异,并且进一步决定了在中央与地方政府金融监管机构之间的划分方式和最终划分的结果。对不同属性金融监管权力的划分将导致不同金融监管机构行使不同属性的金融监管权力,继而各个金融监管机构金融监管权力不会存在运行上的同时态性和权力范围、运行空间上的交叉重叠。同时,中央金融监管机构也不得对地方政府金融监管机构的权力范围进行随时随地的调整,不得对地方政府金融监管机构金融监管权力的行使进行灵活性的介入。当然,地方政府金融监管机构也不得对中央金融监管权力的行使,尤其是对中央金融监管机构之派出机构金融监管权力的行使进行干预或者直接介入。

2. 金融监管权纵向配置之异权分割法则的确立方式

在明确金融监管权纵向配置之异权分割法则的实质内容与同权分割法则的差异之后,还需要明确二者法则的确立方式也是存在很大差别的。异权分割法则的确立方式主要是通过法律法规进行的,非经法律法规制定机关的修改,则中央与地方政府金融监管机构的权力范围是明确的,并且彼此不得干预或介入各自金融监管的权力范围和权力的行使之中,中央金融监管机构也没有权力对地方政府金融监管机构的权力范围进行任何形式的调整。之所以如此,是因为在异权分割法则之下,地方政府金融监管机构金融监管权力的享有并不是中央金融监管机构通过其颁行的部门规章、规范性法律文件或者行政命令等方式将金融监管权力授权或委托地方政府金融监管机构享有并行使,而是中央立法机构或中央政府通过法律法规的方式授予地方政府及其所属金融监管机构。① 当然,中央金融监管机构也可以依据法律法规的规定将其自身享有的权力授权或委托给地方政府金融监管机构或者中央金融监管机构在地方的派出机构享有并行使。

四、金融监管权纵向选择性集分中多元管理模式的选择

金融监管权是公共行政部门对金融事务进行监督管理的行政事权,②并且事权的实现需要特定组织机构及人员、财力、物力的支撑,因而金融监管权在中央与地方政府之间的配置需要细化为与金融监管相关的"事、人、财、物"权在中央与地方政府之间的划分。依据"事、人、财、物"权在中央与地方政府及其金融监管机构之间配置的差异而形成垂直管理和属地管理两种金融监管模式。在属地管理模式之下,金融监管之"事、人、财、物"权均由地方政府金融监管机构负责,且地方政府金融监管机构在金融监管

① 参见耿宝建:《行政授权新论——走出理论与现实困境的一种认知尝试》,载《法学》2006年第4期。

② 参见盛学军:《政府监管权的法律定位》,载《社会科学研究》2006年第1期。

业务上并不与中央金融监管机构存在"领导"与"被领导"的关系,中央金融监管机构只是对地方政府金融监管机构进行业务上的指导。然而,在垂直管理模式之下,中央金融监管机构"既管'事权',又管'人、财、物'权,地方政府不再管理地方职能部门",①其中,中央金融监管机构与地方政府金融监管部门在金融监管业务上实行"领导"与"被领导"的管理方式。因而,在属地管理模式之下,中央金融监管机构仅是地方政府金融监管机构"事权"行使上的业务指导部门,而在垂直管理模式之下,中央金融监管机构在金融监管"事权"之业务工作上对地方政府金融监管机构具有领导权力。② 此外,还有一种管理模式即是中央与地方政府金融监管机构之督察管理模式,在此模式下,地方政府金融监管机构虽也如属地管理模式那样具有金融监管之"事、人、财、物"权,但此时,中央金融监管机构会设立相应的督察机构对地方政府金融监管机构的业务工作进行监察监督,或者处理一些中央与地方政府金融监管机构的共管事务。

(一)金融监管权纵向划分的垂直管理模式

中央垂直金融监管模式实为一种金融监管的集权模式,并且其确立是在同权分割法则指引之下进行的。之所以采用同权分割法则来划分中央与地方政府之间的金融监管权,原因在于,出于维护国家金融安全的目的,国家主观性地将所有类型的金融均视作具有战略重要性和影响范围大的监管事项,并主观性地认为金融监管权力只能由中央金融监管机构享有并行使。值得注意的是,集权性的中央垂直金融监管模式并不表明任何金融监管事务的执行完全由中央金融监管机构独自完成,中央金融监管机构主要通过"自上而下"建立一体化或派出式金融监管分支机构的办法,逐级将金融监管的"事"权授予下级或下一级金融监管分支机构执行,同时对地方各级金融监管分支机构的"人、财、物"权进行直接性的领导管理。具言之,中央金融监管机构对地方各级金融监管分支机构的"事、人、财、物"权进行垂直管理。其中,"事"权之决策权(规则制定权)由中央金融监管机构享有并行使,而"事"权之执行权由地方各分支机构分级管理,譬如,从中国银行业监督管理机构之监管"事权"的授予来看,省、自治区、直辖市和计划单列市银监局的监管权由中国银保监会授予,地方银监分局的监管权由中国银保监会和省、自治区、直辖市银监局授予,地方监管办事处的监管权主要由银监局或银监分局授予。就地方各级金融监管分支机构的"人、财、物"权而言,地方各级金融监管分

① 尹振东:《垂直管理与属地管理:行政管理体制的选择》,载《经济研究》2011 年第 4 期。

② 参见李宜春:《论分权背景下的中国垂直管理体制——概况、评价及其完善建议》,载《经济社会体制比较》2012 年第 4 期。

支机构及其人员编制、财务、物资等均由中央金融监管机构统一管理,[①]但在人事管理方面实行垂直领导、分级管理的模式,如中国银保监会及其派出机构的经费预算由中国银保监会统一编制,同时地方各级金融监管分支机构的正、副职领导由上一级金融监管机构批准任命,而分支机构的其他工作人员的管理由本级机构负责。

当然,在中央垂直金融监管机构对地方各级金融监管分支机构的"事、人、财、物"权进行统一垂直管理的模式之下,又会因具体制度安排的差异而形成不同的具体管理模式,其中,中央一体化垂直监管模式和中央派出式垂直监管模式即为两种典型。中央一体化垂直监管模式主要是按照行政区划,在各个地方层级均设置相应的分支机构,而中央派出式垂直监管模式并不是严格按照行政区划设立分支机构,或进行跨区设立或选择重要地区设立,同时也不是所有的行政层级都会设立分支机构。值得注意的是,上述两种垂直监管模式的选择与确立主要是根据监管对象的属性予以进行,对于金融这一监管事项来说,多采用派出式垂直监管模式,实行地方金融监管分支机构的选择性设立。[②] 之所以如此,原因在于金融监管机构主要是对金融组织或者业态进行监控,而金融组织或业态的布局又具有非均衡性的特征,即并不是所有地区都会集中性地或者相对密集地设立金融组织,如果严格按照行政区划或者层级进行设置将可能导致监管资源的浪费。相比地方金融监管分支机构的设置来讲,国家税务局分支机构的设置则会主要选择适用中央一体化的垂直管理模式,因为每一行政区划或层级都需要税务局去执行税收的专门管理职责。

(二)金融监管权纵向划分的属地管理模式

中央与地方政府双层金融监管体制是在厘清金融监管对象和监管内容属性的基础上,采用异权分割法则将金融监管权在中央与地方政府间进行明确有效划分而确立的。当然,这也是对金融安全和金融监管效率进行有效均衡的结果。具体来讲,就是在对金融行业或者形态进行细分后,采用异权分割法则将那些具有高杠杆率、强外部性、信息不对称性的金融组织或者活动的监管权力交由中央金融监管机构享有,而对于那些尤其是不具有高杠杆率、强外部性的新兴准金融或类金融组织或者活动的监管权力则交由地方政府金融监管机构享有并行使,从而形成了中央与地方政府分权治理的双层金融监管体制。在中央与地方政府双层金融监管体制之中,中央的金融监管主要采用中央垂直管理模式而非层级管理的模式,地方政府的金融监

---

① 参见任进:《规范垂直管理机构与地方政府的关系》,载《国家行政学院学报》2009年第3期。

② 参见朱丘祥:《从行政分权到法律分权——转型时期调整垂直管理机关与地方政府关系的法治对策研究》,中国政法大学出版社2013年版,第17页。

管则可能主要选择采用纯粹的属地管理模式、省级政府以下垂直管理模式两种类型的属地管理模式。

一是在纯粹的属地管理模式之下，各级地方政府金融监管部门被纳入本级地方政府的组织序列之中，其受本级地方政府和上一级地方政府金融监管部门的双重领导，其中“人、财、物”权均由本级地方政府管理，而“事权”之行使则主要由地方政府金融监管部门独立行使。所谓上一级地方政府金融监管机构的管理，主要是指业务上的指导作用，并且上级地方政府金融监管机构不能对下一级地方政府金融监管机构金融监管权的行使进行干预。当然，出于保持金融监管独立性的考虑，本级地方政府也不得利用其对地方政府金融监管机构“人、财、物”权的管理而对地方政府金融监管机构金融监管权的行使进行干预。事实上，目前我国地方政府金融监管机构的典型代表——“金融办”或“金管局”——所采用的管理模式即是纯粹的属地管理模式。

二是在省级政府以下的垂直管理模式中，省级政府金融监管机构对于其在地市、区县设立的分支机构实行垂直领导，并且地市、区县设立的分支机构不列入所在辖区政府的组织序列，而是属于省级政府的组织范畴，并且其主要是为了执行中央和省级政府，尤其是省级政府的金融监管指令而不受所在辖区地方政府的干预或者控制。①同时，省级政府金融监管机构负责地市、区县金融监管分支机构“事、人、财、物”权的直接性管理，地市、区县金融监管分支机构行使的“事权”主要是“事”权之执行权，“事权”之决策权则主要由省级政府及其金融监管机构享有并行使。当然，省级政府及其金融监管机构对金融监管“事权”之决策权享有并行使也必须遵循中央有关金融监管法律法规或者政策等，并且需要接受中央金融监管机构或者相关部委的业务指导。

另外，有一点需要特别说明的是，在中国，既有与金融监管相关的法律明确金融监管权力属于中央金融监管的专属管理事项，地方政府并没有获得相应的金融监管权力空间，或者说地方政府没有自己的专属金融监管事项。既然地方政府在法律上并没有自己的专属金融监管事项，地方政府金融监管权力的享有与行使只能理解为中央政府或者中央金融监管机构对省级政府或者各级地方政府特别授权或者委托。当然，还有一种可能即是地方政府事实上的自我赋权。因此，中央与地方政府金融监管权的划分，尤其是双层金融监管体制的建立首先必须在法律层面明确中央与地方政府各自的专属的金融监管事项，而后才能真正地推动金融监管属地管理模式在实践中的实现，否则只会存在中央垂直金融监管模式或者事实上的地方政府金融监管。

---

① 参见皮建才：《垂直管理与属地管理的比较制度分析》，载《中国经济问题》2014年第7期。

(三)金融监管权纵向划分的督察管理模式

中央与地方政府双层金融监管体制构建的前提即是在法律层面明确中央与地方政府各自的专属的金融监管事项,中央与地方政府金融监管的督察管理模式之建立亦无出其右。当然,此处所言的督察,主要是指中央金融监管督察机构对地方政府金融监管机构的监督检查。① 中央与地方政府金融监管的督察管理模式主要适用于中央与地方政府及其所属金融监管机构的共享性的金融监管事务,具体是中央金融监管督察机构在地方各行政辖区或者跨区设置垂直性的监管督察分支机构,地方各级政府分别或者选择性地设立地方政府金融监管机构,并且中央金融监管督察机构的分支机构主要是针对地方政府金融监管机构对中央金融监管政策或法律的执行、落实进行监督监察,有时也会对中央金融监管机构之地方分支机构与地方政府金融监管机构金融监管事务的监管工作进行协调。② 中央督察式的地方政府金融监管模式是“按照‘中央部门决策、地方部门执行、垂直机构督办’的方式运行”,③同时中央金融监管督察机构的地方分支机构并不受地方政府的干预,其“事、人、财、物”权由中央政府或者中央金融监管督察机构直接管理,归属于中央政府的组织序列。

值得注意的是,中央督察式省级以下垂直金融监管模式,金融监管权的执行权主要由地方政府享有,并且地方政府金融监管机构的人事、财政、物资等还是按照属地管理的方式由省一级地方政府负责,中央金融监管督察机构及其分支机构享有并行使的权力不是金融监管权而是金融监管监督检查权。具体来讲:一是中央金融监管督察机构的地方分支机构并不具有金融监管权,金融监管监督检查权的行使只是单纯地进行监督检查,并不享有对地方政府金融监管机构分支机构的问题进行处置的权力,发现问题只能向中央金融监管督察机构汇报,并由中央金融监管督察机构对问题进行处理。④ 再者,中央金融监管督察机构还可以对中央金融监管机构之分支机构与地方政府金融监管机构的监管冲突或“真空”进行必要的协调。二是对于地方政府金融监管机构来说,省级政府以下的地方金融监管机构有可能采用纯粹的属地管理模式或省级政府以下垂直金融监管模式,这直接会对中央督察式地方政府金融监管的具体模式的设计安排产生影响,比如,会涉及中央金融监管督察机构设置究竟是只对省级政府金

① 参见刘志伟:《地方金融监管权的理性归位》,载《法律科学(西北政法大学学报)》2016年第5期。

② 参见李瑞昌:《政府间网络治理:垂直管理部门与地方政府间关系研究》,复旦大学出版社2012年版,第120页。

③ 沈荣华:《分权背景下的政府垂直管理:模式和思路》,载《中国行政管理》2009年第9期。

④ 参见朱丘祥:《从行政分权到法律分权——转型时期调整垂直管理机关与地方政府关系的法治对策研究》,中国政法大学出版社2013年版,第18页。

融监管机构进行监督监察,还是对省级政府以下各级地方政府金融监管机构进行监督检查,并且也会对中央金融监管督察机构分置的层级数量产生影响,分支机构究竟是只在省级层面进行设置,还是需要在各级地方政府层层设立直到区县层面。

（责任编辑:徐曼）

“一带一路”建设下中国海外投资风险准备金制度的构建*

罗　迎**

摘　要:“一带一路建设背景下”中国构建海外投资风险准备金制度既可遵循企业所得税法立法进路,又可遵循“海外投资促进法”立法进路;应遵循利益平衡和制度效率两大原则设置兼顾投资安全与效率价值的海外投资风险准备金动态提取机制;应采取“概括+列举”模式设置海外投资风险准备金类型,以最大限度地防范“一带一路”投资风险;应综合参考“一带一路”项目投资性质、重要程度、周期长短、总额大小、可能遭遇的风险类型及程度、与国家经济战略的契合程度、流向的国别差异等因素确定准备金的提取比例和期限;应将海外投资风险准备金存放于中国进出口银行或国家开发银行实现专款专用。

关键词:“一带一路”;海外投资;风险准备金;利益平衡;亏损填补

我国企业在实施“走出去”和“一带一路”投资中,频繁遭遇海外投资风险的严峻现实使海外投资利益的法律保护问题日益凸显。在此背景下,中国的海外投资面临是“进”还是“退”的争论。① “一带一路”建设背景下如何做到既促进海外投资质量的进一步提高,又防范相应海外投资风险,考验着中国海外投资风险防范制度体系设计者的智慧。作为一项海外投资事前风险防范制度,海外投资风险准备金制度在一些主要资本输出国促进海外投资的制度体系中扮演着较重要的角色。该制度兼具促进对外投资增长与防范海外投资风险的双重功能。研究该制度的基础理论问题及具体构建

* 收稿日期:2020 年 5 月 13 日。

** 江西高安人,湖南大学法学院博士研究生。

① See Ge, Zhang & Li Xiaofu, “Tightened up Overseas Investment Policy: Inhibition or Development: From the Perspective of the Belt and Road”, *Journal of WTO and China*, Vol. 8, No. 3 (2018), pp. 79 – 113.

问题有利于更好地促进我国海外投资实现安全、高效的增长。本文拟采用文本分析、比较分析、规范分析等研究方法,在借鉴域外相关立法经验并结合“一带一路”投资实践的基础上,阐明中国构建海外投资风险准备金制度的必要性、立法模式、价值取向、应遵循的原则,以及具体制度内容设想等方面的内容,为国内支撑“一带一路”建设的相关制度立法提供有益探索之经验。

一、“一带一路”建设下中国构建海外投资风险准备金制度的必要性

海外投资风险准备金制度是一项在主要资本输出强国通行且被实践证明了的应对海外投资风险卓有成效的制度。该项制度发轫于20世纪六七十年代,截至2019年,国际上仍然实施该制度的典型国家有日本、德国、法国和韩国等。海外投资风险准备金制度,是指投资者母国依照其国内税法的规定而许可投资者在开展海外投资活动的当年将投资总额的一定比例优先提取作为准备金,并将该准备金的数额在应税所得额中加以扣除,以使该准备金得以享受免税待遇的一项制度。如果海外投资项目遭遇风险而产生损失,则可用该准备金填补其部分或全部损失;如果海外投资活动未遭遇损失,则该准备金在积存一定年限之后,从期满的次年起,将该准备金按照每年相等的份额纳入当年的应税所得额中进行纳税处理。①

从海外投资风险准备金制度的概念中可知,该制度本质上是海外投资者母国国内法上的一项专门促进海外投资增长并防范海外投资风险的安全保障制度。母国允许海外投资者免税并从其投资总额中提取该准备金,其目的在于帮助海外投资者提高抗风险能力。这实际上是一种海外投资者与其母国共同承担海外投资风险的制度模式。② 这种风险共担的制度模式主要体现在:一方面,该准备金是投资者从自己预设的海外投资总额中提取的,因此存在自担风险的属性;另一方面,投资者母国允许投资者将该准备金在应税所得额中加以扣除,从而使该准备金在一定年限内得以享受免税待遇,实质上是母国暂时让渡部分税收利益于海外投资者的一种表现。此举表明,母国也在帮助海外投资者分担其可能遭遇投资风险所引起的损失。因此,该制度体现出投资者母国与海外投资者共担风险的倾向,而这是必要的。该制度使投资者在其海外投资项目开展之后、资本尚未收回之前能够在一定期限内向其母国免缴或少缴一部分所得税,从而减轻了投资者的税收负担并起到了事前防范海外投资相关风险的作用。当

---

① 参见李香菊、徐念璐:《鼓励我国居民企业境外投资合作的税收政策研究》,载《涉外税务》2011年第5期。

② 参见李敏:《美国、法国、日本鼓励对外投资的税收政策比较》,载《涉外税务》2006年第5期。

前,我国正在积极推进“一带一路”建设,面临海外投资风险的压力尤甚,但缺乏有效的制度安排来抵御相关风险。这使我国借鉴海外投资风险准备金制度存在一定的必要性。

(一)直面现实问题:“一带一路”沿线投资所遇风险频发

尽管“一带一路”建设自实施以来已取得了较大成就,但不可忽视的是“一带一路”投资正在遭遇严峻的东道国国家风险的侵扰。“一带一路”投资中频发的东道国国家风险不仅给我国海外投资企业造成了巨额的经济损失,而且给“一带一路”投资的可持续开展增添了物质与制度层面的双重障碍。中国出口信用保险公司发布的2017年《国家风险分析报告》显示:“一带一路”沿线国家评级为5~9级(等级越高,国家风险越大)的国家占比为84%,区域绝对风险水平处于相对高位。① 此外,相关统计数据显示,截至2017年4月底,“一带一路”投资在中亚有三成以上亏损,南亚和东南亚国家有五成以上的亏损。② 这一结果的发生既有中国企业遭遇海外投资商业风险的原因,又有遭遇东道国国家风险的原因,并且后者较之前者的影响比重更重。

中国企业在“一带一路”投资中所遭遇到的国家风险,不仅包括传统意义上的海外投资政治风险和法律风险,还包括一些新类型的政治和法律风险。“一带一路”投资中面临的传统意义上的海外投资政治风险主要包括征收或国有化风险、汇兑风险、战争与内乱险、政府违约险、剥夺财产险等。③ 相比于遭遇传统海外投资政治风险和法律风险,中国企业在“一带一路”投资中遭遇恐怖主义袭击与宗教冲突风险、国家安全审查风险、援引“利益拒绝”条款风险、④司法保护主义及腐败风险、法制不健全风险、知识产权风险、劳动用工与环境保护风险、税收风险、政府政治干预风险、本地化成分要求等新类型的风险更突出。《世界投资报告2018》数据显示,从2017年10月至2018年4月,各东道国新出台的绝大部分投资限制或监管措施主要围绕国家安全、土地和自然资源的外国所有权两大方面展开:欧盟委员会在2017年9月计划建立一个覆盖欧盟的外国投资国家安全审查框架;意大利、立陶宛、俄罗斯等国修订了相关法律以加大对涉及国防和国家安全战略性物资获取的外国投资的审查力度;南非、坦桑尼亚等国修改

① 参见《解析一带一路65个国家风险状况》,载搜狐网:https://www.sohu.com/a/130207206_151241,最后访问日期:2020年6月4日。

② 参见《2017年“一带一路”遭遇十大质疑 中国如何回应?》,载中国一带一路网:https://www.yidaiyilu.gov.cn/xwzx/gnxw/56930.htm,最后访问日期:2020年6月4日。

③ 参见姚梅镇:《国际投资法》,武汉大学出版社2011年版,第199~200页。

④ 参见阿迪拉·阿布里克木、王晓峰:《中亚国家在仲裁中援用的利益拒绝条款研究》,载《国际商务研究》2018年第4期。

通过了新的矿业法案,提高了政府或本国人持有矿业公司股权的最低门槛。[①] 这透露出越来越多的国家对外国投资的审查趋严。由此,"一带一路"建设下的海外投资安全性问题凸显并严重打击了投资者的信心。

面对"一带一路"建设下频发的海外投资风险尤其是东道国国家风险,单个中国海外投资者的努力不足以完全应对海外投资活动中出现的各种风险,他们需要来自国内法律制度层面的支持。在所有激励投资活动并防范投资风险的手段之中,法律制度是最有效和最稳固的手段。尽管如此,在海外投资活动中,一项促进海外投资的法律制度能否真正起到激励作用,取决于该项法律制度能否真正解决海外投资者最关心的两个问题:一是海外投资利益的安全问题,即意味着需要确保海外投资利益不遭受来自东道国的非法侵害或者即使遭受了来自东道国的非法侵害但尚能及时填补其部分或全部亏损。二是海外投资利润的有效取得并顺利汇出问题。当然,这并不是要求需要确保海外投资者的投资活动能够实现赢利,而是说需要确保海外投资者通过正当投资经营活动所获取的利润能够顺利地汇回投资者母国。当海外投资者的利润因遭遇东道国国家风险而无法顺利汇出时,应当有相应的法律制度来填补该项损失。但我国目前尚未建立能较有效地应对上述两大问题的法律制度。来自域外的相关立法经验及实践证明海外投资风险准备金制度能够较有效地解决上述两大难题。因此,我国有必要借鉴相关立法经验从而构建起具有鲜明特色的海外投资风险准备金制度。

(二)回应现实需求:保护和发展中国海外战略投资利益

"一带一路"等海外投资活动凝结着中国广泛的海外投资利益,保护和发展此类海外投资利益是我国法律制度设计不可回避的现实需求。各国海外投资的实践证明:大规模海外投资活动往往代表着国家经济战略利益的对外自然延伸。海外利益本质上是国家利益的海外延伸,是国家战略利益的重要组成部分。拥有广泛且能得到强有力保护的海外利益是世界强国的标志之一。[②] 一国的海外利益主要由经济利益、政治利益和安全利益等构成。其中,经济利益是海外利益的核心,也是海外国家利益的战略延伸。[③] 尽管各国海外直接投资活动大多属于私人投资行为,但对于资本输出国来说,其投资者的海外直接投资利益不仅关乎投资者个人的私有利益,也关乎国家经济权

---

① 参见联合国贸易和发展组织编:《世界投资报告2018:投资及新产业政策》,冼国明、葛顺奇总校译,南开大学出版社2018年版,第98~101页。

② 参见《全面解析中国海外利益》,载光明网:http://epaper.gmw.cn/zhdsb/html/2017-10/18/nw.D110000zhdsb_20171018_2-19.htm,最后访问日期:2020年6月4日。

③ 参见员智凯、李博:《中国海外经济利益的安全保障研究》,载《河南社会科学》2012年第4期。

益,或者更确切地说是关乎其国际竞争力。尤其以开展战略性重点行业或高新技术产业的海外投资最能契合国家经济战略对外延伸之要求。这是因为战略性重点行业或高新技术产业最能代表一个国家的国际竞争力。因此,各资本输出国都极为重视保护其海外私人直接投资利益,尤其是保护涉及战略性重点行业或高新技术产业的海外投资利益。目前,中国正在"一带一路"沿线积极推动投资主体实现多元化,形成国有企业和民营企业相互补充、共同发展的格局,投资的行业或领域以能源资源、化工、科技、大型工程承包等战略性重点行业为主,由此所涉及的国家经济利益就更为凸显。从保护境外国有资产的角度出发,仅2017年我国国有企业境外总资产为16.7万亿元。①如此庞大的境外国有资产在开展海外投资活动时若频繁遭遇海外投资风险,给国家利益造成的损失将是巨大的,也将威胁国家海外经济战略尤其是"一带一路"投资建设的有效展开及可持续发展。

现阶段,保护海外投资利益尤其是保护"一带一路"投资利益的紧迫形势客观上要求我国对海外投资风险的防范作出更有效的制度性安排。海外投资风险准备金制度是资本输出国用以保护和发展符合本国经济战略发展需要的海外投资利益而创设的一项法律制度。该制度对流向战略性重点行业或高新技术产业的海外投资给予了比流向其他行业或产业的海外投资更特殊的税收优惠,或者说更大力度的税收优惠。这相当于为投资者海外投资利益的安全提供了一道"保护伞",或至少增强了投资者抵御海外投资风险的能力。就此而言,引入并构建该制度实际上对保护符合我国经济战略需求的海外投资利益尤其是"一带一路"投资利益是较有利的。

(三)填补制度不足:中国海外投资缺乏有效的事前风险防范机制

我国针对频发的海外投资风险缺乏有效的事前风险防范机制,从而导致开展海外投资活动的企业抗风险能力尤其是抵抗东道国国家风险的能力较弱。自实施"走出去"战略和"一带一路"投资建设以来,我国境内企业在东道国开展海外直接投资活动的过程中既收获了实践经验,也得到了惨痛的教训。总体而言,我国企业的海外投资活动是不太成功的,②这其中有我国作为投资者母国支持企业开展海外投资活动的风险防范制度体系尚未得到有效构建的原因在内。如何从法律制度层面完善我国现行的海外投资风险防范制度体系则是值得国家和投资者关注的一个重要问题。然而现实状况是我国作为"一带一路"投资者母国尚未构建较有效的风险防范制度体系来帮

---

① 参见《国务院关于2017年度国有资产管理情况的综合报告》,载中国政府网:http://www.sasac.gov.cn/n2588025/n2588164/n4437287/c9748923/content.html,最后访问日期:2020年6月4日。

② 参见《中国企业海外投资面临五大陷阱　90%以上亏损》,载参考消息网:http://finance.cankaoxiaoxi.com/2014/0814/461938.shtml,最后访问日期:2020年6月4日。

助国内投资者应对海外投资中可能遭遇的各种风险。

我国现行的以国家进出口银行为主导设立的海外投资保险机制,虽是专门针对海外投资政治风险而设置的,但其采取的单边救济模式且承担的政治风险险种极为有限,从而导致该机制对海外投资风险的事前防范作用也大大减弱。① 多数国家通行的海外投资风险准备金制度是一项针对海外投资风险的事前防范机制。与海外投资保险制度通过向国内保险机构投保的方式对海外投资相关风险进行事前防范相比,海外投资风险准备金制度则是通过准许投资者免税预提风险准备金的方式对海外投资相关风险进行事前防范。海外投资风险准备金制度允许投资者于投资前将投资总额的一部分作为准备金免税计提,相当于提前预设了一定比例的投资损失,这部分损失由政府和企业共担,既能起到保障投资安全的作用,又能起到提高投资者抗风险能力的作用。该制度所具备的事前风险防范功能相比于投资者在投资损失产生后获取事后救济省去了许多时间和手续上的麻烦,因而该制度能得到投资者的欢迎。我国尚未构建起此种有效的事前风险防范机制,导致企业开展海外投资活动尤其是开展"一带一路"投资活动的信心不足。因此,我国尤其需要构建海外投资风险准备金制度以使投资"一带一路"的国内企业获得事前风险防范制度的有效支持。

二、构建海外投资风险准备金制度的域外经验及启示

国际经验表明,各资本输出强国的海外投资风险准备金制度为其海外投资活动早期的顺利开展并及时有效地防范海外投资各种风险做出了极为重要的贡献。这些资本输出强国诸如日本、法国、德国和韩国等,其关于海外投资风险准备金制度的立法实践为正在开展"一带一路"建设下海外投资活动的中国构建相同或类似的法律制度提供了借鉴。

(一)构建海外投资风险准备金制度的域外经验

大致说来,各主要资本输出强国的海外投资风险准备金制度在实体内容方面存在较大差异,这主要体现在风险准备金的设置类型、提取比例、提取期限、提取所依据的标准、未出现亏损时的纳税处理等问题上存在不同的规定。具体而言,日本、法国、德国和韩国海外投资风险准备金制度的立法实践如下。

1. 日本构建海外投资风险准备金制度的经验

日本是利用海外投资风险准备金制度支持其海外投资发展较好的国家。日本

① 参见王军杰、石林:《论"一带一路"框架下我国海外投资保险制度的完善与重构》,载《财经理论与实践》2019 年第 1 期。

在《法人税法》中设置的海外投资风险准备金制度在准备金类型、提取比例、提取年限等事项上最完备。日本在其海外投资的不同时期设计了不同类型的准备金制度:1960年设立的对外投资亏损准备金制度;1971年设立的资源开发对外直接投资亏损准备金制度;1974年设立的特定海外工程合同的对外直接投资亏损准备金制度;1980年设立的大规模经济合作合资事业的对外直接投资准备金制度。[①] 日本海外投资风险准备金制度允许海外投资者免税提取准备的比例一般在15%~100%的范围内设定。

日本在不同时期针对不同类型的海外投资活动设立的风险准备金制度允许其海外投资者免税提取准备金占投资总额的比例有所不同。[②] 如1960年设立的海外投资亏损准备金制度允许免税提取准备金的比例为投资总额的10%。1971年设立的资源开发对外直接投资亏损准备金制度规定准许投资于自然资源开发的项目的海外投资者免税提取准备金的比例最高可达项目投资总额的100%;[③]而对投资于自然资源经营的海外投资活动,则允许海外投资者免税提取准备金的比例为投资总额的40%;针对一般性的海外投资活动,则允许海外投资者免税提取准备金的比例为投资总额的15%。1974年设立的特定海外工程合同的对外直接投资亏损准备金制度准许海外投资者免税提取准备金的比例占投资总额的7%。[④] 1980年设立的大规模经济合作合资事业的对外直接投资亏损准备金制度准许海外投资者免税提取准备金的比例占投资总额的25%。[⑤]

日本的海外投资风险准备金制度就海外投资流向的不同国别规定了差异化的准备金提取比例。[⑥] 如对流向发达国家的海外投资,1974年设立的对外投资风险准备金制度准许投资者免税提取海外投资风险准备金的比例最高为投资总额的10%;对流向发展中国家的海外投资,该制度准许海外投资者免税提取准备金的比例最高为投资总

---

① 参见熊鹭:《对外投资税制国际比较与借鉴》,载《金融与经济》2012年第7期。

② See Hu, T. C. Henry, "Risk, Time, and Fiduciary Principles in Corporate Investment", *UCLA Law Review*, Vol. 38, No. 2 (December 1990), pp. 277–390.

③ 参见金哲:《企业并购的税制安排:基于所得税分析视角》,东北财经大学出版社2015年版,第112页。

④ 参见李敏:《美国、法国、日本鼓励对外投资的税收政策比较》,载《涉外税务》2006年第5期。

⑤ 参见对外投资税收政策研究课题组:《对外投资税收服务与管理的国际借鉴》,载《国际税收》2016年第3期。

⑥ See Brockman, H. Rosser, "Japanese Taxation of the Foreign Income of Japanese Corporations", *Hastings International and Comparative Law Review*, Vol. 2, No. 1 (Spring 1979), pp. 73–104.

额的50%。[①] 1975年该制度不再允许投资者就流向发达国家的海外投资提取准备金，但该制度仍然允许投资者就流向发展中国家的海外投资项目提取准备金，只是提取准备金的比例为投资总额的30%。[②] 1978年以后，该制度允许投资者就流向发展中国家的海外投资项目提取准备金的比例降为投资总额的15%。这些符合条件的流向发展中国家的海外投资活动主要是农业、林业、渔业、水产养殖、采矿、建筑和制造业。

日本海外投资风险准备金制度还就同一海外投资项目所处的不同阶段规定了不同的准备金提取比例。以海外能源、资源性投资为例，日本规定在探矿阶段，允许海外投资者按投资总额的100%免税提取准备金；而在资源开发阶段，则允许海外投资者按投资总额的30%免税提取准备金。此外，日本法律还规定，此类资源、能源性投资项目若中途失败产生损失，则海外投资者可在项目失败后的5年内将准备金一次性地用以填补损失。如果项目开发成功但经过5年后归于失败，则海外投资者被允许在5年内每年从准备金中按相等比例的份额加以偿还。[③]

日本海外投资风险准备金制度也对免税提取准备金的年限作出了限制性规定。准许海外投资者免税提取准备金实质上体现的是国家让渡部分税收利益于海外投资者以激励对外投资行为，但税收利益的让渡并不是没有限度的。当投资者的海外投资项目连续多年都未出现亏损时或者免税提取的准备金持续产生盈余时，国家继续让渡税收利益于此类投资者就显失公平了。日本在设计该制度时也考虑到了此类情况。日本在该制度中规定：若海外投资未产生损失时，则海外投资者免税提取准备金的年限一般不超过5年。此外，该制度还规定当免税提取准备金期满后，从期满后的次年起将准备金余额分成5份，逐年合并到应税所得中进行纳税处理。

2. 法国构建海外投资风险准备金制度的经验

法国的海外投资风险准备金制度规定在其国内税收法典之中。法国《国内税收法典》第39条规定，进行海外投资的企业每年（一般不超过5年）可在应税收入中免税提取准备金，金额原则上不超过企业在此期间对外投资的总额，期满后将准备金余额按比例计入每年的利润中纳税。[④] 具体而言，法国在确定其免税提取海外投资风险准备

---

① 参见邢天添、于杨：《借鉴日本经验完善我国对外直接投资税收激励政策》，载《税务研究》2017年第1期。

② 参见商务部编写组编：《国际投资》，中国商务出版社2007年版，第113～114页。

③ 参见潘晓明：《构建中国企业海外投资保护体系——以日本经验为借鉴》，载《国际经济合作》2017年第9期。

④ 参见张京萍、李敏：《对外投资税收政策的国际比较》，载《税务研究》2006年第4期。

金的具体比例时重点参考的因素是海外投资流向的国别及所属行业。① 如参考海外投资流向的国别因素,法国在该制度中规定海外投资流向高风险国家时,允许海外投资者免税提取准备金的比例可占海外投资总额的100%。② 如参考海外投资流向的所属行业因素,法国法律规定海外投资属于教育机构、贸易、研究所等事业单位投资于某项公益事业时,允许将投资总额的一定比例免税提取准备金。③ 此外,海外投资者免税提取准备金的年限一般不超过5年,从期满的次年起将余下的准备金分成5份,逐年均等地将每份准备金合并到每年的应税所得额中作纳税处理。

3. 德国构建海外投资风险准备金制度的经验

德国的海外投资风险准备金制度重点区分了海外投资流向的国别差异和行业差异。德国在该制度中规定不允许投资者就投向发达国家的海外投资免税提取准备金;投向最不发达国家(如大部分非洲国家)的海外投资允许海外投资者免税提取准备金的比例最高可占投资总额的100%。④ 该制度还规定投资者就投向发展中国家的海外投资原则上准许海外投资者免税提取准备金的比例占投资总额的40%;若投资者的海外投资项目属于能源和原材料产业,则准许其免税提取准备金的比例占投资总额的60%。⑤ 此外,海外投资者免税提取准备金的年限为6年,从期满的次年起将余下的准备金分成6份,逐年均等地将每份准备金合并到每年的应税所得额中作纳税处理。

4. 韩国构建海外投资风险准备金制度的经验

韩国在海外市场开发、海外投资损失、海外营业损失方面均设立了准备金制度。韩国以《法人税法》、《海外投资开发促进法》(1978年)、《海外资源开发促进法令》(1979年)等法律为基础构建起海外投资风险准备金制度。⑥ 它关于海外投资风险准备金制度的具体规定是:投资者可以将海外投资总金额的一定比例作为准备金加以优先提存,该项准备金被提前认可为损失费而能够享受免税待遇。当海外投资活动实际

---

① See J. C. Goldsmith, "Recent Major Developments in French Tax Law", *International Business Lawyer*, Vol. 8, No. 4 (April 1980), pp. 125 – 129.

② See Dusart, Rosine, "Impact of the French Government on American Investment in France", *The Harvard International Law Club Journal*, Vol. 7, No. 1 (Winter 1965), pp. 75 – 112.

③ 参见邓远军:《公司并购税收问题研究》,中国税务出版社2008年版,第185页。

④ See Anthoine, Robert, "Tax Systems of Major Capital Exporting Countries: An Examination of Incentives for Private Investment at Home and in Developing Countries", *Tax Law Review*, Vol. 32, No. 3 (Spring 1977), pp. 323 – 358.

⑤ See John T. Rudden, "Tax Aspects of German Direct Investment in the USA Ⅱ", *Intertax*, Issue 1, No. 7 (1979), pp. 17 – 25.

⑥ 参见李嘉:《完善我国海外投资保障机制的法律研究》,载《华东政法大学学报》2007年第3期。

遭受损失时，则可将该准备金用以填补产生的损失；如若海外投资活动未产生损失，则从第3年起分4年作为利润并入应税所得额中加以纳税处理。[①] 在该项制度中，韩国允许其海外投资者提取准备金的比例视其投资所属行业重要程度的不同而有所差异。如当海外投资项目属于一般性(常规)行业时，则允许海外投资者提取准备金的比例为该项目投资总额的15%；如当海外投资项目属于资源、能源开发行业时，则允许海外投资者提取准备金的比例为该项目投资总额的25%。此外，当海外投资项目实际未发生损失时，韩国规定海外投资者免税提取的准备金的保留年限为2年，即从第3年起应将所提取的准备金等额地分成4份，按每年1份合并当年产生的利润计入应税所得额中作纳税处理。[②]

（二）构建海外投资风险准备金制度的域外经验对我国的启示

总体来说，日本、德国、法国、韩国的海外投资风险准备金制度促进了其海外投资规模的扩大，提高了其海外投资质量，同时也有效地起到了削弱海外投资相关风险给投资者带来的种种不利影响的作用，从而解决了绝大部分海外投资者的后顾之忧，也在一定程度上提升了其对外投资企业的国际竞争力。主要国家海外投资风险准备金制度的立法实践为我国在“一带一路”建设背景下构建海外投资风险准备金制度提供了可贵经验。具体而言，各国相关立法实践为我国提供了如下几条有益的经验：其一，“一带一路”建设下的海外投资风险准备金的类型设置应保持一定的灵活性，以增强海外投资风险准备金制度应对“一带一路”投资风险的适应性。如日本设置了海外资源开发、海外工程合同、大规模经济合作合资经济事业风险准备金以应对不同投资项目下的海外投资风险。其二，“一带一路”建设下海外投资风险准备金的提取比例应参考多种因素加以确定。一般而言，各主要国家在设置海外投资风险准备金的提取比例时常见的参考因素有海外投资总额大小、投资周期长短、投资项目所属行业重要程度，以及投资流向的国别差异。如德国依据海外投资流向最不发达国家、发展中国家及发达国家等国别差异而设置了不同比例的海外投资风险准备金。[③] 因此，我国在“一带一路”建设下构建海外投资风险准备金制度应当重点参考以上因素来设定准备金提取比例。其三，制定专门的海外投资促进法律，将海外投资风险准备金制度置入其中，以发

---

① 参见王力主编：《“走出去”企业税源监控及税收征管能力研究》，中国税务出版社2013年版，第146页。

② See Woong Shik Shin, Eugene J. Oh, “Recent Developments in Korea’s Foreign Investment”, *Journal of World Trade*, Issue 6, No. 24 (1990), pp. 31 – 56.

③ 参见吴群、仲伟嘉、胡聪颖：《德国支持企业“走出去”的税收政策及借鉴》，载《国际税收》2016年第3期。

挥该制度的相应功能。如韩国以《海外投资开发促进法》为基础构建起海外投资风险准备金制度。对此,我国也可以制定类似法律来切实有效促进本国海外投资实现安全、高效发展的目标。“一带一路”投资是中国整个海外投资的重要组成部分,自然也应当得到国内相关法律制度的重点支持。其四,对国家鼓励发展的海外投资项目,则允许投资者免税计提海外投资风险准备金的比例要大为高出其他类型的海外投资活动。如鉴于日本、韩国国内土地供应能力有限,粮食供应不足的现状,日本和韩国特为鼓励海外农业粮食投资活动而允许投资者免税计提海外粮食投资风险准备金的比例要大得多。① 此外,主要国家海外投资风险准备金制度在准备金提取主体、提取比例、提取期限、提取存放机构、未亏损时准备金的纳税结转问题等方面皆为我国构建该制度提供了较有益的思路。以上几条有益的经验,值得我国在构建海外投资风险准备金制度时审慎地依据实际情况加以参考借鉴。

三、“一带一路”建设下中国构建海外投资风险准备金制度的价值取向与原则

综上所述,各主要国家的海外投资风险准备金制度主要解决了两个层面上的问题:第一个层面,该制度在一定程度上解决了海外投资利益的安全保护问题;第二个层面,该制度在一定程度上体现出激励投资者扩大海外投资规模的倾向,解决的是海外投资促进问题。就此而言,“一带一路”建设背景下我国构建海外投资风险准备金制度也应着重解决国内投资者最关注的投资安全和投资效率等问题,首先需要明确构建该制度的价值取向和应遵循的原则问题。

(一)中国构建海外投资风险准备金制度的价值取向

1. 海外投资安全价值优先

海外投资的安全性始终是投资者在开展海外投资活动时考虑的首要问题。这一问题涉及海外投资原本及利润能否顺利汇出、正常经营活动能否避免遭受非法侵害等内容。传统法学认为,法律的价值,是指法律这种客体的性质对于人的主观需要的满足程度。② 法律的价值是多元的。安全价值是法律价值体系中的一个不可分割的重要组成部分。安全作为法律价值的一种,是指法律这种客体能够满足保护人的重大关切和利益的需要,能够创造一种有序的秩序来保护人的身体利益、财产利益、精神利益免遭非法侵害或减小上述利益遭受非法侵害的可能性。这里的“人”既包括自然人也包

---

① 参见李志鹏、刘志颐:《日韩农业“走出去”国际经验比较及启示》,载《国际经济合作》2016年第12期。

② 参见徐显明主编:《法理学原理》,中国政法大学出版社2009年版,第277页。

括法人。霍布斯曾言:"人的安全乃是至高无上的法律。"①法律能够满足保护人的生命与肢体,避免财产遭到来自外部摧毁性破坏的需要。由此,法律的安全价值凸显。不同性质的法律对人的利益保护侧重点有所不同。如刑事法律重在保护人的生命利益;涉及国家安全的法律侧重保护一国全体国民人身和财产利益的安全;经济法律则重在保护人的财产(或经济)利益的安全。因此,安全价值在不同性质的法律中有不同的体现。海外投资行为是一种跨国经济行为,仍受经济法律的调控。保障海外投资安全的经济法律重在使投资者的海外经济利益避免遭受来自东道国的非法侵害或至少削弱东道国非法侵害带来的不利影响。就此而言,海外投资风险准备金制度作为一项防范海外投资风险的经济法律制度,其侧重保护的是投资者的海外投资利益避免遭受非法侵害,彰显的是经济法律的安全价值。

海外投资活动处于东道国法域之内,必然要接受东道国政府和法律的管控,因而必然会受到东道国风险传导效应的影响。开展海外投资活动比国内投资活动的风险要大得多,投资者需要认真分析投资所在东道国的投资环境。投资者只有在确保投资安全与可能赢利后,才敢于开展海外投资活动。② 由此可见,促使投资者开展海外投资活动的前提是要确保海外投资利益的安全。企业在东道国进行海外投资活动常常会面临一些特别的风险。诸如东道国以国家利益或社会公共利益为由,对外国企业实行征收、征用、国有化或本土化;③或以国际收支失衡严重为由,对外国投资的原本及利润的汇出或汇回投资者母国加以限制;或因东道国国内政权发生更迭、战争或内乱突然爆发等情形,从而使外国企业的投资遭受损失以致难以继续维持正常经营活动;或因东道国政府违约而使投资者难以通过当地司法途径对因此造成的损失加以救济;或因东道国国内恐怖主义势力活动频繁而导致外国企业无法开展正常的经营活动;或当投资者母国与东道国在政治上、外交上、经济上或军事上处于敌对状态时,东道国单方面对外国投资者采取资产限制退出或其他有损外国投资者利益的行为;或因东道国国家经济衰退导致偿债能力下降,无法清偿外国投资企业的债权而直接采取拒绝履行债务的行为;或因东道国以国家安全为由对外国投资施以国家安全审查等。④ 凡此种种,风险的切实存在严重威胁投资者海外投资利益的安全。单个外国投资者的资源和能力

① [美]博登海默:《法理学:法律哲学与法律方法》,邓正来译,中国政法大学出版社 2017 年版,第 319 页。

② 参见余劲松主编:《国际投资法》,法律出版社 2007 年版,第 6 页。

③ 参见黄河:《中国企业海外投资的政治风险及其管控——以"一带一路"沿线国家为例》,载《深圳大学学报》(人文社会科学版)2016 年第 1 期。

④ 参见谭畅:《"一带一路"战略下中国企业海外投资风险及对策》,载《中国流通经济》2015 年第 7 期。

尚难以有效应对上述风险带来的一系列挑战。因此,投资于海外的投资者迫切需要得到投资者母国国内法律制度的支持。海外投资风险准备金制度作为资本输出国鼓励投资者积极开展海外投资活动并防范海外投资风险的重要制度,其首要的目标就是要降低海外投资的风险。该制度允许投资者免税提取准备金用以弥补亏损,实质上是在减小海外投资相关风险引起的损失,有利于解决海外投资的安全性问题并彰显了税收抗风险的机能。① 该制度的首要价值取向是安全,因此,构建该制度应当遵循的首要价值取向也应当是安全。

2. 海外投资效率价值居次

海外投资者注重投资安全的同时,也同样注重投资效率。海外投资效率,是指投资者开展海外投资活动时所使用的投资成本与所获取的投资收益之占比。尽管投资者开展海外投资活动需要把海外投资利益的安全性问题放在首位进行考虑,但并不意味着投资者只关注海外投资利益的安全性。一般来说,投资者在确保海外投资利益安全的前提下也较重视海外投资的效益,期待以较少的成本投入来获取更大收益。因此,鼓励海外投资的法律制度也应当帮助投资者以最小的成本达成安全、高效获取更大海外投资收益的终极目的。从这个意义上来说,鼓励海外投资的法律制度也就必然要重视法的效率价值。

传统法学对法的效率价值尚不重视,但以经济学与法学交叉性研究为代表的法经济学却极端重视法的效率价值。法经济学派认为,法律若不以效率为其基本价值,将难以实现该法律的教育和指引作用。同时,该学派还认为,立法者若不考虑一项法律制度设计的社会总成本与总收益之间的对比,不明晰一项法律制度对人们行为动因所产生的影响,则将难以使已设置的法律制度发挥出应有效用。以波斯纳为代表的法经济学派认为,"当交易成本存在时,法律就不可能是资源配置中立的,它应该起到效率作用"。② 因此,波斯纳的法律经济分析学派更强调法律制度的效率价值,认为法律制度应对社会资源的优化配置和社会财富的增值起到积极的作用。③ 关注法的效率价值的法律部门以经济法最具代表性。经济法与其他法律有所不同,经济法的价值有其特殊性,它与经济生活的关系最密切,而经济生活最注重效率,因而使调整经济关系的法律即经济法必然地会将效率作为其基本价值之一。效率作为经济法上的价值更多是指社会总体的经济效率。社会总体效率包括社会经济总体的眼前效率和长远效率,长

---

① 参见张毅晓、何晓峰:《完善我国企业境外投资的税收激励政策》,载《中国财政》2010年第13期。

② ［美］波斯纳:《法律的经济分析》,蒋兆康译,法律出版社2012年版,第25页。

③ 参见时显群:《波斯纳对法律的经济分析及其在当代的意义》,载《学术交流》2006年第6期。

远自眼前利益开始,不重视眼前利益也难以保障长远利益得到实现,当然若不考虑长远利益而只考虑眼前利益,则社会的总体利益将难以得到长远的发展。此二者之间有时难免会出现冲突,有些时候顾及眼前利益可能会妨碍长远利益的有效实现。① 经济法的效率价值主要体现在法以最少的社会总成本为代价为人们设定最经济的行为方式,减少不必要的资源浪费,以此实现资源的优化配置。②

经济法相较其他法律而言更重视效率价值。税法作为经济法下的一部极为重要的法律,其法律制度也必然追求资源的优化配置和相应的制度效率。波斯纳指出:“对一种行为征税就会促使从事那种行为的人们转而从事那些税轻的行为。”③从中可以看出,针对某一种行为的征税法律制度将会对人们行为的动因产生较大影响。不同的税收法律制度适用于具体的法律行为或经济行为可能会产生不同的效率结果,而法律制度的设计必须正视这种影响。激励投资者积极开展海外投资活动离不开投资者母国赋予的一系列优惠政策。其中,税收优惠政策是促进投资者积极开展海外投资活动极为重要的一项手段。海外投资风险准备金制度就本质而言是税法上激励投资者开展海外投资活动的一项重要税收优惠制度。主要国家在该制度中以小规模的税收利益引导大规模的海外投资资金的流向,对激励投资者积极开展海外投资活动发挥了较显著的推动作用。海外投资风险准备金制度旨在通过对海外投资风险准备金实行免税待遇从而填补各种海外投资风险引起的部分损失。因而它仍属于经济活动领域中的一项法律制度。此外,从该制度的属性来看,它是属于经济法下的一项法律制度。因此,海外投资风险准备金制度必然地要将效率价值作为其制度追求的目标之一。

(二)中国构建海外投资风险准备金制度应当遵循的原则

1. 利益平衡原则

任何法律及其制度的制定都是各方利益妥协达致平衡之产物。法律及其制度本身乃平衡各方利益冲突以实现协同目标之机制。利益平衡原则,是指在尽可能保护所有社会利益的前提下,当不同利益之间产生冲突时,需协调并维持不同利益之间的、与保护所有利益相一致的某种平衡。④ 著名法学家庞德曾将利益衡量原则解释为:“在对利益整体或整个利益体系的完整性损害最小的情况下尽可能地保护所有的利益。”⑤每一部门法学都存在特殊的调整对象,也意味着在特定的领域需要相应的法律制度来进

---

① 参见漆多俊:《经济法基础理论》,武汉大学出版社2004年版,第157页。

② 参见刘平:《立法原理、程序与技术》,学林出版社2017年版,第40页。

③ [美]波斯纳:《法律的经济分析》,蒋兆康译,法律出版社2012年版,第257页。

④ 参见[美]罗斯科·庞德:《通过法律的社会控制》,沈宗灵译,商务印书馆1984年版,第9~10页。

⑤ Pound, *Jurisprudence*, Vol. Ⅲ, St. Paul. Minn, West Publishing Co., 1959, p. 334.

行利益的调整与再平衡。就此说来,经济法调整利益分配关系的过程就是对处于失衡状态的宏观经济利益进行矫正以使其实现利益再平衡的过程。因此,利益平衡原则乃是经济法调整利益分配关系时应遵循的基本原则之一。① 税法作为经济法中专门调整各种税收利益关系的法律规范,其制度设计的过程必然是各种税收利益在冲突碰撞中求平衡、求发展的过程。税法上的利益均衡所追求的目标,乃是兼顾国家利益、公共利益、关系人利益及纳税者个人的利益,以期能实现征纳双方及其他有关各方的利益得到公平性对待,从而实现各方皆赢的局面。② 这就要求立法者在构建税法上的具体法律制度时必须兼顾各方税收利益要求并使之达致利益平衡之效果。因此,税法上的各项具体法律制度实际上内在地遵循了利益平衡原则的要求。海外投资风险准备金制度作为投资者母国国内税法上一项激励海外投资行为的安全保障制度,也必然遵循着利益平衡原则的要求。

在"一带一路"建设背景下,中国构建海外投资风险准备金制度涉及多方面的税收利益,并且这些税收利益之间不可避免地存在一定冲突,因而需要对这些多方面的税收利益加以权衡处理。更具体而言,中国构建该项制度将涉及至少两种税收利益关系的平衡调整问题:

涉及的第一种税收利益关系的平衡调整问题是中国作为海外投资者母国与海外投资者之间的税收利益平衡问题。中国在构建该制度时不仅需要考虑作为母国让渡税收利益于海外投资者的多寡,还需要考虑作为母国让渡税收利益于海外投资者的年限长短。母国若让渡过多的税收利益于海外投资者,则会造成本国内外投资企业税收负担的失衡,从而引发税负不公问题。母国若让渡于海外投资者的税收利益过少,则不足以减轻海外投资者的税收负担并削弱海外投资风险引起的损失给投资者带来的不利影响,从而难以实现激励海外投资行为并降低海外投资风险的制度目的。此外,母国若让渡税收利益于海外投资者的年限过长,则容易使国家税收利益过度受损;母国若让渡税收利益于海外投资者的年限过短,则无法实现激励海外投资者开展海外投资活动的目的。

涉及的第二种税收利益关系的平衡调整问题是中国海外投资者之间的税收利益平衡问题。具体而言,仍需要对以下几种税收利益进行再权衡考虑:

其一,我国对投资于不同国别的海外投资需要考虑税收利益的再平衡问题。这主要是因为流向不同国别的海外投资所遭遇风险的可能性是不同的。实际上,在发展中

---

① 参见薛江武:《收入分配之经济法调节》,江西人民出版社2011年版,第87页。

② 参见陈清秀:《现代财税法原理》,厦门大学出版社2017年版,第45页。

国家进行的海外投资活动所遭遇风险的可能性一般较大;在发达国家进行的海外投资活动所遭遇风险的可能性一般较小。此外,在发展中国家进行的海外投资活动所遇到的风险类型一般较多;在发达国家进行的海外投资活动所遇到的风险类型一般较少。国家对海外投资者让渡税收利益时必须充分考虑到上述情况的差异性。一般而言,海外投资可能遭遇的风险类型和可能性越小,国家对此类海外投资者让渡的税收利益也应越小;海外投资可能遭遇的风险类型和可能性越大,国家对此类海外投资者让渡的税收利益也应越大。

其二,我国对投资于不同行业的海外投资需要考虑税收利益的再平衡问题。海外投资项目所属行业的重要程度不同,意味着投资者母国对该投资项目的扶持力度和必要性有所不同。海外投资项目所属行业越重要,意味着投资者母国对该投资项目的扶持力度应越大、扶持的必要性应越强。一般来说,海外投资项目所属行业越重要,则国家让渡于此类海外投资者的税收利益也应越大;反之,则应越小。

其三,我国对投资所属周期不同的海外投资需要考虑税收利益的再平衡问题。海外投资项目周期长短的不同,意味着其遭遇海外投资风险可能性大小的不同。一般而言,海外投资项目周期越长,则该项目遭遇海外投资风险的可能性越大;①海外投资项目周期越短,则该项目遭遇海外投资风险的可能性越小。遭遇海外投资风险可能性更大的海外投资项目更应当得到投资者母国的支持。因此,海外投资项目周期性越长,则投资者母国让渡于此类投资者的税收利益也应越大;反之,则应越小。

总之,我国在“一带一路”建设背景下应让渡于海外投资者的税收利益越多,则体现在海外投资风险准备金的提取比例上就应越大、提取期限上就应当允许更长些;应让渡于海外投资者的税收利益越少,则体现在海外投资风险准备金的提取比例上就应越小、提取期限上就应当更短。

2. 制度效率原则

任何法律的制度安排都必然存在高效与低效的问题,人们总是希冀设计出高效的法律制度从而实现以最低的成本投入产出更高的收益。② 法经济学的代表人物波斯纳也指出:“从最近的法律经济学研究中获得的一个重要的发现是,法律本身(包含它的规范、程序和制度)应极大地注重经济效益。”③经济法的价值之一是效率,④因此导致整个经济法律制度也不能完全跳脱出制度效率的要求。经济法律的制度效率,是指经

① 参见张洪、王丽娜:《中国民营企业海外资源投资风险及规避策略》,载《亚太经济》2014 年第 4 期。

② 参见袁庆明:《论制度的效率及其决定》,载《江苏社会科学》2002 年第 4 期。

③ [美]波斯纳:《法律的经济分析》,蒋兆康译,法律出版社 2012 年版,第 517 页。

④ 参见漆多俊:《经济法基础理论》,武汉大学出版社 2004 年版,第 157 页。

济法律制度的设置是否真正促进了生产的效率,是否真正实现了以最小的社会总成本获取到最大的社会总收益的目标。① 海外投资风险准备金制度本质上是一项经济法律制度,因此构建该制度时就必须关注其自身所能产生的制度效率。

海外投资风险准备金制度要发挥出其制度效率,就必须解决好海外投资者所重视的两大问题,即投资安全与投资效率。这两大问题的解决有赖海外投资风险准备金类型、提取比例、提取期限等内容的合理设置。因此,海外投资风险准备金制度所要求的制度效率更多是指该制度通过花费最小的成本来配置海外投资风险准备金提取的比例和期限,以发挥出最大效益。这一效益是指最小制度成本设计下的海外投资风险准备金制度能够最大限度地实现其三大功能:其一,引导海外投资流向战略性重点行业或高新技术产业;其二,事前及时防范海外投资相关风险;其三,保护和发展符合国家经济战略需要的海外投资利益。当然,我国在构建海外投资风险准备金制度时,还应当考虑将来该制度的实施和运行成本,尽量以最小的运行成本发挥最大的制度功效。

四、"一带一路"建设下中国构建海外投资风险准备金制度的立法模式

海外投资风险准备金制度既可以设置于专门促进海外投资的单行法律之中,又可设置于国内税法之中。如韩国在其《法人税法》和《所得税法》中设置了类似的海外投资损失准备金制度。② 日本的海外投资风险准备金制度规定于其《贸易保险法》和《法人税法》之下。③ 而法国海外投资风险准备金制度则规定在其《国内税收法典》之中。构建我国的海外投资风险准备金制度的立法路径也有两条,其利弊分析如下。

(一)海外投资促进法立法模式

我国可以制定专门的海外投资促进法,将海外投资保险制度和海外投资风险准备金制度统一设置于该法之中。海外投资保险制度重在对海外投资产生的损失进行事前救济,而海外投资风险准备金制度也重在对海外投资将产生的损失进行事前救济。如若海外投资促进法将两项制度统一规定在海外投资保障制度体系之中,则这一体系将具备极有效的事前风险防范功能。海外投资促进法设置海外投资风险准备金制度的基本内容应当包括海外投资风险准备金的提取主体、资金来源、期限、存放机构等事项。该法的制定出台将有效地帮助海外投资企业提高抗风险能力,从而大大提高其开展海外投资活动的信心和积极性。当然,这种立法进路的弊端在于立法成本过大,需

---

① 参见强世功:《法理学视野中的公平与效率》,载《中国法学》1994年第4期。

② 参见沈四宝、伏军:《构建我国境外投资促进立法的若干思考》,载《法学家》2006年第4期。

③ 参见寇彬、梁旭、赵俊冬:《日本境外投资保障机制的启示》,载《金融时报》2013年9月16日,第12版。

要更系统的立法设计从而实现专门立法的要求。尽管目前制定海外投资促进法并不太现实,但是随着我国海外投资活动的进一步拓展,该法的制定也是未来可期的。

(二)"企业所得税法"立法模式

我国可以在《企业所得税法》之中构建海外投资风险准备金制度。海外投资风险准备金制度本质上属于投资者母国以间接税收优惠方式激励投资者开展海外投资活动的投资安全保障制度。该制度实际上是以税收优惠保障投资安全,因此将该制度构建于税法之中也有一定的合理性。这种立法路径的优势在于:其一,立法成本较小,仅需修改《企业所得税法》即可;其二,有利于更加完善我国支持海外投资的税收优惠制度体系,更好地促进企业"走出去"和参与"一带一路"投资建设。由于我国国家发展和改革委员会最新颁布的《企业境外投资管理办法》(2017 年 12 月颁布,自 2018 年 3 月 1 日起施行)只允许符合条件的法人企业开展海外直接投资活动,因此开展海外投资活动的投资者实际上就是法人企业。那么,我国在《企业所得税法》中构建海外投资风险准备金制度自然就是应有之义了。当然,这种立法路径的弊端在于,一旦制度设计不够科学,容易引发企业所得税收优惠利益配置上的失衡。

五、"一带一路"建设下中国构建海外投资风险准备金制度的具体设想

(一)海外投资风险准备金的类型设置

我国企业在开展"一带一路"投资活动的过程中所遇海外投资风险类型较复杂多样,由此需要企业及立法者加以重视并提出有效应对的制度安排。为有效防范这些海外投资风险,我国在构建海外投资风险准备金制度时应作相应的安排。结合实际情况并借鉴国际相关立法实践,我国在"一带一路"建设背景下构建海外投资风险准备金制度时既可以针对不同海外投资项目所可能遭遇的风险类型灵活设计不同的风险准备金类型,也可设置一些兜底性质的海外投资风险准备金类型以应对可能出现的某些新类型的"一带一路"投资风险。据此,我国可采取"概括 + 列举"的方式设置相应海外投资风险准备金的类型以更全面有效地应对具体"一带一路"投资项目中所可能遭遇的投资风险。如针对海外资源开发中可能遭遇的风险,我国可设置"一带一路"资源开发风险准备金;针对海外战略性行业或高新技术产业投资风险,可设置"一带一路"战略性行业或高新技术投资风险准备金;针对海外核心或关键技术投资风险,可设置"一带一路"核心或关键技术投资风险准备金等。除以上列举具体的海外投资项目所可能遭遇的风险外,我国还可设置一般类型的属于兜底性质的"一带一路"投资风险准备金用以弥补列举不足产生的制度性缺陷。

(二)海外投资风险准备金的提取主体和资金来源

并非所有的海外投资企业都能成为海外投资风险准备金的提取主体,只有具备一

定要件形式的海外投资企业才能成为上述准备金的提取主体。我国构建海外投资风险准备金制度时,允许提取海外投资风险准备金的投资者并非境内所有的企业,而仅是指符合一定条件的境内企业。尽管现行法律法规允许境内所有的企业都开展海外投资活动,但并非所有的境内企业都能成为海外投资风险准备金的提取主体。要成为海外投资风险准备金的提取主体就应符合以下条件:首先,该境内企业需具有我国国籍,而非仅仅处于我国法域管辖范围之内。东道国确定投资来源于国外的决定因素是国籍而非资本的来源地。① 其次,该境内企业投资于海外的项目应不属于《关于进一步引导和规范境外投资方向的指导意见》(以下简称《意见》)②中禁止开展的海外投资范围。《意见》指出,禁止开展的境外投资包括:一是涉及未经国家批准的军事工业核心技术和产品输出的境外投资;二是运用我国禁止出口的技术、工艺、产品的境外投资;三是赌博业、色情业等境外投资;四是我国缔结或参加的国际条约规定禁止的境外投资;五是其他危害或可能危害国家利益和国家安全的境外投资。同时,该境内企业也不应投资于我国国家发展改革委发布的《境外投资敏感行业目录》(2018年版)中规定的敏感行业目录范围。③ 因为目录所列的境外投资行业极易遭遇东道国启动国家安全审查程序风险或其他政治风险。最后,该境内企业也必须符合我国法律关于审查境内企业开展海外投资活动的相关规定。

海外投资风险准备金应源于投资者母国境内企业的拟投资总额。因此,"一带一路"建设背景下我国在构建海外投资风险准备金制度时允许提取的海外投资风险准备金也应源于海外投资企业的自有资金。该制度中的海外投资风险准备金是按我国海外投资企业对外投资总额的一定比例提取的。

(三)海外投资风险准备金的提取比例与期限

海外投资风险准备金的提取比例,是指在海外投资风险准备金制度中,投资者母国准许海外投资者免税计提海外投资风险准备金占投资总额的百分比。海外投资风险准备金提取比例的设置需要综合参考多种因素来加以确定。各主要国家在海外投资风险准备金制度中设置了不同类型的海外投资风险准备金,每种类型的准备金提取

---

① 参见[德]多尔查、[奥]朔伊尔:《国际投资法原则》,祁欢、施进译,中国政法大学出版社2014年版,第44页。

② 参见国务院办公厅转发《关于进一步引导和规范境外投资方向的指导意见》,载中国政府网:http://www.gov.cn/xinwen/2017-08/18/content_5218720.htm,最后访问日期:2020年6月5日。

③ 参见国家发展改革委员会:《关于发布境外投资敏感行业目录(2018年版)的通知》,载国家发展和改革委员会官网:http://www.ndrc.gov.cn/gzdt/201802/t20180211_877288.html,最后访问日期:2020年6月5日。

比例皆有所不同。"一带一路"建设背景下中国在设计海外投资风险准备金的提取比例时应重点参考以下因素:海外项目投资所属行业的重要程度、周期长短、总额大小、与国家经济战略的契合程度、可能遭遇的东道国风险类型及程度、流向的国别差异、所属性质等。一般而言,海外项目投资所属行业越重要,相对应地该准备金的提取比例就应越高;海外投资项目周期越长,相对应地该准备金的提取比例就应越高;海外投资项目总额越大,相对应地该准备金的提取比例就应越高;海外投资项目方向与国家经济战略越契合,相对应地该准备金的提取比例就应越高;海外投资项目可能遭遇的东道国风险类型越复杂,相对应地该准备金的提取比例就应越高;海外投资项目流向的国别越不发达,相对应地该准备金的提取比例就应越高。

鉴于我国投资者在海外投资中常常遭遇东道国以中方投资所属东道国"敏感行业"为由而启动国家安全审查程序的风险,国家发展改革委员会于 2018 年 1 月发布了《境外投资敏感行业目录》。该目录规定以下行业属于境外投资"敏感行业":(1)武器装备的研制生产维修;(2)跨境水资源开发利用;(3)新闻传媒;(4)根据国务院办公厅转发国家发展改革委、商务部、人民银行、外交部《关于进一步引导和规范境外投资方向指导意见的通知》(国办发〔2017〕74 号),需要限制企业境外投资的行业:①房地产;②酒店;③影城;④娱乐业;⑤体育俱乐部;⑥在境外设立无具体实业项目的股权投资基金或投资平台。以上所列的行业皆属于海外投资风险高发的领域,因此,我国投资者在开展"一带一路"投资活动的过程中应尽量避开这些"敏感行业",以减小遭遇东道国国家安全审查风险的可能性。因此,当"一带一路"投资项目所投入的行业属于该目录中所列的领域时,海外投资风险准备金的提取比例应较小。

总之,"一带一路"建设下我国构建海外投资风险准备金制度允许投资者计提海外投资风险准备金占投资总额的比例应视具体情况来加以设置,参考国际经验一般应在 15% ~60% 的范围内设定为宜。具体而言,我国应当参考以上所列因素设计不同比例的海外投资风险准备金。此外,海外投资风险准备金的提取比例还应当设置上限,以维持国家税收利益与海外投资企业收益之间的平衡。各种不同类型的海外投资风险准备金提取比例的设置也应当有一定的区分度,以反映出国家对不同类型的海外投资的支持力度。

海外投资风险准备金提取期限的设置也应当综合考虑各种因素。海外投资风险准备金的提取年限所参考的因素,大致应与海外投资风险准备金提取比例所参考的因素一致,此处无须赘言。各国海外投资风险准备金制度下的海外投资风险准备金的提取年限较统一。如韩国允许投资者免税计提海外投资风险准备金的年限为不超过 3 年;法国允许投资者免税计提海外投资风险准备金的年限为不超过 5 年;日本允许投资者免税计提海外投资风险准备金的年限为不超过5年。① 我国应当将海外投资风险准备金的提取年限设置成一个时间段,以4~6年为宜。

(四)海外投资风险准备金的存放机构

海外投资企业所提取的海外投资风险准备金应当实现专款专用,以填补海外投资项目遭遇风险所引起的各种损失。为实现海外投资风险准备金的专款专用,就必须由专门的资金存放机构来对该准备金加以保管并监控该资金的流向。此外,我国一方面需要对该风险准备金加强金融监控,另一方面需要对该风险准备金加强税收监管。只有这样,我国海外投资风险准备金制度设置的海外投资风险准备金才能真正发挥防范海外投资风险并促进海外投资质量提升的双重功能。我国可允许海外投资者将海外投资风险准备金依法提存于中国进出口银行或国家开发银行,由这两家政策性银行对该准备金加以专门管理。中国进出口银行是我国专门促进对外贸易投资发展与国际经济合作的政策性银行,其在推动我国企业开展海外投资活动的过程中积累了较丰富的专业经验。相关数据显示,截至2019年4月初,进出口银行"一带一路"执行中项目超过1800个,贷款余额超过10,000亿元人民币。② 该银行在判断海外投资活动所遇风险类型及程度上累积了较丰富的实践经验。国家开发银行作为全球最大的开发性金融机构,是中国最大的对外投融资合作银行。相关数据显示,截至2018年年末,国家开发银行在"一带一路"相关国家国际业务余额1059亿美元,累计为600余个"一带一路"项目提供融资超过1900亿美元。③ 该银行同样在判断海外投资活动所遇风险类型及程度上累积了较丰富的实践经验。因此,目前由这两家银行来保管和监控此种风险准备金是较妥当的。此外,海外投资风险准备金作为一种免税储备金,极容易引起纳税延迟效应。因此,该资金账户应当与国家税务总局联网以实现动态联合监管,从而防控可能出现的海外投资企业利用免税计提海外投资风险准备金的税收优惠政策实施过度避税行为。

(五)海外投资风险准备金制度的主导实施部门

海外投资风险准备金制度作为支持企业"走出去"投资的安全保障制度,对促进企业的海外投资行为有积极意义。因此,该项制度的实施也应当交由与投资行为密切相

---

① 参见计金标、应涛:《国际经验视阈的我国企业跨境税收管理问题与对策研究》,载《华侨大学学报》(哲学社会科学版)2017年第2期。

② 参见《进出口银行"一带一路"贷款余额已超万亿元》,载新华网:http://www.xinhuanet.com//2019-04/18/c_1124385705.htm,最后访问日期:2020年6月5日。

③ 参见《〈人民日报〉海外版:金融为一带一路快车"加油"》,载国家开发银行官网:http://www.cdb.com.cn/rdzt/ydyl/201904/t20190423_6078.html,最后访问日期:2020年6月5日。

关的部门来进行。《企业境外投资管理办法》第6条规定,“国家发展和改革委员会(以下称“国家发展改革委”)在国务院规定的职责范围内,履行境外投资主管部门职责”。据此可知,我国境外投资主管部门为国家发展改革委。但实际上,国家发展改革委所承担的多种职能表明,其并非监管企业境外投资行为的合适部门,由该部门来管理企业境外投资行为在专业性上难以得到应有的保障。而我国商务部主要的职责是促进对外贸易,但对外贸易与对外投资在本质上存在较大差别。因此,商务部也不宜作为海外投资的主管部门。由于投资行为尤其是海外投资行为所要求的专业度极高,因而为加强对企业包括海外投资在内的所有投资行为的管理,有必要设置专门部门加以应对。我国可借鉴国外设置投资部来主管企业内外投资行为的有益立法经验,单独新设立投资部来统一管理企业的国内外投资行为,并主导实施将要构建的海外投资风险准备金制度。

(六)未出现亏损时海外投资风险准备金的纳税结转

各国在其海外投资风险准备金制度中都规定了当投资者未出现亏损情形时海外投资风险准备金的纳税处理办法。如日本在其海外投资风险准备金制度中规定,当投资者在海外的投资未出现亏损时,则从第六年起可将先前提取的风险准备金等额划分成5份,逐年将每份准备金与当年应纳税额合并作纳税处理。法国、德国和韩国的海外投资风险准备金也有类似规定。借鉴国际相关制度设计经验,我国在构建海外投资风险准备金制度时也应当充分考虑到海外投资者未出现亏损情形或者提存的风险准备金尚有盈余的情形,并针对性地作出制度性安排。建议我国在“一带一路”建设背景下构建该制度时也应当规定:当“一带一路”海外投资者在规定的海外投资风险准备金提取年限内尚未出现亏损或者该准备金在填补损失后仍有盈余时,则从海外投资风险准备金提取年限期满的第二年之日起,将该准备金等额划分成若干份,逐年将每份准备金与当年应纳税额合并作纳税处理。

六、结语

作为一项绝大多数国家通行的防范海外投资风险的有效制度,主要资本输出国的海外投资风险准备金制度为促进本国企业积极开展海外投资活动提供了有力的制度保障。我国“走出去”和“一带一路”投资中遭遇海外投资风险的案例层出不穷,海外投资风险的切实存在已严重影响了企业海外投资活动的可持续开展。在此现实背景之下,我国可以结合实际情况研究借鉴日本、德国、法国和韩国的海外投资风险准备金制度,从而构建符合鼓励本国企业可持续开展海外投资活动要求的海外投资风险准备金制度。由于篇幅所限,尚有一些重要的问题需要在今后的研究中继续深入地加以探讨。这些问题诸如“一带一路”建设下中国海外投资风险准备金制度与海外投资保险制度的衔接问题,海外投资风险准备金制度与企业海外投资所得亏损弥补制度的衔接问题。笔者认为,针对海外投资风险准备金制度的研究不仅限于规范分析,还可对制度的实际实施效果进行实证分析,以加强对该制度的研究。

(责任编辑:徐曼)

商业银行代销私募基金案件裁判标准的反思

——金融消费者保护的视角*

岳金禄**

摘　要:在商业银行代销私募基金案件中,我国司法裁判中存在否认投资者与代销银行之间存在金融服务合同关系,没有贯彻投资者适当性原则,举证责任分配不当等问题。另外,将私募产品混同公募基金,没有适用私募基金的合格投资者制度。这些问题导致作为金融消费者的私募基金份额持有人的合法权益没有得到司法的应有保护。作为金融消费者的私募基金份额持有人,需要进行适当的倾斜保护或特别保护。法律对金融消费者的保护是通过赋予金融消费者更多的权利,课以金融服务提供者更多的义务来实现的,以矫正金融消费者相对金融服务提供者的弱势地位。应当呼应金融消费者弱势地位,完善相关裁判标准:不以代理关系否认合同关系,畅通金融消费者的维权途径;贯彻金融消费者适当性原则,维护其合法权益;区分公募基金与私募基金,适用私募基金的合格投资者制度;依据公平原则,加大金融服务提供者的举证责任。

关键词:私募基金产品;司法裁判规则;投资者适当性原则;合格投资者制度;举证责任

一、导论

(一)问题的提出

由于私募基金在我国的发展远远滞后于公募基金,加之私募基金必须贯彻合格投

* 收稿日期:2020 年 6 月 13 日。

** 湖南邵东人,上海财经大学法律经济学专业博士研究生,中国人民银行西安分行经济师。

资者制度,因此寻求私募基金的合格投资者是许多私募基金在发展中必须解决的难题。而私募基金的性质决定私募基金不能通过广告等公募方式寻找合格投资者。我国的商业银行在发展中累积了大量的高净值客户。通过商业银行的推荐与代理,私募基金发展了大量的所谓私募基金产品合格投资者,商业银行与私募基金管理人实现了共赢。在商业银行推荐、代理销售私募基金产品的过程中,由于商业银行与私募基金管理人之间利益的一致性,加之金融管理部门监管的薄弱,商业银行与私募基金管理人合谋损害私募基金产品份额持有人利益的案件时有发生。

人民法院受理这些案件后,常常将这些案件作为一般的民事纠纷案件处理,忽视了私募基金产品份额持有人在金融交易中处于弱势地位,需要倾斜保护。这使许多案件出现了否认投资者与代销银行之间存在金融服务合同关系,没有贯彻投资者适当性原则,举证责任分配不当等问题。更有甚者,在许多案件的审判中,将私募基金混同公募基金,没有适用私募基金的合格投资者制度。这些问题导致私募基金产品份额持有人通过民事诉讼的方式无法维护自己的合法权益,严重影响了人民法院在人民群众中公正、专业的形象。

目前的文献对这个问题已经有所涉及,但关注的重点是适当性义务,而对合格投资者制度的探讨不多。

颜凌云认为,金融投资者可以分为普通金融投资者、专业金融投资者和强力金融投资者,应对其进行特殊保护、一般保护与不保护。① 曹兴权、凌文君认为,我国法院在金融服务提供者与投资者法律关系的界定、适当性义务的私法属性论证、适当性义务与说明义务(风险揭示义务)关系的认定、违反适当性义务的审查、过失相抵规则的适用、举证责任分配等方面都存在不一致的情况。②

王锐认为,适当性义务系针对金融产品销售者的义务规则,要求其将适当的产品销售给适当的客户,负担起合理推荐、适当销售的义务。③ 钱玉文、吴炯认为,适当性义务作为一种诚信义务,应将推介人违规行为确定为职务行为,制定科学评估机制,允许投资者主动购买高风险产品,将认定风险的因素紧扣适当性行为本身;代销模式下成立合同责任应突破合同相对性,民事责任为缔约过失责任与侵权责任竞合。④ 何颖认

---

① 参见颜凌云:《金融投资者差异化保护制度研究》,江西财经大学2017年博士学位论文,第19~23页。

② 参见曹兴权、凌文君:《金融机构适当性义务的司法适用》,载《湖北社会科学》2019年第8期。

③ 参见王锐:《金融机构适当性义务司法适用的实证分析》,载《法律适用(司法案例)》2017年第20期。

④ 参见钱玉文、吴炯:《论商业银行适当性义务的性质及适用》,载《湖南社会科学》2019年第4期。

为,金融交易的适合性原则不仅是监管规则,还应当落实为投资者可以直接援引的私法规则。[①] 李东方、冯睿认为,从整体金融市场所需的金融中介行为规范的角度来看,我国投资者适当性管理制度的立法存在碎片化问题。[②]

李文华认为,我国私募基金发展和监管中合格投资者管理存在不少问题,如制度设计借鉴成熟市场而脱离我国实际,法规适用冲突,大量私募基金游离于监管之外,人为"制造"大量非法私募及监管滞后等。[③]

最高人民法院第九次发布的《全国法院民商事审判工作会议纪要》(法〔2019〕254号,以下简称《九民纪要》)在贯彻投资者适当性原则,[④]不以代理关系否认合同关系,[⑤]以及举证责任[⑥]等方面,在有限的程度与范围内对投资者的弱者地位进行了积极回应,对现有的司法裁判标准进行了纠偏。然而,《九民纪要》在贯彻金融消费者保护理念方面作为有限,没有规定包括私募基金产品在内的合格投资者制度,当其适用到商业银行代理销售私募基金案件时,捉襟见肘便在所难免。

而现有文献对商业银行代销私募基金产品案件的关注不多,鲜见对相关裁判规则及其背后的法理分析,更没有从金融消费者保护的视角对相关裁判标准中的问题进行梳理与分析,也没有结合《九民纪要》对相关裁判标准的批判性分析。因此,从金融消费者保护的视角对我国商业银行代理销售私募基金产品案件中的裁判标准进行分析,对相关问题进行梳理,并提出完善建议,显得尤为重要与迫切。

(二)金融消费者与金融投资者的关系

本文拟从金融消费者保护的视角展开相关论述。在此有必要对金融消费者与金融投资者的关系进行交代。

---

① 参见何颖:《金融交易的适合性原则研究》,载《证券市场导报》2010年第2期。

② 参见李东方、冯睿:《投资者适当性管理制度的经济和法律分析》,载《财经法学》2018年第4期。

③ 参见李文华:《我国私募基金合格投资者管理问题探析》,载《武汉金融》2015年第5期。

④ 《全国法院民商事审判工作会议纪要》(法〔2019〕254号)规定,在审理金融产品发行人、销售者以及金融服务提供者(以下简称卖方机构)与金融消费者之间因销售各类高风险等级金融产品和为金融消费者参与高风险等级投资活动提供服务而引发的民商事案件中,必须坚持"卖者尽责、买者自负"原则,将金融消费者是否充分了解相关金融产品、投资活动的性质及风险并在此基础上作出自主决定作为应当查明的案件基本事实,依法保护金融消费者的合法权益,规范卖方机构的经营行为,推动形成公开、公平、公正的市场环境和市场秩序。参见《全国法院民商事审判工作会议纪要》(法〔2019〕254号)第五部分"关于金融消费者权益保护纠纷案件的审理"。

⑤ 参见《全国法院民商事审判工作会议纪要》(法〔2019〕254号)第74条"责任主体",第76条"告知说明义务"的规定。

⑥ 参见《全国法院民商事审判工作会议纪要》(法〔2019〕254号)第75条"举证责任分配"的规定。

金融消费者与金融投资者的关系,学界有3种学说:一是并列说;二是相交说;三是包含说。并列说认为,应区分金融投资者与金融消费者。投资者与消费者存在明显差距,将金融市场中的自然人称为投资者,投资行为不受《消费者权益保护法》保护,①不主张采用金融消费者的概念。② 相交说认为,金融投资者与金融消费者是交叉关系。金融消费者与金融投资者是一种交叉关系。与金融机构相比,处于信息、专业知识等方面弱势地位的一般投资者属于金融消费者的范畴;与金融机构相比,不处于信息、专业知识等方面弱势地位的专业投资者不属于金融消费者的范畴;一般投资者与专业投资者的区分标准因各国具体情况不同而有所差异。③ 包含说认为,金融投资者属于金融消费者。伴随混业经营的发展,消费者越来越多地与提供综合金融服务和产品的金融企业打交道成为金融消费者,其身份分别由投资者、客户、投保人而嬗变为统一的金融消费者。④ 笔者认同交叉说,即所谓的私募基金产品购买者中的非专业投资者才属于金融消费者,应当适用金融消费保护的理念。

(三)案例的选择与论文结构

由于我国法院的民事案由中没有专门的商业银行代理私募基金,相关案件分散在"金融委托理财合同纠纷"、"财产损害赔偿纠纷"与"合同纠纷"中,因此,本文在检索案件时分别以这3个案由为检索条件,共检索到647篇文书。

截至2020年7月25日,笔者通过"中国裁判文书网"的高级检索功能(案件类型:

---

① 参见《北京工商局:股民基民交易行为属投资　不受消法保护》,载中国网:http://www.china.com.cn/news/txt/2008-03/24/content_13459488.htm,最后访问日期:2021年1月15日。

② 吕炳斌指出,金融消费者保护是一个相对新颖的概念,随着消费者金融的发展而产生。消费者金融,是指以消费者为对象,通过信用担保,提供商品、服务或资金借贷的金融活动。投资者是传统金融法尤其是证券法理论中的重要概念,学者有时采用持有人或者权利人等替代性概念。值得指出的是,投资者和消费者是两个不同的概念,投资者针对的是投资关系,消费者针对的是交易或贸易关系,投资与贸易是两个不同的范畴。当然,一个人在金融市场中可以同时是投资者和消费者。参见吕炳斌:《金融消费者保护法律制度之建构》,载《金融与经济》2010年第3期。周浩昊提出,目前在我国,基于基本金融需要的金融消费行为,是指个人为了满足日常生活需要而接受金融服务的行为和不设准入制度的投资行为。目前,有些投资领域设立了投资人准入制度,只有满足一定条件的投资者才能进行投资,这种资质的设置本身就是对投资人权益的一种保护,不需要利用消费者保护制度进行特殊保护。参见周浩昊:《金融消费者概念辨析》,载《东方企业文化》2010年第4期。

③ 参见杨东:《论金融消费者概念界定》,载《法学家》2014年第5期。

④ 参见于春敏:《金融消费者的法律界定》,载《上海财经大学学报》(哲学社会科学版)2010年第4期。

民事案件;案由:金融委托理财合同纠纷;案件名称:银行;全文:基金)[①]检索到108篇文书。[②] 这108篇文书中,高级人民法院6份,中级人民法院36份,基层人民法院66份,法院层级具有代表性;从地域来看,覆盖北京市(8篇)、天津市(4篇)、辽宁省(2篇)、吉林省(14篇)、上海市(6篇)、江苏省(10篇)、浙江省(6篇)、福建省(3篇)、山东省(20篇)、河南省(4篇)、湖南省(3篇)、广东省(13篇)、四川省(9篇)、贵州省(1篇)、陕西省(4篇)、甘肃省(1篇)等16个省市,具有地域代表性;从裁判年份来看,覆盖2020年(4篇)、2019年(33篇)、2018年(33篇)、2017年(16篇)、2016年(18篇)、2015年(2篇)、2014年(2篇)等7个年度,在时间上具有代表性;从审判程序来看,覆盖民事一审(72篇)、民事二审(29篇)、民事审判监督(7篇)的完整程序,在审级上具有代表性;从文书类型来看,包括判决书(76篇)与裁定书(32篇),文书类型具有代表性。

2020年7月27日笔者通过"中国裁判文书网"的高级检索功能(案件类型:民事案件;案由:财产损害赔偿纠纷;案件名称:银行;全文:基金)检索到316篇文书。[③]

2020年7月30日笔者通过"中国裁判文书网"的高级检索功能(案件类型:民事案件;案由:合同纠纷;案件名称:银行;全文:基金)检索到21,195篇文书。由于案件数量太多,再次在全文以"私募"为检索条件,检索到223篇文书。[④]

为聚焦本文的核心命题,本文引用案例遵循两个原则:一是一方当事人为金融消费者,另一方当事人包括代销私募基金的商业银行。二是尽量不引用仅经历一审的案件。文中选择的案例一般都是经过二审的,还有一部分案例是经过审判监督程序的。前者的考虑是,如果案例的双方当事人均是专业投资者,就没有适用金融消费者保护的空间了。后者的考虑是,相对来说,经过审判监督程序的或二审的案例与没有经过

---

① 设置上述检索条件的考虑如下:(1)本文视角为金融消费者保护,而民事案件与金融消费者保护最紧密;(2)由于民事案由中没有私募基金,而商业银行代销私募基金案件分散于多种案由中,但是大部分具有审级代表性的案件被归入金融委托理财合同纠纷;(3)本文探讨的是商业银行代销私募基金案件,因此案件名称中包括银行可以检索出一方当事人的案件;(4)由于相关案件中私募基金与公募基金的认定有分歧,因此在全文中检索"基金",以便不遗漏相关案件。

② 这108篇文书的列表与链接请访问"中国裁判文书网",载 http://wenshu.court.gov.cn/website/wenshu/181217BMTKHNT2W0/index.html? s8 =03&pageId =0.20511152374621755,最后访问日期:2020年7月25日。

③ 这316篇文书的列表与链接请访问"中国裁判文书网",载 http://wenshu.court.gov.cn/website/wenshu/181217BMTKHNT2W0/index.html,最后访问日期:2020年7月27日。

④ 这223篇文书的列表与链接请访问"中国裁判文书网",载 http://wenshu.court.gov.cn/website/wenshu/181217BMTKHNT2W0/index.html,最后访问日期:2020年7月30日。

的案例相比,前两者的当事人争议更大,法院裁判标准值得商榷的空间更大。

本文回应商业银行代销私募基金产品案件中的现实问题,从七个部分开展相关的论述:第一部分是导论,在提出问题的同时,对金融消费者与金融投资者的关系进行简单交代,并对本文案例的选择与论文结构进行说明;第二至第五部分针对相关的司法裁判指出,我国现有的相关裁判标准没有贯彻金融消费者(投资者)的倾斜保护原则,并结合相关的案例对有关的裁判标准进行商榷;第六部分在前五个部分的基础上,建议呼应金融消费者弱势地位,完善相关裁判标准;第七部分是简短的结语。

二、否认金融服务合同关系的裁判标准及其商榷

在相关案例中,投资者主张,其与代销银行之间存在金融服务合同关系,但是相关银行会对此予以抗辩,否认其与投资者之间存在金融服务合同关系。代销银行的理由主要有两点:一是对投资者购买相关私募基金产品不知情,销售人员的销售行为系个人行为(飞单),不符合表见代理的构成要件;二是银行在投资者购买私募基金产品的过程中的角色限于代理关系,依据委托代理关系,①投资者与银行之间不存在金融服务合同关系。在众多案例中,银行的抗辩理由得到了人民法院的支持。

(一)否认表见代理的裁判标准及其商榷

1. 否认表见代理

在"尹某辉、中国农业银行股份有限公司东莞厚街支行(以下简称农行厚街支行)金融委托理财合同纠纷案"中,尹某辉向一审法院起诉请求:(1)农行厚街支行赔偿尹某辉理财款1,300,000元及利息83,725元,利息按同期贷款利率计算,从2014年6月11日起算,顺延至农行厚街支行实际清偿之日止,暂计至2015年6月29日,共计1,383,725元;(2)农行厚街支行承担该案全部诉讼费用。一审法院认为尹某辉与农行厚街支行之间不存在金融服务合同关系,并判决:驳回尹某辉的全部诉讼请求,一审受理费全部由尹某辉承担。

尹某辉对一审判决不服,提出上诉。二审法院认为,基于相关证据与查证的事实,尹某辉有理由相信袁某娣代表农行厚街支行且以农行厚街支行的名义向尹某辉推荐购买案涉产品。依照原《合同法》第49条的规定,②时任农行厚街支行营业部副主任袁某娣在超越代理权的情形下以农行厚街支行的名义向尹某辉推荐购买案涉产品,尹某

---

① 《民法典》第162条规定,代理人在代理权限内,以被代理人名义实施的民事法律行为,对被代理人发生效力。

② 原《合同法》第49条规定,行为人没有代理权、超越代理权或者代理权终止后以被代理人名义订立合同,相对人有理由相信行为人有代理权的,该代理行为有效。

辉有理由相信袁某娣有权代表农行厚街支行向其推荐购买案涉产品，尹某辉与农行厚街支行因表见代理关系成立而就案涉产品形成了委托理财合同关系。二审法院据此支持尹某辉的绝大部分诉求。[①]

农行厚街支行对二审判决不服，申请再审，广东省高级人民法院认为，二审判决认定尹某辉、尹某杰与农行厚街支行因表见代理关系成立而就案涉产品形成了委托理财合同关系的事实不清，适用法律错误。并裁定如下：(1)指令广东省东莞市中级人民法院再审该案；(2)再审期间，中止原判决的执行。[②] 在该案中，一审法院与再审法院均否认表见代理，认为投资者与代销银行之间没有委托理财合同关系。

在"尹某杰、中国农业银行股份有限公司东莞厚街支行金融委托理财合同纠纷案"中，一审、二审与再审法院的观点与理由与前述"尹某辉、农行厚街支行金融委托理财合同纠纷案"一致，[③]一审法院与再审法院均否认表见代理，认为投资者与代销银行之间没有委托理财合同关系。

2. 否认表见代理的裁判标准值得商榷

在"尹某辉、农行厚街支行金融委托理财合同纠纷案"中，尹某辉与农行厚街支行就双方之间是否形成委托理财合同关系存有争议。尹某辉以袁某娣以农行厚街支行的名义向其推荐购买案涉理财产品、袁某娣的前述行为属于职务行为并构成表见代理为由，主张其与农行厚街支行形成了委托理财合同关系。农行厚街支行则对此予以否认。

对此，笔者认为，首先，根据《东莞银监分局投诉事项答复意见书》可知，经该局核实，袁某娣个人确实存在在农行营业场所私自销售非农行准入理财产品的行为，而农行厚街支行在二审中亦确认尹某辉购买案涉理财产品的两笔网银交易是在其农行内的电脑上操作，故对尹某辉提出袁某娣在农行厚街支行的营业场所内推荐购买案涉理财产品的主张应予以采信。

其次，袁某娣事发前是农行厚街支行的营业部副主任，负责跟进尹某辉的理财业务多年，且根据尹某辉的陈述及农行厚街支行提供的账户理财产品信息，尹某辉多年以来在袁某娣的推介下除案涉理财产品外一直购买的是农行厚街支行的理财产品。尹某辉在购买案涉理财产品时亦同样是在农行厚街支行的营业场所及营业时间，同样在袁某娣的推介下购买。虽然尹某辉购买案涉理财产品时将理财款转账至案外人公

---

① 参见广东省东莞市中级人民法院(2018)粤19民终3734号民事判决书。

② 参见广东省高级人民法院(2018)粤民申12127、12128号民事裁定书。

③ 参见广东省东莞市中级人民法院(2018)粤19民终3735号民事判决书。

司的账号,但银行不仅有自行发行的理财产品,还有代销的产品,故即使尹某辉于转账购买案涉产品时知晓收款人不是农行,也不能据此说明尹某辉于购买案涉产品时知晓案涉产品不是农行代销的产品。因此,并不能以尹某辉向案外人公司转账的行为,得出尹某辉应当知道案涉产品并非农行厚街支行理财产品的结论。

最后,尹某辉主张,袁某娣事发后才告知案涉产品并非农行理财产品并提供深圳中汇盈信进取九号投资企业合伙协议让其补签字,其没有签,而尹某辉在2014年10月24日向公安机关所作的询问笔录中称袁某娣当时介绍说该基金是农业银行的产品,尹某辉的陈述一直较一致,现无证据显示尹某辉与中汇盈信公司签订了书面协议,也佐证了尹某辉提出的事前并不知悉案涉产品系非农行理财产品的主张。

综上,二审依法认定构成表见代理是准确的。

(二)依据代理关系而否认合同关系的裁判标准及其商榷

1.依据委托代理关系而否认金融服务合同关系

在"徐某弘与平安银行股份有限公司北京丰台支行(以下简称平安银行丰台支行)财产损害赔偿纠纷案"中,原告徐某弘认为,自己与被告平安银行丰台支行之间存在金融服务合同关系,被告对此予以否认。被告称其与某基金公司成立代销关系,并依据双方之间的代销协议收取1%的认购费,在代销关系下,其与徐某弘之间不直接建立合同关系,故不应适用《商业银行个人理财业务管理暂行办法》(已失效)、《商业银行个人理财业务风险管理指引》(已失效)的相关规定。

一审法院认为,根据《商业银行个人理财业务管理暂行办法》(已失效)和《商业银行个人理财业务风险管理指引》(已失效)的规定,商业银行与客户签订合同,为客户办理投资建议、个人投资产品推介等个人理财业务时,应对客户负有审慎的推介义务。原因在于,商业银行作为金融服务提供者,具有为客户提供财务分析、规划或投资建议的专业知识和信息资源优势,在客户要求购买相应金融产品、办理相关业务过程中,根据客户的风险承受能力审慎、如实推荐、介绍产品,避免因商业银行与客户存在利益冲突而造成客户财产损失,但商业银行承担上述义务,应以其与客户之间存在个人理财合同关系为前提,即在双方之间无相应权利义务的情况下,客户要求银行承担推介义务缺乏合同依据。在该案中,被告代销案外基金公司的基金产品,只是向原告提供购买的渠道,原告购买的是基金公司的基金产品,被告将原告购买基金的款项扣除并支付到基金公司的账户,其并非向原告销售其自身的基金产品,故双方之间并非金融服务合同关系。一审驳回徐某弘的全部诉讼请求。[①] 徐某弘对一审判决不服,提出上诉。

---

① 参见北京市丰台区人民法院(2018)京0106民初4015号民事判决书。

二审法院认为,双方当事人之间存在金融服务合同关系。

二审法院综合考量投资者风险自负原则作为证券市场投资的基本原则、平安银行丰台支行在推介案涉理财产品时适当性义务履行的瑕疵及证券市场固有的风险因素对损失影响的权重比例,酌定平安银行丰台支行赔偿徐某弘经济损失的20%,其他诉求不予支持。①

徐某弘对二审判决不服,申请再审。北京市高级人民法院认为,徐某弘的再审理由不能成立,并驳回徐某弘的再审申请。②

在"中国建设银行股份有限公司信阳湖东大道支行(以下简称建行信阳湖东支行)、刘某刚财产损害赔偿纠纷案"的再审中,河南省高级人民法院认为,建行信阳湖东支行代理销售基金公司的理财产品,其和基金公司之间系委托代理关系;基金公司通过建行信阳湖东支行将其理财产品出售给客户,基金公司和刘某刚之间系买卖合同关系。刘某刚使用建行信阳湖东支行的自助柜员机购买基金公司的理财产品,刘某刚是否购买基金,以及购买哪些基金,系其本人自愿决定和选择的结果,刘某刚与建行信阳湖东支行之间并不存在书面或者口头的委托理财合同,故其与建行信阳湖东支行之间并不存在委托理财合同关系。③

2. 依据委托代理关系而否认合同关系的裁判标准值得商榷

在"徐某弘与平安银行丰台支行财产损害赔偿纠纷案"中,平安银行丰台支行称其与大华汇通公司成立代销关系,并依据双方之间的代销协议收取1%的认购费,在代销关系下,其与徐某弘之间不直接建立合同关系,故不应适用《商业银行个人理财业务管理暂行办法》(已失效)、《商业银行个人理财业务风险管理指引》(已失效)的相关规定。

对此,笔者认为,依据《商业银行个人理财业务管理暂行办法》(已失效)的规定,④投资产品的推介属于银行理财顾问服务的范畴,银行只要存在推介行为,且购买者根据银行的推介购买了理财产品,即便投资者没有与银行签订书面协议,双方亦构成事实上的金融理财服务法律关系。依据查明的事实,平安银行丰台支行作为代理销售机构由其理财经理马某某向徐某弘推介了案涉理财产品并提供了客户风险等级评估等服务,徐某弘据此购买了案涉理财产品,故平安银行丰台支行与徐某弘构成了金融理

① 参见北京市第二中级人民法院(2018)京02民终7731号民事判决书。

② 参见北京市高级人民法院(2019)京民申1985号民事裁定书。

③ 参见河南省高级人民法院(2016)豫民再544号民事判决书。

④ 《商业银行个人理财业务管理暂行办法》(已失效)第8条第1款规定,理财顾问服务,是指商业银行向客户提供的财务分析与规划、投资建议、个人投资产品推介等专业化服务。

财服务合同法律关系。依据《民法典》的规定,[①]徐某弘以平安银行丰台支行未充分履行前述合同法律关系项下的适当性义务为由主张其承担相应侵权责任于法有据。

此外,“建行信阳湖东支行、刘某刚财产损害赔偿纠纷案”的再审中,河南省高级人民法院否认投资者与代销银行之间存在金融服务合同关系的观点值得商榷。该案件诉争理财产品由原告应被告建行信阳湖东支行的工作人员即胡某的主动推介而购买,系在胡某指导操作下在被告营业场所的自助柜员机上完成的购买行为,且就此次购买,被告建行信阳湖东支行未对原告刘某刚进行风险评估等。上述法律行为应被认定为构成金融服务法律关系,被告建行信阳湖东支行应履行金融服务的相应义务。

三、没有贯彻投资者适当性原则的裁判标准及其商榷

投资者适当性原则是投资者保护中的关键所在。投资者适当性制度包含对投资者分类,对产品分级,按照风险级别匹配适当的投资者三方面的含义。前两个方面的问题在司法裁判中争议不大,引发较多争议的是第三方面的问题。而这个问题在司法裁判中可以归结为两个方面的焦点:一是代销银行向投资者推介涉案私募基金产品是否有违适当推介义务(代销银行是否履行了将合适的产品推荐给适合的投资者的义务),代销银行向投资者推介涉案私募基金产品时是否已充分尽到风险揭示义务(代销银行在将合适的产品推荐给适合的投资者的基础上,是否充分揭示了相关产品的风险);二是如果代销银行没有尽到适当推介义务或没有充分尽到风险揭示义务,其行为与投资者的损失之间是否有因果关系。而在诸多裁判案例中,不少法院的裁判标准与理由引发了争议。

(一)违反适当推介义务而不予确认的裁判标准及其商榷

1. 代销银行违反适当推介义务而未被法院确认

在“梁某玮与平安银行股份有限公司青岛分行(以下简称青岛平安银行)金融委托理财合同纠纷案”中,梁某玮认为,青岛平安银行违反适当性原则,向其销售高于自身风险等级的产品,要求赔偿此行为造成的全部损失。一审法院认为,青岛平安银行提供的证据不足以证明其在梁某玮购买涉案基金产品前已履行了适当义务,应认定其具有侵权过错,并判定青岛平安银行承担80%的责任,梁某玮承担20%的责任。双方对一审判决均不服,都提出上诉。

二审法院认为,梁某玮既非缺乏高风险理财产品投资经验,也非经评估不适宜认

---

① 《民法典》规定,因当事人一方的违约行为,损害对方人身权益、财产权益的,受损害方有权选择请求其承担违约责任或者侵权责任。

购涉案平安汇通理成转子13号理财产品；青岛平安银行向梁某玮推介涉案平安汇通理成转子13号理财产品并不有违适当推介义务；梁某玮关于青岛平安银行诱骗其购买与其实际风险承担能力完全不相匹配并违背其投资原则的高风险股票型基金的上诉理由并不成立，不予支持。二审法院改判由梁某玮承担70%的责任，青岛平安银行承担30%的责任。①

梁某玮对二审判决不服，申请再审。山东省高级人民法院认为，综合考量青岛平安银行作为专业金融机构应负的风险揭示义务、梁某玮作为具有高风险理财产品投资经验的投资者应具有的风险认知水平和意识、该案双方各自的过错程度，法院认为，就梁某玮诉请的投资损失，二审判决并无不当，裁定维持二审判决。② 在该案件中，二审法院与再审法院认为银行没有违反适当推介义务的观点值得商榷。

2. 与代销银行违反适当推介义务而未被法院确认的裁判标准商榷

在"梁某玮与青岛平安银行金融委托理财合同纠纷案"中，二审法院与再审法院均认为银行没有违反适当推介义务的观点值得商榷。该案双方均认可涉案基金产品系青岛平安银行的员工韦某辰向梁某玮主动推介购买，梁某玮亦是在青岛平安银行的营业场所完成购买行为，同时青岛平安银行还对梁某玮进行了风险测评。青岛平安银行不仅是涉案基金的代理销售机构，还为梁某玮提供了个人投资产品推介、进行客户评估等服务，其与梁某玮之间还构成了个人理财服务法律关系。因此，青岛平安银行在涉案基金销售过程中既应履行证券投资基金销售机构的合规性义务，也应履行商业银行开展个人理财业务的合规性义务。

梁某玮作为60岁的老者，称其月收入2500元，虽然青岛平安银行质证称该收入不能完全反映梁某玮的全部收入，但根据现有证据，一审法院不能认定梁某玮系专业投资者，应视为普通投资者。作为基金代销机构的商业银行在对普通投资者销售高风险理财产品时在信息告知、风险警示、适当性匹配方面负有更多的义务和责任，同时商业银行与一般客户相比之下，更有能力配备相应的录音录像设备。

依据《商业银行个人理财业务管理暂行办法》(已失效)的规定③与《商业银行个人

---

① 参见山东省青岛市中级人民法院(2018)鲁02民终3417号民事判决书。

② 参见山东省高级人民法院(2019)鲁民申4456号民事裁定书。

③ 《商业银行个人理财业务管理暂行办法》(已失效)第37条规定，商业银行利用理财顾问服务向客户推介投资产品时，应了解客户的风险偏好、风险认知能力和承受能力，评估客户的财务状况，提供合适的投资产品由客户自主选择，并应向客户解释相关投资工具的运作市场及方式，揭示相关风险。商业银行应妥善保存有关客户评估和顾问服务的记录，并妥善保存客户资料和其他文件资料。

理财业务风险管理指引》(已失效)的规定,[①]青岛平安银行存在如下过错:第一,在对客户风险评估过程中,如上所述,未能对梁某玮的真实财务情况、投资经验、投资风格、投资目的及风险承受能力进行客观测评,造成测评结果失实。第二,在评估结果失实的基础上,违背梁某玮意志,向要求避免高风险投资、坚决不做证券生意投资的梁某玮主动推介了涉案基金,而该基金系"高等风险、收益浮动的品种",其投资方向中亦包含了证券投资基金,此外还包括"固定收益类金融工具、股指期货、期权、融资融券等金融衍生品"。第三,青岛平安银行未能提供充分证据证明其以金融消费者能够充分了解的方式向梁某玮说明涉案基金产品的运作方式和将最大损失风险以显著、必要的方式向梁某玮作出特别说明。青岛平安银行举证的申请表中虽有"基金有风险,投资须谨慎"字样,结合其举证的其他证据,仅能证明青岛平安银行系泛泛说明风险。而青岛平安银行未提供证据有效证明其在梁某玮购买产品前向梁某玮出示《平安汇通理成转子13号特定客户资产管理计划资产管理合同》供梁某玮查阅、了解,也未尽到明确的提示说明义务,更未按照金融监管的要求由梁某玮书面确认是客户主动要求了解和购买产品,并妥善保存顾问服务的记录。综上,青岛平安银行提供的证据不足以证明其在梁某玮购买涉案基金产品前已履行了适当义务,应认定其具有侵权过错。

(二)未确认因果关系的裁判标准及其商榷

1. 银行违反适当性原则与投资者损失之间的因果关系,法院没有确认

在"徐某弘与平安银行丰台支行财产损害赔偿纠纷案"中,一审法院查证后认定被告(平安银行北京丰台支行)提供的《客户风险承受能力调查表》《客户风险承受度评估报告》显示原告(徐某弘)的风险评估结果为平衡性,而被告推介后原告购买的"平安汇通搏股通金(万博)主动管理15号资产管理计划"是高等风险,只有评估为进取型的投资者才能购买。[②]

---

① 《商业银行个人理财业务风险管理指引》(已失效)第23条规定,对于市场风险较大的投资产品,特别是与衍生交易相关的投资产品,商业银行不应主动向无相关交易经验或经评估不适宜购买该产品的客户推介或销售该产品。客户主动要求了解或购买有关产品时,商业银行应向客户当面说明有关产品的投资风险和风险管理的基本知识,并以书面形式确认是客户主动要求了解和购买产品。

② 《平安银行理财产品客户权益须知》显示客户风险等级测评等级分为5类,与产品的风险对应关系如下:保守型(一级低风险)、稳健型(二级中低风险)、平衡型(三级中风险)、成长型(四级中高风险)、进取型(五级高风险)。涉案产品是五级风险的私募产品,只有被评估为进取型的投资者才能购买。

被告明显违反投资者适当性义务。[①] 但是，一审法院认为，考虑到原告自 2011 年开始接触私募基金，理应对股票、基金等理财产品的类型、风险有一定认识，其所从事的是高风险投资行为，其亦应当承担较一般民事主体更高的谨慎注意义务，谨慎投资并合理预见相应的投资风险，原告应当根据自己的风险承受能力及预判合理选择理财产品，并对理财产品的购买拥有最终的决定权。故原告要求被告赔偿损失并承担利息、律师费的诉讼请求于法无据，难以支持。[②]

2. 与法院否认因果关系的裁判标准商榷

随着金融衍生品的专业性和复杂性不断提升，投资者在信息方面处于明显劣势地位。信息的严重不对称容易诱发逆向选择和道德风险，导致金融市场发生失灵，使投资者利益蒙受不应有的损失。为有效保障投资者权益，金融机构负有适当性义务。所谓"适当性义务"，是指金融机构在推介理财产品时，应主动了解客户的风险偏好、风险认知、承受能力，评估客户的财务状况，提供合适的产品由客户选择，并揭示相关风险，保证将合适的产品销售给适合的投资者。

平安银行丰台支行不适当地推介案涉理财产品与徐某弘经济损失的发生存在法律上的因果关系。

第一，《商业银行个人理财业务风险管理指引》（已失效）第 30 条规定，商业银行提供个人理财顾问服务业务时，要向客户进行风险提示。风险提示应设计客户确认栏和签字栏。客户确认栏应载明以下语句，并要求客户抄录后签名，即"本人已经阅读上述风险提示，充分了解并清楚知晓本产品的风险，愿意承担相关风险"。经法院审查，平安银行丰台支行提供的相关材料中未依据上述规定设置确认语句栏并为徐某弘预留足够抄录空间。

第二，《商业银行个人理财业务风险管理指引》（已失效）第 23 条规定，对于市场风险较大的投资产品，特别是与衍生交易相关的投资产品，商业银行不应主动向无相关交易经验或经评估不适宜购买该产品的客户推介或销售该产品。客户主动要求了解或购买有关产品时，商业银行应向客户当面说明有关产品的投资风险和风险管理的基

---

① 《证券投资基金法》第 98 条规定，基金销售机构应当向投资人充分揭示投资风险，并根据投资人的风险承担能力销售不同风险等级的基金产品。《商业银行个人理财业务管理暂行办法》（已失效）第 37 条规定，商业银行利用理财顾问服务向客户推介投资产品时，应了解客户的风险偏好、风险认知能力和承受能力，评估客户的财务状况，提供合适的投资产品由客户自主选择，并应向客户解释相关投资工具的运作市场及方式，揭示相关风险。原银监会办公厅《关于商业银行开展代理销售基金和保险产品相关业务风险提示的通知》第 3 条规定，禁止银行营销人员误导客户购买与其风险认知和承受能力不相符合的基金和保险产品。

② 北京市丰台区人民法院（2018）京 0106 民初 4015 号民事判决书。

本知识,并以书面形式确认是客户主动要求了解和购买产品。根据查明的事实,平安银行丰台支行财务经理马某某一审庭审中出具的“情况说明”中载明系徐某弘“主动询问我行是否有信托、资管与收益在10%以上的高收益高风险产品”,如其陈述属实,则平安银行丰台支行未提供证据证明其已按照前述规定要求以书面形式确认徐某弘主动要求了解和购买案涉理财产品。

第三,我国《证券投资基金法》第98条规定,基金销售机构应当向投资人充分揭示投资风险,并根据投资人的风险承担能力销售不同风险等级的基金产品。《商业银行个人理财业务管理暂行办法》(已失效)第37条规定,商业银行利用理财顾问服务向客户推介投资产品时,应了解客户的风险偏好、风险认知能力和承受能力,评估客户的财务状况,提供合适的投资产品由客户自主选择,并应向客户解释相关投资工具的运作市场及方式,揭示相关风险。依据查明的事实,徐某弘的《客户风险承受能力调查表》中其风险偏好勾选为稳健型;《客户风险承受度评估报告》评估结果为平衡型。但平安银行丰台支行向其推介的案涉理财产品为高风险,风险等级远高于徐某弘的风险承受能力评级。如徐某弘坚持购买,则平安银行丰台支行应就案涉理财产品的风险对徐某弘进行充分揭示。平安银行丰台支行对此辩称其已经履行了给予徐某弘告知文件、要求其签名、填写风险测评表等程序,《风险揭示书》已就案涉理财产品风险等级和后果对徐某弘作出了必要提示,且徐某弘有过与案涉理财产品高风险等级类似的理财经验。在此种情况下,徐某弘签字同意购买、接受风险的行为与平安银行丰台支行之间仅形成一种形式化的合意,不能仅仅依据此种形式上的合意就认定平安银行丰台支行已充分履行了风险揭示义务。根据查明的事实,在购买案涉理财产品时平安银行丰台支行仅向徐某弘提供了《资产管理计划电子签名约定书》,纸质版投资说明书和资产管理合同都是在徐某弘购买案涉理财产品之后提供的。且现有证据显示徐某弘之前购买的理财产品类型为股权投资基金、债权类投资基金,与案涉理财产品的运作机制和风险特点明显不同,徐某弘亦称其作为非专业的普通投资者并不了解熟悉案涉理财产品的特殊风险结构。故平安银行丰台支行并未以充分、必要、显著的方式向徐某弘揭示案涉理财产品本身所具有的高风险的特殊性和具体体现。

第四,前述法律规定及金融监管机构发布的规范性文件是为了防范市场风险,有效保护投资者权益,属于保护性法律;其中确立的金融机构推介理财产品时应履行的适当性义务属于金融机构的法定义务。故金融机构在向投资者提供理财服务时,应通过相关理财服务合同严格履行前述适当性义务。就该案而言,作为代销理财产品的专业金融机构,平安银行丰台支行对案涉理财产品“高等风险、收益浮动”的风险等级系明知,对投资者购买案涉理财产品可能发生相应损失亦具有合理的预见能力。若无平安银行丰台支行的推介,此前一直稳健投资的徐某弘不会购买案涉理财产品,徐某弘的相应损失亦无从发生。现因平安银行丰台支行直接违反前述适当性义务,不适当地向徐某弘推介了案涉理财产品,导致徐某弘对案涉理财产品的高风险认知不全面并进行了购买,极大地增加了徐某弘经济损失发生的客观可能性,且案涉理财产品的高风险随后被现实化。故平安银行丰台支行对案涉理财产品的不适当推介与徐某弘的经济损失之间构成法律上的因果关系。

四、未适用合格投资者制度的裁判标准及其商榷

私募基金投资风险远大于一般基金产品,监管部门为保护中小投资者的利益,对私募基金的投资与转让建立了合格投资者标准,私募基金的合格投资者,是指具备相应风险识别能力和风险承担能力,投资于单只私募基金的金额不低于100万元且符合相关标准的单位和个人。同时规定"投资者转让基金份额的,受让人应当为合格投资者"。

资金募集是私募基金运作的核心环节。私募基金因其高风险、高收益的特征,在国内外均实行严格的合格投资者制度。私募基金投资确立了合格投资者制度,从资产规模或收入水平、风险识别能力和风险承担能力、单笔最低认购金额三个方面规定了适度的合格投资者标准。然而,受利益驱动,私募机构变相降低合格投资者标准募资的情况时有发生。私募机构通过拆分收益权,突破合格投资者标准便是其中一种手段;更有甚者,打着"拆分"名义,从事非法集资。此外,现实中还存在少数不具备私募基金投资条件、经测试不适合私募基金投资的个人投资者,在私募基金高收益的诱惑下,篡改真实信息承诺符合合格投资者标准,汇集多人资金凑单、拼单变相突破100万元投资底线,当投资出现问题时已悔之晚矣。

人民法院在受理相关案件后,很多不满足合格投资者条件的私募基金份额持有人主张其不是合格投资者,而代销银行则举证证明投资者是合格投资者。在诸多案例中,人民法院对合格投资者标准的理解与金融管理部门的标准有出入,导致很多不满足合格投资者条件的私募基金产品份额持有人败诉,其合法权益没有得到应有的维护。

(一)未适用合格投资者制度的裁判标准

在"洪某成与平安银行股份有限公司杭州滨江支行(以下简称平安银行滨江支行)财产损害赔偿纠纷案"中,原告洪某成起诉称:2015年5月原告在被告平安银行滨江支行购买了120万元的平安资产架海金梁1号基金,并支付了1.2万元的费用。2016年4月25日上述基金被强行赎回,导致原告损失了人民币42.494105万元。原告认为,

被告在代销基金过程中存在违法违规行为,致使原告遭受了巨大的经济损失,应承担赔偿责任,故原告向法院起诉,请求判令:(1)被告赔偿给原告资金损失人民币42.494105万元,并以120万元为基数按年利率4.35%赔偿给原告自2015年5月20日算至2016年4月25日止的利息损失人民币4.785万元;(2)被告返还给原告已支付的费用人民币1.2万元;(3)由被告承担该案诉讼费用。

一审法院认为,原告作为一名完全民事行为能力的成年人,出于投资获利的目的购买涉案理财产品,理应具有风险认知能力和风险承受能力;特别是其对其购买的理财产品的投资对象是华泰证券H股的事实是清楚的,而股市运行具有自身的市场系统性风险等因素。原告所遭受的损失是市场系统性风险所致,与被告在销售涉案理财产品过程中的行为没有因果关系,故原告主张要求被告赔偿资金损失及其利息损失的诉请于法无据,法院不予支持。①

洪某成对一审判决不服,提出上诉。二审法院认为,洪某成的上诉理由依据不足,对其上诉请求本院不予支持,原审判决认定事实清楚,适用法律正确。依照《民事诉讼法》第170条第1款第1项之规定,判决如下:驳回上诉,维持原判。二审案件受理费8572元,由洪某成负担。②

(二)与未适用合格投资者制度的裁判标准商榷

该案的焦点为洪某成是不是合格投资者。两审法院均认为,洪某成是合格投资者。但是该案的证据表明洪某成不是合格投资者。依据《私募投资基金监督管理暂行办法》第2条的规定,③涉案的平安资产架海金梁1号基金属于私募投资基金,应适用《私募投资基金监督管理暂行办法》。依据《私募投资基金监督管理暂行办法》对合格

① 杭州市滨江区人民法院(2016)浙0108民初2600号民事判决书。

② 浙江省杭州市中级人民法院(2016)浙01民终6371号民事判决书。

③ 《私募投资基金监督管理暂行办法》第2条规定,本办法所称私募投资基金(以下简称私募基金),是指在中华人民共和国境内,以非公开方式向投资者募集资金设立的投资基金。私募基金财产的投资包括买卖股票、股权、债券、期货、期权、基金份额及投资合同约定的其他投资标的。非公开募集资金,以进行投资活动为目的设立的公司或者合伙企业,资产由基金管理人或者普通合伙人管理的,其登记备案、资金募集和投资运作适用本办法。证券公司、基金管理公司、期货公司及其子公司从事私募基金业务适用本办法,其他法律法规和中国证券监督管理委员会(以下简称中国证监会)有关规定对上述机构从事私募基金业务另有规定的,适用其规定。

投资者的界定,[①]洪某成不是合格投资者,因为其家庭年收入是50万~100万元,不符合该办法中规定的个人最近3年年均收入不低于50万元。两审法院引用的《关于保险资产管理公司开展资产管理产品业务试点有关问题的通知》规定的发行对象是“合格投资者”,《证券投资基金法》(2012年)第88条、[②]《私募投资基金监督管理暂行办法》第12条对此作出了相关规定,两审法院忽略“风险识别能力”、“风险承担能力”和“个人金融资产”等关键条件必须同时具备的法律法规依据,仅仅以“风险识别能力”和“风险承担能力”作出判断,判定洪某成属于合格投资者不当。平安银行滨江支行明知洪某成非合格投资者却引荐洪某成购买基金,违反《证券投资基金法》(2012年)的规定。根据《证券投资基金法》(2012年)第88条、第92条[③]的规定,以及《私募投资基金监督管理暂行办法》第14条、[④]《商业银行个人理财业务风险管理指引》(已失效)第23条的规定,[⑤]不得向合格投资者之外的个人募集,故平安银行滨江支行应赔偿洪某成的

---

① 《私募投资基金监督管理暂行办法》第12条规定,私募基金的合格投资者是指具备相应风险识别能力和风险承担能力,投资于单只私募基金的金额不低于100万元且符合下列相关标准的单位和个人:(1)净资产不低于1000万元的单位;(2)金融资产不低于300万元或者最近3年个人年均收入不低于50万元的个人。前款所称金融资产包括银行存款、股票、债券、基金份额、资产管理计划、银行理财产品、信托计划、保险产品、期货权益等。第13条规定,下列投资者视为合格投资者:(1)社会保障基金、企业年金等养老基金,慈善基金等社会公益基金;(2)依法设立并在基金业协会备案的投资计划;(3)投资于所管理私募基金的私募基金管理人及其从业人员;(4)中国证监会规定的其他投资者。以合伙企业、契约等非法人形式,通过汇集多数投资者的资金直接或者间接投资于私募基金的,私募基金管理人或者私募基金销售机构应当穿透核查最终投资者是否为合格投资者,并合并计算投资者人数。但是,符合本条第(1)项、第(2)项、第(4)项规定的投资者投资私募基金的,不再穿透核查最终投资者是否为合格投资者和合并计算投资者人数。

② 《证券投资基金法》(2012年)第88条规定,非公开募集基金应当向合格投资者募集,合格投资者累计不得超过200人。前款所称合格投资者,是指达到规定资产规模或者收入水平,并且具备相应的风险识别能力和风险承担能力、其基金份额认购金额不低于规定限额的单位和个人。合格投资者的具体标准由国务院证券监督管理机构规定。

③ 《证券投资基金法》(2012年)第92条规定,非公开募集基金,不得向合格投资者之外的单位和个人募集资金,不得通过报刊、电台、电视台、互联网等公众传播媒体或者讲座、报告会、分析会等方式向不特定对象宣传推介。

④ 《私募投资基金监督管理暂行办法》第14条规定,私募基金管理人、私募基金销售机构不得向合格投资者之外的单位和个人募集资金,不得通过报刊、电台、电视、互联网等公众传播媒体或者讲座、报告会、分析会和布告、传单、手机短信、微信、博客和电子邮件等方式,向不特定对象宣传推介。

⑤ 《商业银行个人理财业务风险管理指引》(已失效)第23条规定,对于市场风险较大的投资产品,特别是与衍生交易相关的投资产品,商业银行不应主动向无相关交易经验或经评估不适宜购买该产品的客户推介或销售该产品。客户主动要求了解或购买有关产品时,商业银行应向客户当面说明有关产品的投资风险和风险管理的基本知识,并以书面形式确认是客户主动要求了解和购买产品。

损失。

五、举证责任分配不当的裁判标准及其商榷

在银行代理私募基金的相关案件中,若有关法院在没有贯彻投资者适当性原则或适用合格投资者制度的基础上,再将有些应当由金融服务或产品提供者承担的举证责任分配给投资者,则会导致投资者的合法权益受损情形愈加严重。人民法院在相关案件的裁判中的举证责任分配不当,导致相关投资者合法权益没有得到应有的保护。其举证责任分配不当主要表现在投资者适当性原则与合格投资者制度两个方面。

(一)在投资者适当性原则方面举证责任分配不当的裁判标准及其商榷

在"潘某娟与平安银行股份有限公司杭州萧东支行(以下简称平安银行萧东支行)合同纠纷案"中,原告潘某娟向法院提出诉讼请求:(1)要求被告平安银行萧东支行赔偿原告理财本金损失237,736.39元、投资期间的理财收益52,950.68元及以理财本金损失237,736.39元为基数从2016年1月21日起至实际付清日止按年利率6%计算的利息损失。(2)该案受理费由被告承担。

法院认为,当事人对自己提出的诉讼请求所依据的事实,应当提供证据加以证明,未能提供证据或者证据不足以证明其事实主张的,由负有举证证明责任的当事人承担不利后果。结合该案,原告在被告处购买"平安汇通理成转子13号特定客户资产管理计划"(以下简称理成转子13号)基金产品时已经接受了风险承受能力调查、风险承受度评估,并签署了风险揭示书,且在上述文书中既有关于风险的特别提示,又有自愿承担风险的备注。同时原告、被告签约的开放式基金代销业务申请表中也特别提示"本行仅为基金公司的代销机构,对基金的业绩不承担任何责任"。另根据被告提供的证据,原告在购买理成转子13号基金产品前亦有多次购买基金产品的经历,对于基金产品的风险应有一定的认识。综上所述,原告诉称,被告向原告不适当推介购买理成转子13号基金产品并承诺保本保息无事实依据,对其所购案涉基金产品所造成的损失,被告也没有过错。为此,原告要求被告赔偿案涉基金产品本金损失、理财收益和产品本金损失的利息损失的诉讼请求于法无据,不予支持。①

依照当时适用的《商业银行个人理财业务管理暂行办法》、《商业银行个人理财业务风险管理指引》和《商业银行理财产品销售管理办法》的相关规定,银行在向客户销售理财产品时,应当了解客户的风险偏好、风险认知能力和承受能力,评估客户的财务状况,提供合适的投资产品由客户自主选择,充分揭示产品风险,向客户说明最不利的

---

① 杭州市萧山区人民法院(2016)浙0109民初3623号民事判决书。

投资情形和投资结果,不得违规承诺收益或者承担损失,对客户进行误导性销售。银行从事产品推介的业务人员应当具备监管部门的行业资格,了解所销售产品的性质、风险收益状况及市场发展情况。之所以对银行的理财销售行为严格规范并课以上述义务,是因为相对而言,客户自身金融知识及能力有限,对理财产品信息的掌握能力较弱,在交易选择上更多依赖银行的推介和说明。要求银行在销售理财产品时履行适当推介义务,向客户充分披露信息和揭示风险,可以防止银行或其销售人员为追求自身利益向客户提供不合适的产品,避免客户不必要的损失。也就是说,投资者适当性原则的举证义务不在投资者,而在金融服务的提供者。

法院查明后认定,2015 年 5 月 14 日原告潘某娟与被告平安银行萧东支行签约认购由被告代销的、由深圳平安大华汇通财管理有限公司管理的理成转子 13 号,认购金额为 110 万元,该基金产品的预警线为 0.85 元,平仓线为 0.80 元。原告在认购时接受了客户风险承受度评估,评估结果为进取型,与购买理成转子 13 号基金产品的风险等级相匹配。同时,原告又在客户风险承受能力调查表、风险揭示书上签名确认。其中,在客户风险承受能力调查表确认:其投资年限为 3 ~5 年,投资经验为中等,风险偏好为稳健型等。

在该案中,原告在客户风险承受能力调查表中被确认风险偏好为"稳健型",而原告在认购时接受了客户风险承受度评估,评估结果为"进取型",这两次评估结果明显不同。如果原告的评估结果是"稳健型",则被告没有履行投资者适当性义务。投资者适当性是金融服务提供者的法定义务,应当由金融服务提供者举证证明是否履行了法定义务,即将"合格的产品卖给了合格的投资者"。但遗憾的是,在该案中,法院将该举证责任赋予了投资者。法院明知二级风险与五级风险之间的巨大差别,以投资者没有举证证明银行不当推荐为由驳回原告的起诉,导致投资者败诉,投资者的合法权益没有得到应有的维护。

(二)在合格投资者制度方面举证责任分配不当的裁判标准及其商榷

在"张某春与平安银行股份有限公司北京花园桥支行(以下简称平安银行花园桥支行)金融委托理财合同纠纷案"中,张某春向法院提出诉讼请求:(1)返还尚欠张某春的 17 万元本金;(2)要求平安银行花园桥支行承担诉讼费用。

法院认为,当事人对自己提出的主张,有责任提供证据。该案中,张某春认购涉案基金时,签署了相应的《客户风险承受能力调查表》《风险揭示书》《资产管理计划电子签名约定书》,平安银行花园桥支行作为涉案基金的代销机构履行了告知义务等适当性义务。同时,张某春主张平安银行花园桥支行未依承诺向其提供一对一专人服务及每周汇报市值服务;张某春在基金募集期内要求平安银行花园桥支行退款,但平安银行花园桥支行没有给其退款;在涉案基金开放日时,张某春打电话要求平安银行花园桥支行退款,平安银行花园桥支行没有给其退款;平安银行花园桥支行未及时通知张某春赎出日,张某春接到赎出日通知时,已经不能赎出;平安银行花园桥支行发布了虚假的市值。并以前述事实为由要求平安银行花园桥支行向其返还本金17万元。但张某春未就其提出前述主张所依据的事实及平安银行负有前述义务的事实向法院提交相应证据,故法院对此不予采信。综上所述,张某春要求平安银行花园桥支行向其返还本金17万元的诉讼请求,缺乏事实及法律依据,本院不予支持。法院依照《民事诉讼法》第64条之规定,①判决如下:驳回原告张某春的全部诉讼请求。②

在该案中,法院经审理查明:原告张某春在《客户风险承受能力调查表》中的个人及家庭年收入选项中勾选了"10万~50万元",在证券投资资金占收入比重选项中勾选了"20%~50%",在投资目的选项中勾选了"在中风险承受能力范围内使资产增值",在投资年限选项中勾选了"3~5年",在投资经验选项中勾选了"中等",在风险偏好选项中勾选了"稳健型",原告勾选的选项均未带"*"号。

原告的个人及家庭年收入为"10万~50万元",达不到50万元的最低标准,也没有证据证明其"金融资产不低于300万元",明显不符合私募基金产品"合格投资者"的条件。原告不符合参与平安汇通-星石8号特定客户资产管理计划的条件,被告向原告销售该产品,明显违反"合格投资者"制度。

但是,法院却对原告主张被告违反该制度的主张未予以审查。法院认为"关于双方当事人的其他诉辩主张,本院并非忽视或默认,而是该部分诉辩主张并不影响本院依据已经查明的事实对本案依法作出判决,故本院对该部分诉辩主张不再赘述"。③

依据《私募投资基金监督管理暂行办法》的有关规定,合格投资者制度是私募投资基金监督管理的核心,这也是私募基金管理人、私募基金销售机构的义务。④ 投资者是

① 《民事诉讼法》第64条规定,当事人对自己提出的主张,有责任提供证据。当事人及其诉讼代理人因客观原因不能自行收集的证据,或者人民法院认为审理案件需要的证据,人民法院应当调查收集。人民法院应当按照法定程序,全面地、客观地审查核实证据。

② 北京市海淀区人民法院(2017)京0108民初15518号民事判决书。

③ 北京市海淀区人民法院(2017)京0108民初15518号民事判决书。

④ 《私募投资基金监督管理暂行办法》第16条规定,私募基金管理人自行销售私募基金的,应当采取问卷调查等方式,对投资者的风险识别能力和风险承担能力进行评估,由投资者书面承诺符合合格投资者条件;应当制作风险揭示书,由投资者签字确认。私募基金管理人委托销售机构销售私募基金的,私募基金销售机构应当采取前款规定的评估、确认等措施。投资者风险识别能力和承担能力问卷及风险揭示书的内容与格式指引,由基金业协会按照不同类别私募基金的特点制定。第17条规定,私募基金管理人自行销售或者委托销售机构销售私募基金,应当自行或者委托第三方机构对私募基金进行风险评级,向风险识别能力和风险承担能力相匹配的投资者推介私募基金。

合格投资者的举证义务由私募基金管理人、私募基金销售机构来承担。如果私募基金管理人、私募基金销售机构不能证明投资者是合格投资者，该投资者就不是合格投资者。

在“张某春与平安银行花园桥支行金融委托理财合同纠纷案”中，法院将合格投资者的举证义务赋予投资者，在举证责任分配上明显不当，因而其据此驳回原告的诉讼请求，违反了合格投资者制度的相关要求。

六、呼应金融消费者弱势地位，完善相关裁判标准

（一）不以代理关系否认合同关系，畅通金融消费者的维权途径

投资者在主张其与商业银行存在金融服务合同法律关系，要求商业银行承担损失赔偿责任时，商业银行通常的一个抗辩理由是投资者所购买的私募基金产品是基金公司提供的，自己只是基金公司的代理人，依据代理法律关系，[①]投资者应向基金公司主张权利。在现有的司法审判中，商业银行的这一抗辩理由得到了很多法院的支持。但是，商业银行这一抗辩理由实际上是值得商榷的。

首先，投资者和商业银行构成广义上的金融服务合同关系。在一般情况下，投资者到银行购买理财产品，不会主动要求购买私募基金。投资者购买私募基金基本上是商业银行推荐的结果。而金融服务合同的范围较广，不仅包括金融产品的购买，还包括金融产品购买之前的推荐。

其次，商业银行在向消费者推荐私募基金的过程中，可能违反私募基金合格投资者制度、投资适当性原则与信息告知义务。如果存在上述违法行为，则依据原《民法通则》与原《民法总则》的相关规定，[②]商业银行与基金公司应该对投资者的相关损失承担连带责任。投资者在起诉时声称，商业银行违反相关法律规定，导致其购买私募基金遭受损失。商业银行在推荐或代销的过程中是否违反相关法律规定，只有在法院进行审查后才能明确，在投资者起诉时，投资者应拥有以合同关系要求商业银行承担赔偿责任的起诉权利。至于商业银行在多大范围内承担责任，人民法院可以依据个案情况予以

---

① 原《民法通则》第63条第2款规定，代理人在代理权限内，以被代理人的名义实施民事法律行为。被代理人对代理人的代理行为，承担民事责任。原《民法总则》第162条规定，代理人在代理权限内，以被代理人名义实施的民事法律行为，对被代理人发生效力。

② 原《民法通则》第67条规定，代理人知道被委托代理的事项违法仍然进行代理活动的，或者被代理人知道代理人的代理行为违法不表示反对的，由被代理人和代理人负连带责任。原《民法总则》第167条规定，代理人知道或应当知道代理事项违法仍然实施代理行为，或者被代理人知道或者应当知道代理人的代理行为违法未作反对表示的，被代理人和代理人应当承担连带责任。

衡平。

(二)贯彻金融消费者适当性原则,维护其合法权益

国务院办公厅《关于加强金融消费者权益保护工作的指导意见》(国办发〔2015〕81号)第三部分"规范金融机构行为"第2项规定,建立金融消费者适当性制度。金融机构应当对金融产品和服务的风险及专业复杂程度进行评估并实施分级动态管理,完善金融消费者风险偏好、风险认知和风险承受能力测评制度,将合适的金融产品和服务提供给适当的金融消费者。金融消费者适当性制度包括"卖者尽责"与"买者自负"两个方面,"卖者尽责"是"买者自负"的基础与前提。通常来说,金融服务提供者"卖者尽责"的边界在于:在客户购买金融产品前将能掌握的信息,尽可能顺畅地提供给消费者,并作好风险提示;作好风险管理,帮助客户做好监督,并及时进行信息披露。①

然而,在现实生活中,金融服务提供者没有贯彻金融消费者适当性制度的例子比比皆是。金融服务提供者往往仅对消费者进行风险测评,不对风险测评结果的真实性负责。有些金融服务提供者明知消费者风险测评结果与购买的私募基金风险等级不匹配,仍然对有关消费者销售私募基金。更有甚者,个别金融服务提供者明知消费者的风险等级不符合相关私募基金的要求,通过伪造测评结果、诱导消费者更改测评结果或通过承诺等方式免除自身的法定义务。

在金融服务法律关系中,投资者与金融机构存在在专业性及信息量等上的客观不对等,投资者作为缺乏专业知识的主体,不当然知晓哪种理财产品适合自己,出于对利益最大化的追求,投资者往往可能选择不合适的理财产品。为了弥补这种不平等,应对专业金融机构课以相应义务,要求金融机构承担为投资者初步挑选理财产品的责任,以避免投资者因其专业性欠缺导致不必要的损失,亦可防止金融机构为追求自身利益将不适格的投资者不当引入资本市场,罔顾投资者权益。

因此,人民法院在司法审判中应当严格贯彻投资者适当性原则。

(三)区分公募基金与私募基金,适用私募基金的合格投资者制度

按照募集对象和募集方式把证券分为公募和私募,②这一两分法反映了证券监管

---

① 参见中国人民银行金融消费权益保护局编著:《金融消费者投诉处理法理分析与研究》,中国金融出版社2019年版,第9页。

② 与公募基金相比,私募基金具有如下特点:一是投资者具有较高的门槛,对风险的识别和承受能力较高,具备较强的自我保护能力;二是投资者人数相对较少,发生风险后涉及人数比公募基金少,所影响的范围相对有限;三是在基金运作中,投资者可以通过有限合伙组织形式、约定分批投资、购买优先股、"对赌协议"等方式降低当事方之间的信息不对称风险,保护自身权益。参见孙硕、方毅祖:《私募股权基金的监管原则》,载《中国金融》2013年第10期。

的基本逻辑:投资者能否自我保护决定了政府证券监管的程度。公募证券面对的投资对象是不能自我保护的公众投资者,因此公募证券需要政府严格的监管,主要体现为是以发行核准(中国)或者发行注册(美国)加上反欺诈为核心的监管制度。而私募证券的发行对象是可以自我保护的合格投资者,因此发行免于核准或注册,信息披露以发行人与投资者约定为主,强制性要求较低,同时也适用反欺诈规则。①

许多私募基金的发行人或代销者,通过将私募基金混同于公募基金,在推荐与销售(代销)的过程中,比照公募基金的有关要求来履行自己的相关法定义务,从而规避私募基金的合格投资者制度。因为如果严格贯彻私募基金合格投资者制度,私募基金产品的销售范围与数量将大为减少,私募基金产品募集成功的可能性大为降低,私募基金管理人与代销机构的利益将很难实现。正是在这种利益的驱动下,许多不符合"专业投资者"②条件的消费者,在商业银行工作人员的推荐或误导下,将私募基金产品当作公募基金产品购买。当金融消费者与商业银行因此发生纠纷时,商业银行将相关私募基金产品混同成公募基金产品,人民法院将错就错,金融消费者的合法权益得不到有效保护。令人遗憾的是,消费者有关主张自己不符合"专业投资者"或"合格投资者"而被商业银行误导购买私募基金产品的案件中,人民法院基本上支持了商业银行将私募基金产品混同为公募基金产品的主张。

一个良好的私募基金法律制度应当是在安全和效率之间实现平衡,③令人鼓舞的是,中国人民银行、中国银行保险监督管理委员会、中国证券监督管理委员会、国家外汇管理局《关于规范金融服务提供者资产管理业务的指导意见》(银发〔2018〕106 号,以下简称《意见》)在贯彻公募基金与私募基金严格区分的基础上,④将公募

① 参见陈颖健:《私募资管产品募集规则法律问题研究》,载《上海金融》2019 年第 9 期。

② 2017 年中国证监会《证券期货投资者适当性管理办法》第 8 条将同时符合下列条件的自然人界定为专业投资者:(1)金融资产不低于 500 万元,或者最近 3 年个人年均收入不低于 50 万元;(2)具有 2 年以上证券、基金、期货、黄金、外汇等投资经历,或者具有 2 年以上金融产品设计、投资、风险管理及相关工作经历,或者属于本条第(1)项规定的专业投资者的高级管理人员、获得职业资格认证的从事金融相关业务的注册会计师和律师。

③ 参见陈颖健:《私募基金合格投资者制度研究》,载《证券市场导报》2018 年第 10 期。

④ 《意见》第 4 条规定:资产管理产品按照募集方式的不同,分为公募产品和私募产品。公募产品面向不特定社会公众公开发行。公开发行的认定标准依照《证券法》执行。私募产品面向合格投资者通过非公开方式发行。《意见》第 2 条第 3 款规定,私募投资基金适用私募投资基金专门法律、行政法规,私募投资基金专门法律、行政法规中没有明确规定的适用本意见,创业投资基金、政府出资产业投资基金的相关规定另行制定。

与私募的区分理念贯彻到了整个资产管理业务。[①]《意见》提出了合格投资者的统一标准,[②]并对市场中混同私募基金产品与公募基金产品的行为加大了打击力度。因此,人民法院在裁判中,应当严格遵循私募基金产品的合格投资者制度,对将私募基金产品混同为公募基金产品的行为予以打击,以维护投资者的合法权益。

(四)依据公平原则,加大金融服务提供者的举证责任

在商业银行代销私募基金产品案件中,投资者可以选择合同或侵权向商业银行要求损失赔偿。选择合同之诉还是侵权之诉,导致消费者维权的难度不一样。从客观上来说,从合同关系的角度,消费者的主张被支持的可能性更大。[③]

如果合同关系成立后,投资者适当性、合格投资者的举证责任就应赋予金融服务提供者。如果金融服务提供者不能证明投资者具有适当性或适用合格投资者,则应当承担举证不能的后果。但令人遗憾的是,我国的相关司法裁判中对相关金融服务提供者履行适当性义务与合格投资者举证责任的认识不够,将相关举证责任不适当赋予消费者,许多消费者因为举证不能而败诉。

如果合同关系不成立,通过侵权之诉维权,消费者必须举证证明其资金受损与金融服务提供者的推荐、销售行为之间有因果关系。但是,在侵权之诉中,金融服务提供者可以主张消费者的损失主要是基于市场,而不是基于金融服务提供者的推荐与销售。退一步来说,消费者举证证明了其资金受损与金融服务提供者的推荐、销售行为

---

① 《意见》第2条第1款规定,资产管理业务是指银行、信托、证券、基金、期货、保险资产管理机构、金融资产投资公司等金融机构接受投资者委托,对受托的投资者财产进行投资和管理的金融服务。

② 《意见》第5条第1款规定,资产管理产品的投资者分为不特定社会公众和合格投资者两大类。合格投资者,是指具备相应风险识别能力和风险承担能力,投资于单只资产管理产品不低于一定金额且符合下列条件的自然人和法人或者其他组织。(1)具有2年以上投资经历,且满足以下条件之一:家庭金融净资产不低于300万元,家庭金融资产不低于500万元,或者近3年本人年均收入不低于40万元。(2)最近1年末净资产不低于1000万元的法人单位。(3)金融管理部门视为合格投资者的其他情形。

③ 在选择合同维权的途径下,如果人民法院认可商业银行的主张(基金公司与商业银行存在代理关系,因代理法律关系的存在而认定商业银行与消费者之间不存在金融服务合同关系),则消费者通过合同关系维权的主张得不到支持,消费者转而通过侵权法律关系主张损失赔偿。但是侵权法律关系中,消费者的举证责任远远大于合同关系中的举证责任。在侵权法律关系中,投资者需要证明4点:一是自己的损害后果;二是商业银行的加害行为;三是商业银行的过错;四是投资者的损害后果与商业银行的加害行为之间有因果关系。投资者证明第一点很容易,但是证明第二点与第三点较难,要证明第四点几乎不可能。因为商业银行可以抗辩说,投资者的损失是基于市场风险而导致的,而不是自己的推荐行为。在相关判例中,商业银行的这个抗辩理由得到了绝大多数人民法院的支持。投资者主张商业银行侵权以维护自身合法权益而被人民法院支持的案例未见。

之间有因果关系,还需要证明金融服务提供者有过错。① 但是,从举证能力的差别来看,在证明金融服务提供者有过错方面,投资者的举证能力明显低于金融服务提供者。② 鉴于金融消费者相较金融服务提供者在信息、资金、能力等方面的弱势地位,将该举证责任赋予金融服务提供者,更符合法律的公平原则。③

七、结语

在商业银行代销私募基金产品案件中,存在商业银行、私募基金管理人与私募基金产品份额持有人三方当事人。由于商业银行与私募基金管理人在代理销售私募基金产品的过程中具有利益的一致性,常常发生私募基金管理人与商业银行合谋损害私募基金产品份额持有人合法权益的现象。作为金融消费者的私募基金份额持有人为维护自身的合法权益,通常以合同之诉或侵权之诉,经人民法院向商业银行主张违约赔偿或侵权损害赔偿。在相关的司法裁判案件中,由于人民法院没有贯彻对消费者适当倾斜保护的理念,产生了否认投资者与代销银行之间存在金融服务合同关系,没有贯彻投资者适当性原则,举证责任分配不当等问题。令人欣慰的是,《九民纪要》在一定程度和范围内对这些问题进行了积极回应。

囿于私募基金产品与公募基金产品之间的巨大差异,在许多案件的审判中,将私募基金混同公募基金,没有适用私募基金的合格投资者制度,导致相关私募基金份额持有人的合法权益没有得到司法的应有保护,损害了司法公正为民的理念。因此,在商业银行代销私募基金案件的相关裁判标准中,不但要积极贯彻《九民纪要》的相关规定与做法,还要落实银发〔2018〕106 号文件中区分公募基金与私募基金的精神,完善相关的司法裁判规则,充分发挥司法裁判为保护私募基金份额持有人在内的金融消费者的合法权益,为我国金融市场的持续健康发展发挥保驾护航的积极作用。

(责任编辑:徐曼)

---

① 原《侵权责任法》第 6 条第 1 款规定,行为人因过错侵害他人民事权益,应当承担侵权责任。

② 参见张斌主编:《金融消费者保护理论与判解研究》,法律出版社 2015 年版,第 99 ~ 100 页。

③ 最高人民法院《关于民事证据的若干规定》(2001 年)第 7 条规定,在法律没有具体规定,依本规定及其他司法解释无法确定举证责任承担时,人民法院可以依据公平原则和诚实信用原则,综合当事人举证能力等因素确定举证责任的承担。参见张斌主编:《金融消费者保护理论与判解研究》,法律出版社 2015 年版,第 101 ~ 103 页。

【国家投资经营法】

市场决定论下竞争性国有企业改革路径辨识与抉择*

孙　晋**

摘　要：市场决定论对国有企业深化改革具有双重意涵：一是政府投资经营行为应该秉持竞争中立原则进行优化性克制；二是国有企业尤其竞争性国有企业应该遵循市场一般规律，公平参与市场竞争。竞争性国有企业是我国国有企业改革不断推进和深化的阶段性产物，其与公益性国有企业相对，兼具资产国有性与平等竞争性两种特质。在理论上，对于竞争性国有企业是否应当退出市场存在争议，大致可分为“全面退出论”“全面保留论”“阶段—选择退出论”3种观点，各有其价值取向与合理性基础；从国企改革实践与我国当前国情来看，国有企业改革是分阶段和渐进式的长期过程，既不能一蹴而就，也不应踟蹰不前。总体上，国有企业退出竞争性领域符合国有企业存在价值和市场化发展方向，从长远来看也是最理想的目标。依循竞争中立原则分类推进改革，应当是渐进推进竞争性国有企业改革的可行路径。

关键词：市场决定论；竞争性国有企业；分阶段改革；竞争中立；混合所有制改革

一、竞争性国有企业概念廓清

（一）竞争性国有企业概念的提出

2011年12月“竞争性国有企业”作为一种区别于公益性国有企业的范畴，由时任国务院国资委副主任邵宁首次提出，他当时表示，国有企业未来后续的改革方向应当

---

* 收稿日期：2020年6月21日。

本文系国家社科基金重点项目“现代市场体系建设的竞争法问题研究”（19AFX019）与新疆大学铸牢中华民族共同体意识研究基地项目（批准号 MLL202005）的阶段性研究成果。

** 武汉大学法学院教授、博士研究生导师，武汉大学竞争法与竞争政策研究中心主任，武汉大学网络治理研究院执行院长。

分类进行。竞争性国有企业应当直面市场竞争,在优胜劣汰中求得生存,进行更彻底的政企分开;公益性国有企业则要更多关注社会效益,不能一味地追求经济效益,为公共利益可以承受一定的政策性亏损。①

从我国国有企业改革发展的实际情况来看,在社会主义市场经济条件下客观存在的竞争性国有企业成为一种"中性企业",也是一种两难企业:一是它们作为国有企业,在法律上资产属国家所有,肩负重要的社会公共功能,不能与非公有制企业一样完全追求利润最大化,只能在约束条件下实现"保值增值",否则就是与民争利;②二是它们被定位于竞争性国有企业,具有与非公有制企业同等的市场地位,承受市场主体优胜劣汰的竞争,追逐利润。然而,因为竞争性国有企业多由国家控股或参股,国有企业和非公有制企业竞争不在同一起跑线上,国家对竞争性国有企业缺失相应的价格管制,公权力的介入使某些竞争性国有企业垄断性赢利,长期如此会加剧我国经济不均衡持续发展。③ 他们在实然层面生产私人产品片面追求利润与在应然层面生产公共产品兼顾公共利益存在明显冲突。④ 基于此,本文尝试对竞争性国有企业作如此定义:"竞争性国有企业是指在竞争性领域存在并以平等竞争者身份与其他所有制企业开展经营和竞争的国有企业。"⑤在资产国有的基础上,其非垄断的可竞争性是竞争性国有企业的突出和重要特征,应当与一般民营企业具有同等的市场主体法律地位,进而平等竞争、公平接受政府监管。⑥

(二)竞争性国有企业与商业类国有企业之辨析

在相关国有企业改革的中央规范性文件中,最终以公益类和商业类作为国有企业分类的正式标签。⑦ 至于商业类国有企业与竞争性国有企业之间的关系,确有必要在此厘清。在中央文件中具体将商业类国有企业划分为3个类别:"主业处于充分竞争行业和领域的商业类国有企业"、"主业处于关系国家安全、国民经济命脉的重要行业和关键领域、主要承担重大专项任务的商业类国有企业"以及"处于自然垄断行业的商

---

① 邵宁:《国有企业向公益性和竞争性方向发展》,载和讯网:http://news.hexun.com/2011-12-10/136178219.html,最后访问日期:2020年12月25日。

② 参见李锦:《国企改革顶层设计解析》,中国言实出版社2015年版,第195页。

③ 参见王新红:《国有企业法律制度研究》,中央编译出版社2015年版,第217~219页。

④ 参见孙晋:《中国企业法律制度的演进与变革》,中国社会科学出版社2011年版,第203页。

⑤ 参见孙晋:《竞争性国有企业市场支配地位取得与滥用以及规制的特殊性》,载《法学评论》2016年第1期。

⑥ 参见罗新宇主编:《国有企业分类及分类监管》,上海交通大学出版社2014年版,第48、59页。

⑦ 参见中共中央、国务院《关于深化国有企业改革的指导意见》《关于国有企业功能界定与分类的指导意见》。

业类国有企业”。不难看出,文件中的商业类国有企业所涵摄的范畴明显超出一般意义上理解的竞争性国有企业的概念,尤其是其中第二类和第三类在很大程度上应当属于公益性较强的国有企业即公共企业的范畴。再者,商业从一般产业划分意义上来说,与工业和农业等概念相并列,如果以“商业”作为与“公益”相对应的概念明显不太妥当。而竞争是市场主体营利的主要手段,而所获盈利实质上就演变为主体的私有财产权益,即私益。从这个角度来看,蕴含私益的“竞争”概念,与“公益”更具有对应性,也更科学和准确。所以,本文主张沿用竞争性国有企业这个概念,且主要是指中央文件中所规定的商业类国企的第一类别即“主业处于充分竞争行业和领域的商业类国有企业”,而把商业类国企的其他类别即公共性较强的企业在学理上划归为公益类国企。

当然,我们还要认识到,公益类国企和竞争性国企的划分并非绝对和一成不变,这是一个动态的过程。2020 年 10 月 29 日党的十九届五中全会通过的《中共中央关于制定国民经济和社会发展第十四个五年规划和二〇三五年远景目标的建议》,规定要“加快国有经济布局优化和结构调整,发挥国有经济战略支撑作用”,还要求“加快完善中国特色现代企业制度,深化国有企业混合所有制改革”,明确提出要“推进能源、铁路、电信、公用事业等行业竞争性环节市场化改革”。很显然,“公用事业等行业竞争性环节市场化改革”的结果,既为民营企业进入带来机会,也是竞争性国企不断增加和扩大的过程。

二、理论迷雾——市场决定论下竞争性国有企业退出与否之争

(一)市场决定论的提出及其对国有企业改革的影响

在党的十八届三中全会上,习近平总书记指出:“理论和实践都证明,市场配置资源是最有效率的形式。市场决定资源配置是市场经济的一般规律,市场经济本质上就是市场决定资源配置的经济。健全社会主义市场经济体制必须遵循这条规律,着力解决市场体系不完善、政府干预过多和监管不到位问题。”[①]这段论述精辟地指出我国到了改革发展现阶段,过去三四十年以政府投资和产业政策为主要手段和发展动力的政府主导型市场经济发展模式难以为继,政府“干预过多”(越位)和“监管不到位”(缺位)导致市场体系不完善和行政权力滥用,政府需要比过去任何时候都要重视市场规律和市场在资源配置中的作用,市场的缺陷才是政府作用的方向,市场的需求才是政

① 习近平:《关于〈中共中央关于全面深化改革若干重大问题的决定〉的说明》,载《求是》2013 年第 22 期。

府的着力点,只有这样才能健全社会主义市场经济体制。《中共中央关于全面深化改革若干重大问题的决定》(以下简称《决定》)提出,“紧紧围绕使市场在资源配置中起决定性作用深化经济体制改革,坚持和完善基本经济制度,加快完善现代市场体系……推动经济更有效率、更加公平、更可持续发展”。

具体到国有企业改革,党的十八届三中全会提出,要全面深化国有企业改革,关键举措是发展混合所有制经济和实行国有企业分类改革,使我国国有企业改革朝着市场化的方向迈进了一大步。《决定》提出,公有制为主体、多种所有制经济共同发展的基本经济制度,是中国特色社会主义制度的重要支柱,也是社会主义市场经济体制的根基。公有制经济和非公有制经济都是社会主义市场经济的重要组成部分,都是我国经济社会发展的重要基础。《决定》还提出,积极发展混合所有制经济。强调“国有资本、集体资本、非公有资本等交叉持股、相互融合的混合所有制经济,是基本经济制度的重要实现形式,有利于国有资本放大功能、保值增值、提高竞争力,有利于各种所有制资本取长补短、相互促进、共同发展。允许更多国有经济和其他所有制经济发展成为混合所有制经济。国有资本投资项目允许非国有资本参股”。《决定》要求,“准确界定不同国有企业功能。国有资本加大对公益性企业的投入,在提供公共服务方面作出更大贡献。国有资本继续控股经营的自然垄断行业,实行以政企分开、政资分开、特许经营、政府监管为主要内容的改革,根据不同行业特点实行网运分开、放开竞争性业务,推进公共资源配置市场化。进一步破除各种形式的行政垄断”。

为更好地贯彻落实《决定》,根据党中央的新论断新指引,2015年8月中共中央、国务院印发了《关于深化国有企业改革的指导意见》,这是新时期指导和推进中国国企改革的纲领性文件。该指导意见全面提出了新时期国有企业改革的目标任务和重大举措,核心内容就是将国有企业划分为商业类和公益类,然后分类推进国有企业改革。

(二)学术界关于竞争性国有企业改革路径的争议

与此同时,学术界关于竞争性国有企业市场化改革如何推进、是否应该退出以及如何退出,也展开了激烈讨论。学界总体上可以归纳为“全面退出论”“全面保留论”“阶段——选择退出论”3种观点。

第一种观点为“全面退出论”,主要基于竞争性国有企业低效率论①、竞争性国有

---

① 参见朱克朋、刘小玄:《国有企业效率与退出选择——基于部分竞争性行业的经验研究》,载《经济评论》2012年第3期;张维迎:《改革领导小组值得期待》,载《新京报》2013年11月15日,第16版。

企业盲目追求私益与民争利[①]、竞争性国有企业破坏市场公平竞争[②]三大原因，主张所有国有企业均不宜参与市场竞争，不应该通过竞争与民争利，应该从竞争性领域和行业完全退出，由民营企业自由公平参与竞争。[③]

第二种观点为“全面保留论”，主要观点在于，我国作为社会主义国家，竞争性国有企业应当保持原有的总量和控制力，[④]在此基础上，通过市场化改造与公司化治理，积极参与市场竞争，增强国有经济活力，不断做大做强，放大国有资本功能。[⑤] 同时，不同意“国有企业低效率论”，认为企业效率的高低与企业性质没有必然的联系。[⑥]

第三种观点为“阶段——选择退出论”，即在我国以公有制为主体的社会主义市场经济前提下，竞争性国有企业一下子完全退出市场，既不现实，也不具有可操作性。[⑦]我国的国有企业与成熟市场经济中的国有企业宏观战略定位不同，在社会主义市场经济中，由于市场主体具有唯利性，许多营利较慢、投资周期长或风险较高的行业，私营企业不愿意投入经营，但是从长远社会发展来看，又必须培育发展，这就需要国有经济或国有部门来投资经营，补充市场和私人主体的不足，动态保持国民经济长远健康发展。[⑧] 还有学者从国有企业退出竞争性领域存在的壁垒及形成的原因角度，反向提出目前使竞争性国有企业完全退出存在较大障碍，不具备现实条件。[⑨] 还有学者则从企业效率的角度，通过对竞争性国有企业在一段时间内退出的决定性因素进行了实证考察，得出企业效率是决定国有企业退出与否的重要变量。[⑩]

---

① 参见邱林：《国有企业涉足竞争性行业是不务正业》，载中国经济网：http://views. ce. cn/view/economy/201002/05/t20100205_20926230. shtml，最后访问日期：2021 年 1 月 15 日。

② 李国海：《论反垄断法对国有企业的豁免》，载《法学评论》2017 年第 4 期；李茂华：《行政性垄断的现实危害及其规制创新探析》，载《吉首大学学报》2004 年第 1 期。

③ 盛洪：《国有企业的性质、表现、改革》，载《中国民营科技与经济》2012 年第 6 期；王宇：《国有企业改革应转换思路：将国有资产从竞争性行业退出》，载《经济研究参考》1996 年第 1 期。

④ 参见付钦太：《“国有企业退出竞争性领域论”辨析》，载《理论探讨》2015 年第 1 期。

⑤ 参见宗寒：《国有企业不应从竞争性行业退出》，载《经济研究参考》1997 年第 1 期。

⑥ 参见纪宝成：《国有经济制度创新的几个理论与实践问题研究》，载《中国人民大学学报》2004 年第 5 期。

⑦ 参见陈灿华：《国有企业全面退出竞争性行业质疑》，载《安庆师范学院学报》（社会科学版）2000 年第 6 期。

⑧ 参见王仪祥：《国有企业不宜完全退出竞争性领域》，载《经济学动态》2010 年第 10 期。

⑨ 参见于国安：《国有企业退出竞争性领域的壁垒分析》，载《财政研究》2002 年第 5 期。

⑩ 参见朱克朋、刘小玄：《国有企业效率与退出选择——基于部分竞争性行业的经验研究》，载《经济评论》2012 年第 3 期。

在反对全面退出和国有企业低效率观点的基础上,对于如何选择性退出、退出时机、退出时序、退出机制等问题,也有学者进行了研究。有人提出,一方面,加强对七大类[1]关系国民经济命脉和国计民生的行业或领域的投入和管理;另一方面,对七大类之外的竞争性领域国有企业,进行分类改革而不是盲目全面退出。同时,应当遵循宏观战略性定位与国有资本属性相结合原则;坚持动态管理实现"有进有退";坚持从整体上搞好国有企业,抓大放小,分清哪些"可为",哪些"不能为";构建国有企业法人治理结构,进一步做好政资分开、政企分开;遵循企业市场竞争力原则;完善监管原则。[2] 关于退出时序,有学者提出,应当将其分为3个阶段,也就是3种类型,即立即退出、暂缓退出和最后退出;分为发展式、创造式和无条件式退出3种退出形式;退出途径多样化,既可以一步到位被兼并、转让或破产清算,也可渐进式通过重整或组建新公司而退出。[3] 至于竞争性国有企业退出后应当由哪些主体来进行承接,有学者先分析了外资承接竞争性国有企业的利弊,然后分析了民营经济在承接时会遇到观念和制度上的障碍,在国有企业内部也应当通过职工持股计划和管理层收购等方式培育承接主体,最后针对这3种承接主体提出了相应的制度支持建议。[4] 笔者认为,虽然国有企业退出竞争性领域是市场经济发展的最终目标,但是这必将是一个长期和漫长的过程,所以现阶段竞争性国有企业应当分阶段、分层次退出,政府通过投资向公共性集聚和市场通过公平竞争优胜劣汰的"两手抓",结合供给侧结构性改革和混合所有制改革,形成良性互动,根据不同行业和不同领域的竞争性国有企业的效率、市场化程度以及国有经济总体布局和结构的战略性调整等因素,有序开展、稳步推进。

三、实践检视——竞争性国有企业的产生与嬗变

毋庸置疑,竞争性国有企业的产生与嬗变伴随我国国有企业改革进程的不断延伸。竞争性国有企业既是国有企业改革的产物,更是市场化的产物,也是政府之手逐步收缩的表现。要了解竞争性国有企业,必须从对长期国有企业改革的深入了解着手,历史地看待竞争性国有企业的产生和发展。

---

① 军工、电网电力、石油石化、电信、煤炭、民航、航运7类行业。

② 参见王仪祥:《国有企业不宜完全退出竞争性领域》,载《经济学动态》2010年第10期。

③ 参见孟恭明、崔宇明:《竞争性国有企业的退出时序与退出方式》,载《佛山科学技术学院学报》(社会科学版)2001年第1期。

④ 参见刘博等:《国有企业从竞争性领域退出的承接主体及制度支持》,载《经济纵横》2005年第11期。

（一）竞争性国有企业产生背景——国有企业改革

1. 国有企业改革摸索推进时期

1978～1992年我国国有企业改革开展了长达14年由简到繁的摸索。揭开国有企业改革帷幕的正是党的十一届三中全会。根据党的十一届三中全会的指导思想和宗旨，国有企业从点到面地阶段性开展了扩权让利、实行经济责任制、"利改税"以及承包经营责任制改革。这一阶段的改革，有效地增强了企业活力，调动了企业生产积极性，但承包经营责任制本身存在局限性，存在不适应市场经济、信息不对称、承包者只注重短期利益、政企无法实现分开等弊端。

2. 国有企业改革突破性发展时期

1992～2002年国有企业改革有了显著的进展。1992年7月国务院颁布《全民所有制工业企业转换经营机制条例》，1993年11月党的十四届三中全会指出，建立"产权清晰、权责明确、政企分开、管理科学"的现代企业制度是国有企业改革的未来目标，1999年，中央文件①指出要推进国有企业战略性改组，建立和完善现代企业制度，加强和改善企业管理，提高国有经济的控制力。在此期间，确立了建立现代企业制度的目标，推行现代企业制度试点，并着手全面推行现代企业制度。

这一时期的改革虽然基本在竞争性行业进行，但是垄断行业在此阶段亦有引入竞争机制的改革，1994年中国联合通信有限公司的成立标志中国揭开了垄断行业改革的序幕；1999年和2001年政府对中国邮电电信总局进行了两次拆分，电信领域基本结束了独家垄断经营的局面。在石油业和民航运输业，经过多轮的分拆重组，有效竞争的市场格局逐步形成。在电力工业领域，2002年政府对国家电力公司进行了分拆重组，电力工业领域初步竞争的局面也已形成。另外，国有资本继续向重点行业、大型重点企业集聚，国有经济在关系国民经济命脉的重要行业和关键领域得到迅猛发展，如军工、铁路、能源等，促进了国有经济的结构调整和布局优化。这段时间的改革是突破性的，改革实践不断创新，冲破旧体制的框架，国有企业进入现代企业制度发展与创新时期。

3. 国有企业现代企业制度改革深化与进一步完善时期

从2002年开始，以现代企业制度为参照，大中型国有企业继续推进规范化的公司制改革，法人治理机构不断完善。通过规范上市、中外合资和互相参股等方式，推行股份制改革，到2002年年底初步形成了投资主体多元化的格局，在已经改制的企业中

① 《官方公布中共中央关于国企改革和发展若干重大问题的决定》，载中国新闻网1999年9月27日，https://www.chinanews.com/1999-9-27/26/1946.html。

"产权清晰、责权明确"的现代化产权制度普遍建立。[①] 2003年3月26日国务院国有资产监督管理委员会正式挂牌,国务院国有资产监督管理委员会专门履行出资人职责,政府有关部门分别行使社会管理职能,按照国有资产管理法律法规的规定和政企分开的原则,按照统一平等的国民待遇准则公平监管各类所有制企业,[②]推动实现"政资分开"的目标。2004年6月国务院国有资产监督委员会进一步推进国有企业加快建立现代企业制度,完善国有企业法人治理结构,初步形成了董事会决策、经理层执行的公司运行机制。[③] 加之《公司法》两次修订,2006年实施的《公司法》具体规范了公司尤其是国有独资公司治理结构,为国有企业机制完善提供了法制框架。

4. 国有企业改革发展全面进入新时期

自2013年党的十八届三中全会召开之后,对于国有企业改革的顶层设计已经较明晰,尤其是伴随若干重要文件的出台,[④]国有企业改革的蓝图已经基本廓清,就是以国有企业逐步市场化为定位、以市场决定资源配置的实现为终极目标、以完善国有资产管理体制为核心、以混合所有制改革和分类改革为两翼的改革方略。对于主业处于充分竞争领域的竞争性国企来说,深化混合所有制改革是当下工作重点;通过公平竞争促进市场竞争能力提升和优化国有经济布局和结构调整,健全"管资本"为主的国有资产监管体制,深化国有资本投资、运营公司改革,推进能源、铁路、电信、公用事业等行业竞争性环节市场化改革,将成为下一步深化国企国资改革的主要目标。

回顾国企改革历程,在改革开放至今40余年的时间里,国企改革先后经历了扩大企业经营自主权、建立现代企业制度、"抓大放小"、战略性改组、推进国有资产管理体制改革等阶段。在持续的改革中,国企不断发展壮大,但同时垄断腐败、与民争利、低效高薪、与市场经济不相容等争议和现实问题也广为学术界、民营企业家和社会公众所诟病。党的十八届三中全会和四中全会分别作出的全面深化改革和全面依法治国的决定,进一步明确了改革的市场化导向和法治化保障,为我国改革指明了方向。但是,国有企业改革中依然存在这样一个悖论——市场化改革方向和公益性公共职能回归。如何解决这个问题,是国有企业改革的终极之问,事关改革成败。

---

① 参见周叔莲:《国有企业改革三个年的回顾和思考》,载《中外企业家》2009年第2期。

② 参见李荣融:《宏大的工程,宝贵的经验——记国有企业改革发展30年》,载《求是》2008年第16期。

③ 参见宋养琰:《国有企业改革30年历程的回顾》,载《中国经贸导刊》2008年第19期。

④ 中共中央、国务院《关于深化国有企业改革的指导意见》、国务院《关于改革和完善国有资产管理体制的若干意见》、《关于国有企业功能界定与分类的指导意见》。3个重要文件为新时期国有企业改革勾画了蓝图,指明了方向。

(二)阶段性与长期性:竞争性国有企业存在与退出之现实考察

在分析总结改革开放几十年以来我国国有企业改革的历史性进程后,可以总结出来国有企业改革是与国家发展目标和经济发展实际状况相联系的,与我国整体的改革开放相同步,国有企业改革作为经济体制改革整体的重要内容推动经济体制改革的发展进程。回望国有企业改革历程不难发现,我国国有企业改革是具有探索性、求实性并且逐步深入的,在原有的社会制度的基础上不断摸索,在探索中求前进并落实改革,追求改革方向和目标与建立市场经济体制的统一,实现渐进式分阶段改革,一步一个脚印扎实推进竞争性国有企业深化改革。国有企业改革是经济体制改革的重要组成部分,亦是推动我国经济体制改革,促进我国经济健康发展的重要动力。现在的国有企业经过40年的改革、改制和重组,面貌焕然一新,增强了现代企业的活力,但是这绝对不是改革漫漫长路的目的地,因为40年的国有企业改革留下的不仅是成绩,还有大量因改革不彻底以及改革规避难点而遗留的问题,在如今激烈的国际竞争大背景下,我国大型国有企业明显存在竞争力不足的问题,在国内因垄断导致市场竞争不足的问题,一味逐利而公共担当不足的问题,效益低下亏损严重的问题债务庞大导致财务风险的问题等,这都需要国有企业更深一步地改革。

根据上述我国国有企业改革路径可以总结出来,我国国有企业改革路径有渐进、分阶段分步骤进行的特点,绝不是一蹴而就的。对于新时期的改革路径,学界还有"国有企业完全退出竞争性领域"的论断,他们认为,竞争性国有企业是不应该存在的,国有企业经营的目的不应该是营利的,只应该进行公益性的事物,竞争性国有企业就是在鼓励国有企业与民营企业争夺经济利益,不符合国有企业改革的最终目的。① 这个观点从终极意义上说有其道理,但不能一步到位,也不能操之过急。在我国很多经济领域不够强大,民营经济实力不够雄厚的时候,将国有企业强行退出竞争性领域将给国民经济带来巨大的危险和损失,②在国际竞争日趋激烈的今天,会大大降低我国综合竞争实力,并且造成人民生活水平的下降。③ 总体来看,国有企业退出竞争性领域是未来国有企业改革的方向所在,但是应当认识到一定阶段内竞争性行业有国有企业之存在能促进行业发展和经济稳定发展,待相关行业或环节的竞争发展到一定程度后,国有企业再通过混合所有制改革循序渐进退出,既保障了经济的稳定、防止社会动荡,又

① 参见程恩富、鄢杰:《评"国有经济退出竞争领域论"》,载刘国光主编:《共同理想的基石:国有企业若干重大问题评论》,经济科学出版社2012年版,第101页。

② 参见杨卫东:《国有企业工具论》,武汉大学出版社2012年版,第197页。

③ 参见李政:《"国进民退"之争的回顾与澄清——国有经济功能决定国有企业必须有"进"有"退"》,载《社会科学辑刊》2010年第5期。

不会使国有资产遭受较大损失。

四、行走在理想与现实之间:竞争中立与国有企业改革分类推进

国有企业分类改革之后,深化改革的核心问题就是竞争性国有企业何去何从?实际上,公益类国企可以名正言顺地回归公共性,也可以理直气壮地“做强做优做大”;而国有企业继续沿着市场化道路向深化改革的主要是竞争性国企,其最理想的目标应当是竞争性国有企业渐进全面退出市场,真正让市场在资源配置中起决定性作用,最终国有企业只承担公益性目标和公共职能。但是全面退出短期内不可能一蹴而就,并且我国社会主义市场尚未发展到竞争性国有企业能够较快全面退出的阶段,盲目强调立即全面退出既不符合国情,也不符合实际,这需要一个阶段、一个循序渐进的过程。中国的改革开放是最基本也是最成功的经验,就是在市场化改革的大方向上始终保持了政策的连续性,坚持渐进式改革。2015年8月中共中央、国务院印发的《关于深化国有企业改革的指导意见》,其中也规定,改革的一项重要原则就是坚持积极稳妥统筹推进,这是深化国有企业改革必须采用的科学方法。要正确处理推进改革和坚持法治的关系,正确处理改革发展稳定关系,正确处理搞好顶层设计和尊重基层首创精神的关系,突出问题导向,坚持分类推进,把握好改革的次序、节奏、力度,确保改革扎实推进、务求实效。基于此,我们提出竞争性国有企业改革应该遵循分阶段渐进式退出理论。

竞争性国有企业改革分阶段退出理论从总体上可以表述为:承认仍然处于经济转轨阶段的当前和可预见的未来,竞争性国有企业的现实性存在,为了避免其对市场竞争的扭曲和对社会整体福利的减损(竞争性国有企业改革的可能性与必要性),为了趋利避害,对竞争性国有企业必须进行特别的法律规制(对竞争性国有企业改革不同阶段及目标的法律规制),从长期来看,待社会主义市场经济体制完全确立后,即市场在资源配置中真正起到了决定性作用,各级政府及其职能部门普遍遵守竞争中立原则,国有企业即完成从竞争性领域完全退出,竞争性国有企业作为纯粹的国有企业不再继续参与市场竞争,是竞争性国有企业改革的最终目标。①

依据竞争性国有企业分阶段渐进式退出理论,竞争性国有企业的退出市场既是不可逆的,又必定是一个长期的过程。在这个过程中,政府的角色至关重要,事关竞争性国企改革的成败和企业退出过程中对市场竞争的影响大小,以及过程的顺利与否和时间的长短。笔者的观点是,秉持竞争中立原则的政府是好的政府,竞争中立才能保障“更好发挥政府作用”。

---

① 孙晋:《竞争性国有企业改革路径法律研究》,人民出版社2020年版,“序言”第3页。

国务院于2017年1月23日发布的《"十三五"市场监管规划》,其中明确规定要以国家中长期战略规划为导向,充分尊重市场,充分发挥市场的力量,实行竞争中立制度。虽然只有短短的几句话,但意义非常重大,这是我国中央文件中首次提到竞争中立概念,说明中央政府已经充分认识到政府只有秉持竞争中立的原则和立场,才能真正处理好政府与市场的关系。国有企业适用竞争中立不仅迫于国际压力,更是中国市场内在的需求,是时代发展的趋势。2019年3月5日李克强总理在政府工作报告中更是首次提出"以竞争中性原则加快清理修改相关法规制度"。由此看来,竞争中立完全可以作为评价我国国有企业市场化改革的标准。

竞争中立的本初指向就是评价政府在市场竞争层面上是否对国有企业与私营企业一视同仁。[①] 具体到我国来说,适用竞争中立评价我国的国企改革尤其是竞争性国企市场化改革问题,首先,需要根据我国国有企业分类的情况分别适用竞争中立原则:对竞争性国企一般适用,对公益类国企例外适用;其次,结合我国的国情、所有制形式、法治环境、经济发展阶段、产业政策等问题进行综合评价。这需要确立竞争中立可以评价的范围,因为竞争中立并非能够评价所有国有企业及其所有业务,对于从事公益性业务、掌握国家经济命脉或涉及国计民生的自然垄断业务一般不适用竞争中立予以评价,对于从事的商业性营利业务,一般皆需要适用竞争中立予以评价。[②] 但是需要注意的是,国有企业分类是一个动态过程,伴随经济的发展、技术进步和社会形势的变化而有所差异。

所以,党的十八届三中全会提出的"国有企业分类改革"意义非常重大。因为在目前的改革阶段,我们既要夯实和扩大公有制经济基础维护社会主义公平正义,[③]又要坚持市场化改革方向实现效率,使国有企业与市场经济更好相融相得益彰。从表面上看,这是一对改革的"悖论"。"分类改革"的概念提出之后,国有企业改革的这一对"悖论"就会得以"化解"。

公益性国有企业,通过改革加监管,成为市场经济中受专门法律约束和监管的特殊企业,确保其公共性回归,专心做市场做不好也不愿做的公共产品公共服务,理直气壮地"做强做优做大",做"顶天立地"的国有企业——在未来产品开发和未来市场培育的高科技高投入高风险领域事关国家竞争力事项上,国有企业要"顶天"且要顶上去;

---

① 参见胡改蓉:《竞争中立对我国国有企业的影响及法制应对》,载《法律科学(西北政法大学学报)》2014年第6期。

② 参见白金亚:《国有企业竞争中立制度研究》,知识产权出版社2019年版,第162~163页。

③ 2018年6月4日全国国有企业改革座谈会在京召开。习近平总书记强调,国有企业是壮大国家综合实力、保障人民共同利益的重要力量,必须理直气壮做强做优做大。

在保民生领域,国有企业要“舍得吃亏”,要兜住民生保障的底线,国有企业要“立地”且要立得稳。

竞争性的国有企业,当前的改革方向是发展混合所有制经济,主要让民营企业和国有企业“混合”,这种“混合”,既是改革的手段,又是国企国资退出或转移的过渡。具体来讲,混合所有制又有两种类型:第一种是为国有资本退出做准备的混合所有制,这往往会涉及控股权的转移。为了国有经济布局结构调整到位,可以把中央企业一批低效业务,或者做不好的业务,通过“混合”的手段,实现国资国企退出,后者转移到公益类国企当中去。第二种是国有大企业为了改变经营机制开展的混合所有制。其主要方式是让企业整体上市,实现股权多元股份分散,使中央企业成为市场经济中规范的公众公司。

总之,国有企业逐步并完全退出竞争性领域,必将是一个长期过程,在这个漫长过程中,通过分类之后对公益类国有企业和竞争性国有企业分别采取不同的改革方式,两者相结合,是国有企业改革的最佳路径选择——竞争性国企市场化方向改革把国有企业对市场决定资源配置和竞争机制的不利影响降至最低,公益类国有企业回归公益承担公共职能的改革把对市场失灵的弥补作用发挥到极致,前者追求经济效率最大化,后者实现公平正义最大化。这样,国有企业将能够和我国社会主义公有制经济基础和社会主义市场经济实现最佳也是最终的融合,应对百年未有之大变局,助力中华民族伟大复兴。

(责任编辑:梁鹏)

论 PPP 协议多元纠纷解决机制的构建*

陈　鹏**

摘　要:PPP 协议是政府与社会资本合作协议,旨在保障公共服务供给的规模和质量。PPP 协议究竟是民事合同、行政合同还是混合合同,理论和实践认识不统一,导致各级法院对其纠纷性质的认定及裁判程序的适用大相径庭,甚至相互矛盾。鉴于此,运用"公共服务理论"来识别 PPP 协议的法律性质,将其定性为由公共权力支撑公共服务供给的行政契约。可根据 PPP 协议纠纷是否由行政主体行使职权而引起,将其分为行政纠纷和民事纠纷,并在此基础之上构建符合 PPP 协议及其纠纷性质的行政复议、行政诉讼和民事诉讼、仲裁的多元纠纷解决机制。

关键词:PPP 协议;行政契约;公共服务;纠纷;解决机制

一、引言

"财政是履行和实现政府职能的手段,财政职能实际上就是政府的职能,这里将财政的职能定位为资源配置、收入分配、经济稳定与发展以及保障社会和谐稳定、实现国家长治久安四种职能。"①可见,财政在现代国家和社会发挥极为重要的功能。传统理论认为,公共物品特别是纯公共物品②供给的领域,由于市场不愿介入,只能是政府机关和公共部门专断的活动范围,即应由财政承担公共物品支出责任的场域。然而,

---

* 收稿日期:2020 年 4 月 20 日。

本文为司法部 2018 年度国家法治与法学理论研究项目"政府与社会资本合作(PPP)纠纷解决机制研究"(18SFB2050)阶段性成果。

** 中国人民大学法学院博士研究生。

① 陈共主编:《财政学》,中国人民大学出版社 2017 年版,第 17 页。

② "纯公共物品"是相对于"准公共物品"而言的,前者具有非竞争性和非排他性的特征,后者具有非竞争性与排他性的特征。

面对经济转型升级、增速放缓,供给侧结构性改革及减税降费,政府财政收入增速下行而公共预算支出加大,地方政府债务风险累积等问题,政府通过与社会资本合作——签订PPP协议来提供公共产品和服务,以发展经济和公益性事业、改善民生,不仅保证了公共物品供给的规模和质量,而且减轻了财政压力、降低了财政赤字风险。

"在各国行政改革中,作为政府治理工具的契约被逐渐适用于各个领域。"①2013年11月党的十八届三中全会提出"允许社会资本通过特许经营等方式参与城市基础设施投资和运营",为政府与社会资本合作发展提供了政策依据。截至2018年12月底,PPP项目累计入库8000余个,计划投资13万亿元,占我国目前90万亿元GDP的14.44%,其中已经签约的项目7万亿元,开工建设3万亿元。② 然而,自PPP项目实施以来有关PPP协议发生的纠纷,实务与理论上的救济路径不一,表面上看是因为没有法律、行政法规对PPP协议性质进行规定,或有关PPP协议性质的规范性文件之间存在冲突,实质上是源于对PPP协议法律性质的认识不统一。这不仅不利于引导PPP模式的有序发展,而且将导致政府通过PPP模式引导社会资本提供公共产品和服务的目的落空。因此,应当明确PPP协议的法律性质及其纠纷性质,方能构建出适合发展PPP事业的多元纠纷解决机制。

二、理论与实务对PPP协议纠纷的救济及评介

PPP是英文"Public-Private Partnership"的简称,意为公私合作伙伴关系,财政部将其称为"政府和社会资本合作",③其把部分政府提供公共物品的责任以特许经营权等方式转移给社会主体(企业),政府与社会主体建立起"利益共享、风险共担、全程合作"的共同体关系,其中,共担责任、共享资源、共担风险是公私合作的核心要素。这促进了社会资本方的参与动力,减轻了政府的财政负担,缓解了国有资本单独运行引起的腐败、低效、不公正问题,降低了社会主体的投资风险,最终目的是提高公共服务供给的质量和效率。"广义上理解,BOT(建设—经营—转让投资)投资方式也是PPP模式

---

① 胡敏洁:《论政府购买公共服务合同中的公法责任》,载《中国法学》2016年第4期。

② 参见王毅:《保持定力、规范发展,推动PPP行稳致远》,载财政部官网:http://jrs.mof.gov.cn/zhengwuxinxi/lingdaojianghua/201812/t20181227_3109798.html,最后访问日期:2019年12月28日。

③ 参见财政部《关于推广运用政府和社会资本合作模式有关问题的通知》(财金〔2014〕76号)规定,为贯彻落实党的十八届三中全会关于"允许社会资本通过特许经营等方式参与城市基础设施投资和运营"精神,拓宽城镇化建设融资渠道,促进政府职能加快转变,完善财政投入及管理方式,尽快形成有利于促进政府和社会资本合作模式(Public-Private Partnership,PPP)发展的制度体系。

的一种形式。”①本文从广义上理解 PPP 协议,即 BOT 协议也属于 PPP 协议的范畴。PPP 项目的合同是一个集合概念,包括项目合同、股东合同、融资合同、工程承包合同、运营服务合同、原料供应合同、产品采购合同和保险合同等所构成的合同体系。相对于该合同体系中各种不同形式的合同而言,PPP 项目合同实则处于中心地位,称其为基础性合同亦不为过。② 因而,本文将 PPP 项目合同作为分析的重要对象。只有明确区分 PPP 协议是行政契约还是民事合同,以及发生的纠纷是民事纠纷还是行政纠纷,确定权利救济路径,才能稳定合同当事人的合理预期。PPP 模式诞生的原因是政府有效供给公共服务的财力不足及国有资本运营的腐败、低效、亏损,而相比之下,作为私有产权者的社会资本方一般能够并且有强烈意愿构建完善的经营管理制度,增强资本运行的效率。因此,政府欲通过吸引社会资本,与其合作,利用资源互补的优势,从公共产品的直接“提供者”转变为社会资本的“合作者”及 PPP 项目的“监管者”,以实现 PPP 项目的高效运营,反过来又减少政府财政负担。为了保证该目的实现,对社会资本的平等保护至关重要,特别是在目前法律、行政法规对 PPP 的规定尚属空白之时,只有区分 PPP 协议的性质才能更好地将其与现行的法律制度之间进行衔接协调,对其运行的全生命周期提供保护,尤其是增强社会资本的参与意愿和信心,如此才能做到名正、言顺、事成,否则,社会资本方会畏葸不前。PPP 协议法律性质的认定将在很大程度上决定后续纠纷解决的方式,这会给 PPP 协议当事人特别是私人部门的权益保护带来重大影响。③

(一)立法对 PPP 协议纠纷的救济及评介

目前,我国对于 PPP 协议的法律性质及救济尚未有法律、行政法规的专门规定,导致部门规章、部门规范性文件对 PPP 协议纠纷的救济途径不协调、不统一(详见表 1)。

---

① 陈共:《财政学》,中国人民大学出版社 2017 年版,第 107 页。

② 参见刘飞:《PPP 协议的法律性质及其争议解决途径的一体化》,载《国家检察官学院学报》2019 年第 4 期。

③ 参见尹少成:《PPP 协议的法律性质及其救济——以德国双阶理论为视角》,载《政法论坛》2019 年第 1 期。

表1 我国立法关于PPP协议纠纷救济路径的主要规定

效力层级	文件名称	制定主体	颁布时间	是否生效	对应条款	具体内容	救济路径
法律	《行政诉讼法》	全国人大	2017年6月	是	第12条第1款第11项	认为行政机关不依法履行、未按照约定履行或者违法变更、解除政府特许经营协议、土地房屋征收补偿协议等协议的	行政诉讼
	《政府和社会资本合作法(征求意见稿)》	全国人大常委会	2016年6月	否	第49条	开展政府和社会资本合作,社会资本与实施单位就合作协议发生争议并难以协商达成一致的,可以依法提起民事诉讼或者仲裁	民事诉讼或仲裁
行政法规	《基础设施和公共服务领域政府和社会资本合作条例(征求意见稿)》	国务院	2017年7月	否	第40条、第41条	因合作项目协议履行发生的争议,可以依法申请仲裁或者向法院提起诉讼。 对政府有关部门作出的与合作项目的实施和监督管理有关的具体行政行为,社会资本方认为侵犯其合法权益的,有陈述、申辩的权利,并可以依法提起行政复议或者行政诉讼	仲裁或诉讼;行政复议或行政诉讼

续表

效力层级	文件名称	制定主体	颁布时间	是否生效	对应条款	具体内容	救济路径
部门规章	《基础设施和公用事业特许经营管理办法》	国家发改委、财政部、住建部、交通运输部、水利部、中国人民银行	2015年4月	是	第51条	特许经营者认为行政机关作出的具体行政行为侵犯其合法权益的,有陈述、申辩的权利,并可以依法提起行政复议或者行政诉讼	行政复议或行政诉讼
	《市政公用事业特许经营管理办法》	建设部	2015年5月	是	第29条	主管部门或者获得特许经营权的企业违反协议的,由过错方承担违约责任,给对方造成损失的,应当承担赔偿责任	推定为仲裁或民事诉讼
部门规范性文件	《政府和社会资本合作项目政府采购管理办法》	财政部	2014年12月	是	第22条第2款	项目实施机构和中标、成交社会资本在PPP项目合同履行中发生争议且无法协商一致的,可以依法申请仲裁或者提起民事诉讼	仲裁或民事诉讼

续表

效力层级	文件名称	制定主体	颁布时间	是否生效	对应条款	具体内容	救济路径
部门规范性文件	《政府和社会资本合作模式操作指南(试行)》	财政部	2014 年 11 月	是,但已失效(有效期届满)	第 28 条第 3 项	在项目实施过程中,按照项目合同约定,项目实施机构、社会资本或项目公司可就发生争议且无法协商达成一致的事项,依法申请仲裁或提起民事诉讼	仲裁或民事诉讼
	《政府和社会资本合作项目通用合同指南》	国家发改委	2014 年 12 月	是	第 73 条第 3 款	协商或调解不能解决的争议,合同各方可约定采用仲裁或诉讼方式解决。采用仲裁方式的,应明确仲裁事项、仲裁机构	仲裁或诉讼

住房和城乡建设部的部门规章和国家发改委、财政部制定的规范性文件,总体上都主张通过仲裁或者民事诉讼来解决 PPP 协议纠纷。现行《行政诉讼法》扩大了受案范围,即“认为行政机关不依法履行、未按照约定履行或者违法变更、解除政府特许经营协议、土地房屋征收补偿协议等协议的”,可以提起行政诉讼。这为通过行政诉讼方式解决 PPP 协议纠纷提供了较明确的法律依据。随后,国家发改委、财政部、原住建部、交通运输部、水利部和中国人民银行制定的《基础设施和公用事业特许经营管理办法》第 51 条规定:“特许经营者认为行政机关作出的具体行政行为侵犯其合法权益的,有陈述、申辩的权利,并可以依法提起行政复议或者行政诉讼。”

从效力位阶分析,《行政诉讼法》和《基础设施和公用事业特许经营管理办法》分别为法律、部门规章,效力高于国家发改委和财政部制定的部门规范性文件。因此,采取行政复议和行政诉讼的手段对 PPP 协议纠纷进行救济似乎没有疑问。然而,2016 年《政府和社会资本合作法(征求意见稿)》第 49 条规定,“开展政府和社会资本合作,社会资本与实施单位就合作协议发生争议并难以协商达成一致的,可以依法提起民事诉讼或者仲裁”。该法关于 PPP 协议纠纷可以依法提起民事诉讼或仲裁的规定若是获得通过,依照“特别法优于一般法”原理,PPP 协议纠纷可以通过仲裁和民事诉讼途径解决,这势必与《行政诉讼法》的规定相龃龉。为进一步明确 PPP 协议纠纷性质,保证法律体系的内在统一，国务院法制办在2017年7月公布的《基础设施和公共服务领域政府和社会资本合作条例（征求意见稿）》（以下简称《合作条例（征求意见稿）》）第40条、第41条将PPP协议纠纷分为两类：履行中的争议和实施、监管项目中具体行政行为的争议。前者适用仲裁或者民事诉讼，后者适用行政复议或行政诉讼。国务院通过制定行政法规来规范PPP协议纠纷，似乎合理。但是，由于《行政诉讼法》是法律，其法律效力高于行政法规，因此作为行政法规的《合作条例（征求意见稿）》却不与《行政诉讼法》中解决PPP协议纠纷的方式相一致，其合法性受到质疑，有《立法法》第96条规定的"下位法违反上位法规定"之嫌疑。这在一定程度上反映出我国立法对PPP协议纠纷法律性质的认定及其救济渠道的选择仍然存在体系上的冲突。

（二）司法对PPP协议纠纷的救济及评介

理论的体系性与回应现实的需求性之间的矛盾，导致PPP协议纠纷的救济在理论上并没有达成共识，这在一定程度上影响了立法的选择并放大了立法之间的矛盾与冲突。理论上的分歧源自司法实践中的争议。[①] 在矛盾和问题更加集中的司法实践之中，由于对PPP协议及其纠纷性质理解不一，各级各地法院对PPP协议纠纷应当采取民事诉讼还是行政诉讼摇摆不定，甚至连最高人民法院也不能幸免，这不仅无助于实现权利救济、落实责任和化解纠纷，[②]做到"案结事了"，更在不同程度上削弱了法院司法裁判的统一性与权威性。现将最高人民法院在审理PPP协议案件时，对协议纠纷的救济途径总结如下（见表2）。

表2　最高人民法院关于PPP协议纠纷的救济选择

案件名称	审理法院	案号	案由	裁判日期	合同性质	纠纷性质	救济路径
和田市人民政府、新疆兴源建设集团有限公司合同纠纷二审民事裁定书	最高人民法院	（2014）民二终字第12号	民事—合同纠纷	2014年7月7日	行政协议	行政争议	行政诉讼。撤销原判决，告知另行提起行政诉讼

---

① 参见江国华：《政府和社会资本合作项目合同性质及争端解决机制》，载《法商研究》2018年第2期。

② 参见江必新：《中国行政合同法律制度：体系、内容及其构建》，载《中外法学》2012年第6期。

续表

案件名称	审理法院	案号	案由	裁判日期	合同性质	纠纷性质	救济路径
新疆兴源建设集团有限公司、和田天瑞燃气有限责任公司城乡建设行政管理:其他(城建)再审审查与审判监督行政裁定书	最高人民法院	(2016)最高法行申 4236 号	行政—其他城建	2018 年 12 月 24 日	行政协议	行政纠纷	行政诉讼。驳回新疆兴源建设集团有限公司、和田天瑞燃气有限责任公司的再审申请
河南新陵公路建设投资有限公司与辉县市人民政府管辖裁定书	最高人民法院	(2015)民一终字第 244 号	民事—管辖权纠纷	2015 年 10 月 28 日	民事合同	民事纠纷	民事诉讼。驳回上诉,维持原裁定
北京北方电联电力工程有限责任公司与乌鲁木齐市交通运输局其他合同纠纷二审民事裁定书	最高人民法院	(2014)民二终字第 40 号	民事—管辖权纠纷	2014 年 7 月 25 日	行政合同关系 + 民事合同关系	民事争议	民事诉讼
北京国润水清环境工程有限公司、广西壮族自治区钦州市人民政府再审审查与审判监督行政裁定书	最高人民法院	(2017)最高法行申 3787 号	行政—其他行政管理	2017 年 9 月 30 日	行政协议	行政纠纷	行政诉讼。驳回北京国润水清环境工程有限公司的再审申请
广汉市三星堆汽车客运服务有限责任公司与广汉市人民政府投资合同纠纷上诉案	最高人民法院	(2009)民二终字第 37 号	民事—合同纠纷	2009 年 7 月 11 日	民事合同	民事纠纷	民事诉讼。驳回上诉,维持原判

续表

案件名称	审理法院	案号	案由	裁判日期	合同性质	纠纷性质	救济路径
沭阳恒通水务有限公司、沭阳县人民政府合同纠纷二审民事判决书	最高人民法院	（2017）最高法民终415号	民事—合同纠纷	2017年9月27日	民事合同	民事纠纷	民事诉讼或者仲裁
四川帅华路业有限公司与四川省交通运输厅、四川省财政厅等再审行政裁定书	最高人民法院	（2017）最高法行申4456号	行政—行政批准	2017年8月10日	行政协议	行政争议	行政诉讼
武威汉氏天安环境科技有限公司、甘肃武威黄羊工业园区管理委员会合同纠纷二审民事判决书	最高人民法院	（2015）民二终字第116号	民事—合同纠纷	2015年12月9日	民事合同	民事纠纷	民事诉讼
漳浦中环天川环保水务有限公司与漳浦县环境保护局、漳浦县赤湖镇人民政府等侵权责任纠纷申诉、申请民事裁定书	最高人民法院	（2015）民申字第3013号	民事—侵权责任纠纷	2015年12月30日	部分条款具有行政合同性质	民事争议	民事诉讼

通过上述典型案例可以发现以下问题：对于 PPP 协议中有些合同条款有民事合同性质而有些条款有行政合同性质的情形，应当如何进行区分？是否只能单一地区分为民事合同或者行政合同？是否需要区分争议发生时间？其纠纷性质是行政争议还是民事纠纷？纠纷解决程序应当适用民事诉讼还是行政诉讼？适用规范是行政规范还是民事规范？对于这些问题，最高人民法院和各高级人民法院之间、最高人民法院不同的审判庭之间都有不同认识，即使在 2014 年《行政诉讼法》将行政协议纠纷纳入行

政诉讼法受案范围之后,这些认识上的不一致仍然存在。众所周知,没有稳定、可预期的救济途径不仅不利于吸引社会资本参与PPP项目,而且无助于维护司法裁判的权威性和统一性。

(三)法学理论对PPP协议纠纷的救济及评介

在公法与私法分立的国家中,对PPP协议的定性将决定其适用法律规则和救济途径的选择。① 有关PPP协议法律性质的理论学说有“民事合同说”“行政合同说”“混合合同说”。

“民事合同说”认为,PPP协议实质上仍是民事合同,当事人可以采取和解、调解、仲裁和民事诉讼等途径来解决纠纷。和解、调解作为当事人意思自治的产物,虽然在一定程度上能够快速解决纠纷,达成双方当事人都能接受的结果,但是由于没有规范程序的约束,也缺乏透明性,因此会存在行政机关和社会资本方以牺牲公共利益为代价为各自谋取私利的可能。相比于PPP协议内容的专业性、复杂性、综合性,以及具有较强的社会关注度,仲裁和民事诉讼因程序公开、透明,较能为双方当事人及相关政策、立法和社会所接受。但是,根据上述最高人民法院案例发现,很多PPP协议纠纷都是政府行使行政职权所引起的,而仲裁和民事诉讼无法对行政行为的合法性进行审查。

“行政合同说”认为,PPP协议本质上属于行政协议,发生的纠纷应当通过行政救济途径解决。当事人可以通过行政复议、行政诉讼和国家赔偿等程序获得救济。因为通过缔结PPP协议来提供公共服务,本质上是一种公共职能的履行。② 由于合同双方当事人之间不能排除行政权的作用,因此不能忽略公法因素的存在。尤其是政府作为合同一方当事人,不仅需要承担行政事项管理者的职能,而且需要对相关公共服务的提供承担一定的担保责任。法国把PPP协议纳入行政合同范畴,适用行政法和受行政法院管辖。③ 根据我国2014年11月施行的《行政诉讼法》第12条第1款第11项的规定,“认为行政机关不依法履行、未按照约定履行或者违法变更、解除政府特许经营协议、土地房屋征收补偿协议等协议的”,行政相对人或利害关系人可以向人民法院提起行政诉讼。继之,2015年4月颁布的《基础设施和公共事业特许经营管理办法》第51条明确规定:“特许经营者认为行政机关作出的具体行政行为侵犯其合法权益的,有陈述、申辩的权利,并可以依法提起行政复议或者行政诉讼。”但上述规定与审判实践存

---

① 参见湛中乐、刘书燃:《PPP协议中的法律问题辨析》,载《法学》2007年第3期。

② 参见胡敏洁:《论政府购买公共服务合同中的公法责任》,载《中国法学》2016年第4期。

③ 参见于安:《我国实行PPP制度的基本法律问题》,载《国家检察官学院学报》2017年第2期。

在不小的冲突。“行政合同说”理论的适用,需要总结最高人民法院判例的经验,并将发现的规律与现行制度进行衔接。

“混合合同说”认为,PPP 协议当事人既可以采用民事救济途径也可以使用行政救济手段来解决 PPP 协议纠纷,赋予了合同当事人更多的路径选择。但是,该学说的缺陷在于没有从理论上厘清 PPP 协议的民事合同性质和行政合同性质的边界。当纠纷发生时,当事人对救济路径的选择处于不确定状态,导致适法上的混乱,给法院受理和裁判 PPP 协议带来不便,极易损害社会资本方之私人利益和公共利益。

三、PPP 协议多元纠纷解决机制的构建

从立法、司法和理论上对 PPP 协议纠纷救济进行评述是为构建纠纷解决机制奠定基础,发现三者之间的共性和差异,确定 PPP 协议性质,达到“保障公共利益”与“尊重私人利益”的双重目的,[①]以此为基础提出切合理论和实践的 PPP 协议多元纠纷解决模式。

(一)PPP 协议的识别标准

PPP 协议是行政契约、民事合同还是公私混合合同,需要明确判断的圭臬,进而才能确定 PPP 协议的法律属性,并为后续的法律救济提供正当化的理由与根据。目前,区分行政契约与民事合同的理论可谓仁者见仁、智者见智。在判断行政契约的法律性质上,我国法院分别以主体的法定性、主体地位不平等、行政职责为前提、行政主体具有优益权、行政目标为合同目的、适用行政法规范、行政法上的权利义务等,作为行政合同区别于民事合同的特征。[②]

面对目前纷繁复杂的行政契约界定因素,余凌云教授认为,判断行政契约和民事合同的根本标准是标的内容和法律关系的性质。标的内容相异也就使形成的法律关系不同。行政契约中当事人之间形成的法律关系是行政法上的权利义务关系,如两县政府间就医疗卫生事务达成的协作协议,而民事合同所形成的是民事法律关系。法律关系性质的不同,也从根本上决定了对契约构筑的理论基础、法律调整方式及救济的不同。原则上,行政契约是以公共利益为优位考量,通过行政法来调整,以行政救济来解决涉诉问题。民事合同则以意思自治原则为基础,考虑私人利益,由民法来调整,通过民事诉讼来解决纠纷。[③] PPP 协议是政府与社会资本合作的协议,需要排除双方当事人都是政府的情形,因此标的内容相异的标准具有局限性。基于法律关系的性质而

---

① 参见陈天昊:《行政协议的识别与边界》,载《中国法学》2019 年第 1 期。

② 参见叶必丰:《行政合同的司法探索及其态度》,载《法学评论》2014 年第 1 期。

③ 参见余凌云:《行政法讲义》(第 2 版),清华大学出版社 2014 年版,第 259 页。

言,公共利益是决定契约公私属性的关键,但公共利益是抽象概念,在实践中由于确定其内涵和边界较难、可操作性不强,需要借助概念工具才可实现准确界定。而于立深教授删繁就简,主张以公权力的作用作为判断行政契约与民事合同的核心标准。公权力的作用即公权力发生了法律效果,一般表现为合同缔结或者履行中的权力特殊作用,包括:(1)主动的强制性;(2)优势地位,如有显然偏袒行政机关一方的合同条款;(3)左右法律关系、法律事实或者后果。但于立深教授同时提出,凡具有公共权力的使用、公共任务和公共财物3项因素之一的就可以断定为行政协议。① 这虽然提供了新的思路,但与其主张的公权力作用理论难以逻辑自洽。

以上两种观点都围绕公共权力来类分行政契约与民事合同,依照民主法治原理,公权力是为实现公共利益而创设的。通过PPP模式引入社会资本,其核心目标是向社会公众提供公共服务。② 相对于公共权力的暴力倾向,以及公共利益的模糊抽象,公共服务论能将二者整合:将公共权力作为实现公共服务的义务和手段,将公共利益作为公共服务的动机和目的,并将公共利益作为行政协议的核心识别因素。故而在我国,采取特许协议方式执行经济政策的行为属于行政合同的范畴。③

围绕公共服务,法国发展成了一套可以现实操作的司法技术识别和应用体系,包括公共服务持续性原则、公共服务可变更性原则、公共服务的平等性原则。④ 而为了保证公共服务的实现,将政府在行政契约的履行中享有的一系列"超越性"⑤权力统称为"优益权"。其大抵可以分为4类:(1)监督、指导权:是指公权力代表公共利益,行政契约必然带有公共福祉的性质。政府有权对相对方履行行政契约的行为进行监督和指导。(2)单方修改权:在行政契约履行中,行政主体依照其单方意志,有权对契约约定的权利义务内容从本质上和数量上进行更改。(3)单方终止权:行政主体为了公共利益需要可以径直中止行政契约。(4)制裁权:是指不以合同约定产生的权力,但是制裁是基于过错惩罚,无过错无制裁。但上述权力的行使必须在"财务平衡"⑥原则下对相

① 参见于立深:《行政协议司法判断的核心标准:公权力的作用》,载《行政法学研究》2017年第2期。

② 参见张守文:《PPP的公共性及其经济法解析》,载《法学》2015年第11期。

③ 参见江必新、梁凤云:《行政诉讼法理论与实务》,北京大学出版社2011年版,第229页。

④ 参见李颖轶:《论法国行政合同优益权的成因》,载《复旦学报》(社会科学版)2015年第6期。

⑤ 法国最高行政法院判例用词为"exorbitant",意为"非常规的""超越的",特指与私法合同相比较而言的超越规则。

⑥ 财务平衡是由法国最高行政法院创设的、与优益权同时产生的制度,系指行政契约关系中,行政机关无论以何名义动用优益权,虽无过错,也必须对相对人由此遭受的损失进行相当的赔偿,以达到一种相对人在金钱上没有损失的状态。简言之,优益权意味着财务平衡,这是一个制度的两个方面,没有单独行使优益权而无赔偿一说。

对人的损失进行相当赔偿,[①]以保证社会资本参与 PPP 项目的动力和信心,以及政府权力的正当行使。申言之,行政机关以公共利益的变化为正当理由改变合同时,通过经济平衡措施即可以获得法律的认可。[②]

PPP 协议是政府与社会资本合作来提供公共服务,其合意不等于民法上普通合同遵循私法自治之合意,而是建立在提供公共服务这一法定内容基础之上的合意,因此其应是行政契约。换言之,PPP 协议包含公法性与私法性因素,私人介入行政任务这一公法领域,[③]公私相互交融,又体现着经济法的本质属性。“PPP 模式中公共部门与私人部门之间的合作伙伴关系注定了其制度设计无法在‘公法’与‘私法’之间进行简单归类”,[④]将 PPP 协议归为行政契约,相对而言,其中既有部分私法色彩,又有更加明显的公法性质。最高人民法院在“河南新陵公路建设投资有限公司与辉县市人民政府管辖裁定书”,[⑤]“广汉市三星堆汽车客运服务有限责任公司与广汉市人民政府投资合同纠纷上诉案”,[⑥]“武威汉氏天安环境科技有限公司与甘肃武威黄羊工业园区管理委员会、武威市凉州区黄羊镇人民政府等合同纠纷二审民事判决书”[⑦]中,都将特许经营协议认定为民事合同,发生的纠纷是民事纠纷,均没有认识到政府与社会资本方签订的特许经营协议之目的在于提供公共服务,因而具有明显的公权力色彩,应当认定为行政契约。

(二)区分 PPP 协议纠纷的性质

诚然,根据“公共服务理论”,PPP 协议是行政契约,但是发生的纠纷不一定都是行政纠纷,可能会有民事纠纷的存在,因为协议的性质并不能完全决定因该协议发生的纠纷的性质。换言之,PPP 协议的法律性质与其争议性质并非一一对应关系。这也就是说,PPP 协议的法律性质与其争议性质对应的解决途径可以是两个互相独立的问题。[⑧] 需要依据不同的纠纷性质来接入合适的救济机制。选择行政诉讼还是民事诉

① 参见李颖轶:《论法国行政合同优益权的成因》,载《复旦学报》(社会科学版)2015 年第 6 期。

② 参见于安:《我国实行 PPP 制度的基本法律问题》,载《国家检察官学院学报》2017 年第 2 期。

③ 参见周佑勇:《公私合作语境下政府购买公共服务现存问题与制度完善》,载《政治与法律》2015 年第 12 期。

④ 胡改蓉:《PPP 模式中公私利益的冲突与协调》,载《法学》2015 年第 11 期。

⑤ 参见中华人民共和国最高人民法院(2015)民一终字第 244 号民事裁定书。

⑥ 参见中华人民共和国最高人民法院(2009)民二终字第 37 号民事判决书。

⑦ 参见中华人民共和国最高人民法院(2015)终字第 116 号民事判决书。

⑧ 参见刘飞:《PPP 协议的法律性质及其争议解决途径的一体化》,载《国家检察官学院学报》2019 年第 4 期。

讼、仲裁,取决于争议的内容。① 因为客观的经济、法律现实,要求有更符合PPP协议纠纷性质的本质属性和运行特点的分析。

1. 民事纠纷

尽管PPP协议是行政契约,但是发生的争议却不一定都是行政争议并适用行政诉讼进行救济,也可能通过民事诉讼或者仲裁等方式去化解纠纷。因为PPP协议的性质并不必然等于PPP协议纠纷的性质。确定一个行政契约引发的纠纷是行政纠纷还是民事纠纷,主要通过以下两点进行确认。

一是争议发生的时间。一般在PPP协议履行过程中因政府行使职权发生的争议都是行政争议,但在协议终止后发生的争议,如工程回购款的支付等,若没有涉及政府公权力的行使,则是民事纠纷。这一点被最高人民法院在"北京北方电联电力工程有限责任公司与乌鲁木齐市交通运输局其他合同纠纷二审民事裁定书"中所印证。最高人民法院认为《BOT协议》和《补充协议》虽然是行政协议,但是交通局的行政主体身份,不能当然决定该案争议为行政法律关系,不能否认双方民事法律关系的存在及独立性。争议法律关系的实际性质,不能仅凭一方主体的特定身份确定。该案需判断争议是否与行政主体行使职权相关,应结合争议的具体内容及所针对的行为性质认定。有关回购原因的行政行为与回购争议本身相互独立,北方公司对终止《BOT协议》之前的相关行政行为并无异议。根据北方公司诉讼请求及一审查明的事实,双方争议的回购款依据问题,不涉及行政行为,北方公司在该案中亦未针对行政行为提出相关诉求。故该案不属于行政诉讼受案范围。各方当事人在协议终止后回购款的支付问题上,处于平等的法律地位,依据的是该行政协议中的民事法律内容,不能排除民事法律规范的适用。该案争议内容为案涉工程回购款的支付依据问题,独立于相关协议终止前的行政行为;北方公司在该案中的诉求不针对交通局的行政行为,与交通局处于平等的法律地位,故而该案为民事纠纷。②

二是违约的主体。如果社会资本方或者项目公司违约,若将因此发生的争议认定为行政争议并适用行政诉讼法,则会违背行政诉讼法的立法目的并且不符合起诉条件。因为行政诉讼法是"民告官"之法,而不是"官告民"之法。我国《行政诉讼法》第1条规定,"保护公民、法人和其他组织的合法权益,监督行政机关依法行使职权",作为行政诉讼的被告应当是行政机关而不是公民、法人或者其他组织。最高人民法院《关于审理行政协议案件若干问题的规定》第6条规定:"人民法院受理行政协议案件后,

---

① 参见赵宏:《德国公私合作的制度发展与经验启示》,载《行政法学研究》2017年第6期。

② 参见中华人民共和国最高人民法院(2014)民二终字第40号民事裁定书。

被告就该协议的订立、履行、变更、终止等提起反诉的,人民法院不予准许。”法院不予准许的原因何在? 由于本诉与反诉应是同一性质之诉,社会资本方违约发生的纠纷是民事纠纷,此时被告的反诉是民事诉讼而不是行政诉讼,当然不能准许与本诉合并审理。再者,作为 PPP 协议一方当事人的政府虽然具有行政主体身份,但在其没有行使公权力之时,其与另一方的民事主体并不是服从与隶属、管理与被管理之关系,而是处于平等地位。只有在行政主体因行使公权力而引起的行政主体与行政相对人(个人或者组织)之间的争议才是行政争议,并不是涉及行政主体的争议都属行政争议。① 民事主体违约发生的纠纷不是政府行使公权力而引起的,虽然涉及行政主体,但应当是民事纠纷,即“平等主体之间发生的以民事权利义务为内容的社会关系”,②适用民事救济路径。

2. 行政纠纷

从理论上讲,在 PPP 协议订立阶段,双方必须遵循订立合同的一般原理,即在当事人意思自治的基础上订立合同。在 PPP 协议的履行、变更或者解除中,行政机关享有行政优益权。因此,就 PPP 协议签订而言,其不具备行政行为的特征,但是若政府违反法律规定或者没有法律依据强迫要求社会资本方订立行政合同的,属于行政机关违法要求履行义务的行为,属于行政纠纷,是行政诉讼之标的。在 PPP 协议履行中,行政机关单方面变更、解除协议,不履行、不按照约定履行协议或者行使制裁权等行政优益权的行为,是行政机关行使行政管理职权的一种行为,因而引发的行政协议纠纷属于行政纠纷。这为最高人民法院裁判的系列案例所肯定。例如,在“四川帅华路业有限公司与四川省交通运输厅、四川省财政厅等再审行政裁定书”中,最高人民法院认为,2013 年 7 月 25 日南充市交通运输局、南充市财政局、南充市发展和改革委员会以南市交发〔2013〕197 号文件转发川交发〔2013〕58 号文《四川省交通运输厅、四川省财政厅、四川省发展和改革委员会关于同意国道 212 线顺庆至阆中段实行单项收取车辆通行费的批复》变更 BOT 项目的特许经营权内容,应认定为行政行为,产生的争议为行政争议。③ “新疆兴源建设集团有限公司、和田天瑞燃气有限责任公司城乡建设行政管理:其他(城建)再审审查与审判监督行政裁定书” 中,最高人民法院认为,特许经营涉及社会公共利益和公共安全,应保证市政公用产品供应和服务的连续性与稳定性。特许经营权的授予为行政权力的行使行为。和田市政府与兴源公司就天然气利用项目

① 参见江必新、梁凤云:《行政诉讼法理论与实务》,北京大学出版社 2011 年版,第 8 页。

② 江伟、肖建国主编:《民事诉讼法》,中国人民大学出版社 2015 年版,第 7 页。

③ 参见中华人民共和国最高人民法院(2017)最高法行申 4456 号行政裁定书。

工程的投资建设签订的《项目合同》,是和田市政府为实施公用事业管理的一种方式,在性质上属于行政协议,发生的纠纷应为行政纠纷。①

(三)构建适合PPP协议的纠纷解决机制

既然PPP协议纠纷可以区分为民事纠纷和行政纠纷,就不能将PPP合同纠纷完全归属于行政案件的范畴。因为只是简单地用行政争端解决机制,无法恰当地解决PPP协议之争端。② 为更好地实现行政目的,彻底解决PPP协议纠纷,应当构建多元的争议解决渠道。③ 针对社会资本方违约或者政府非行使公权力的违约行为,双方当事人都可以提起民事诉讼或者仲裁;④行政机关违法侵权的,合同相对方可以选择行政诉讼进行救济。

1. 民事诉讼和仲裁

民事诉讼是作为国家裁判机关的人民法院依照民事诉讼法规范审理和解决民事纠纷,以实现民事权利、民事义务的程序。而仲裁是解决平等民事主体之间发生的合同纠纷与其他财产权益纠纷的争议解决方式,具有极强的专业性和高效性及强制执行的效力。民事诉讼与仲裁是相互排斥关系,申言之,仲裁协议排斥法院的民事审判权。PPP协议履行中,如果是社会资本方违约,以及政府未行使公权力的违约,则引起的纠纷为民事争议,应适用民事诉讼或仲裁程序。民事诉讼与仲裁均能对该民事法律关系作出裁判。这也是表1中规定民事诉讼或者仲裁的原因所在,即认为没有行政主体行使职权的违约纠纷应当是民事争议。虽然2019年11月最高人民法院《关于审理行政协议案件若干问题的规定》第2条将"政府与社会资本合作协议""政府特许经营协议"归为行政协议,纳入行政诉讼,但该司法解释第26条同时规定了,"法律、行政法规"规定"行政协议约定仲裁条款"有效,该协议可以进行仲裁。这反映出只要行政协议引发的纠纷被认定为民事纠纷,便可以适用仲裁程序解决。

2. 行政复议和行政诉讼

行政复议是为了纠正违法或者不正当的行政行为,保护相对人的合法权益,保障和监督行政机关依法行使职权。虽然根据我国现行的《行政复议法》,有关PPP协议的行政纠纷不属于其明确列举的申请复议范围,但是该法第6条第11项规定了兜底条款,即"认为行政机关的其他具体行政行为侵犯其合法权益的"。例如,PPP协议的行

① 参见中华人民共和国最高人民法院(2016)最高法行申4236号行政裁定书。

② 参见江国华:《政府和社会资本合作项目合同性质及争端解决机制》,载《法商研究》2018年第2期。

③ 参见喻文光:《PPP规制中的立法问题研究——基于法政策学的视角》,载《当代法学》2016年第2期。

④ 参见于安:《我国实行PPP制度的基本法律问题》,载《国家检察官学院学报》2017年第2期。

政纠纷是政府行使行政职权而引起的,符合兜底条款的规定,应当属于行政复议的审查范围。国家发展和改革委员会等6部委制定的《基础设施和公用事业特许经营管理办法》第51条规定,“特许经营者认为行政机关作出的具体行政行为侵犯其合法权益的,有陈述、申辩的权利,并可以依法提起行政复议或者行政诉讼”,也肯定了行政纠纷的行政复议救济路径。而国务院的《合作条例(征求意见稿)》第41条规定,“对政府有关部门作出的与合作项目的实施和监督管理有关的具体行政行为,社会资本方认为侵犯其合法权益的,有陈述、申辩的权利,并可以依法提起行政复议或者行政诉讼”,更是将行政复议救济上升为行政法规的内容。对于行政复议和行政诉讼的衔接问题,从更好地保护当事人诉讼权利出发,应当由社会资本方或者项目公司自由选择行政复议和行政诉讼。

在英美法系国家,由于不区分公法和私法,对于行政合同案件按照私法合同方式由普通法院审理。在大陆法系国家,如法国和德国,行政合同纠纷由行政法院裁决,行政合同案件属于行政案件,由行政法院通过行政诉讼程序救济。① 就我国而言,不仅《行政诉讼法》第12条第1款第11项将行政协议纠纷纳入行政诉讼的受案范围,而且从理论上来说,该行政纠纷的发生由政府行使公权力造成,根据司法权监督行政权的一般理论,也应当属于行政诉讼法的受案范围。这一判断也为一系列司法裁判所认可,如“和田市人民政府、新疆兴源建设集团有限公司合同纠纷二审民事裁定书”、②“北京国润水清环境工程有限、广西壮族自治区钦州市人民政府再审审查与审判监督行政裁定书”。③

应当强调的是,诉讼途径的类别不能完全决定适用规则的性质,此处主张通过行政诉讼解决因 PPP 协议而产生的行政纠纷,是因为需要强调 PPP 协议是为了实现政府与社会资本方之间的优势互补,进而提升公共服务供给的质量和效率,所以此时应优先考量公共利益。而在我国目前的行政、司法体制下,通过行政诉讼解决 PPP 协议发生的行政纠纷,并不代表完全适用行政法规则,“在行政契约的审查依据和法律适用上更多的是适用混合规则,其中公法因素应当适用公法规则,与此同时,不排斥在契约共有规律上适用私法规则”。④ 这得到最高人民法院的肯定,如最高人民法院《关于审理行政协议案件若干问题的规定》第18条规定:“当事人依据民事法律规范的规定行使履行抗辩权的,人民法院应予支持。”

---

① 参见江必新、梁凤云:《行政诉讼法理论与实务》,北京大学出版社2011年版,第229~230页。

② 参见中华人民共和国最高人民法院(2014)民二终字第12号民事裁定书。

③ 参见中华人民共和国最高人民法院(2017)最高法行申3787号行政裁定书。

④ 余凌云:《行政法讲义》(第2版),清华大学出版社2014年版,第274页。

四、结语

面对经济转型升级、政府职能转变、财政收入减少,而公共产品和公共服务的供给规模和质量不断降低的现实,政府通过和社会资本合作不仅能够保障基础设施和公共服务的有效供给、减少各地方政府的财政压力、助推经济转型升级,而且能够提升和优化政府对社会的治理能力和治理水平。政府和社会资本合作模式实施过程中面临的重要问题是对PPP协议定性不统一、救济不到位。由于签订PPP协议的目的是供给公共服务,故而为保证公共服务的顺利提供,应将其定性为行政契约。同时,根据"财务平衡原则"来防杜公共权力对社会资本的不当侵害,保护社会资本方的合法利益。由于我国没有独立的行政司法体系,且现今法律规范与政策性文件提供的制度空间不足,导致不存在一种争议解决途径可以一次性解决PPP协议所涉及的全部民事和行政争议。解决PPP协议纠纷,应当摒弃单一的民法或者行政法思维,秉持从公共服务出发的解决思路,根据纠纷是行政纠纷还是民事争议,分别适用行政复议、行政诉讼或民事诉讼、仲裁,以"实现对公共利益和社会资本利益双重保护之目的"。①

(责任编辑:梁鹏)

① 江国华:《政府和社会资本合作项目合同性质及争端解决机制》,载《法商研究》2018年第2期。

证券交易所参与企业社会责任治理：现状、问题及其法律安排*

张　玮**　吴　瑕***

摘　要：企业社会责任的内涵、范围界定、履行效果、信息披露及监督实施等方面存在诸多问题，若单纯依靠企业的自我约束和政府的外在监管是不够的。投资者对企业社会责任的重视需要一个漫长的过程。企业履行社会责任的激励性措施也有所欠缺。证券交易所作为市场自律管理组织可以规范上市公司的行为，降低企业履行社会责任的成本。具体措施包括为企业履行社会责任提供指南和业务培训，将社会责任信息的强制性披露报告作为上市标准之一，并提供相关的指数产品衡量企业的社会责任履行程度。然而，证券交易所参与企业社会责任的治理也存在诸多困境，如公司制的证券交易所可能为了争夺上市资源降低上市标准和监管力度。证券交易所与政府监管机构相比，其监管措施的震慑力度也有限。因此，我国的证券交易所应与政府监管机构、市场中介机构，以及其他国家的证券交易所进行合作，以确定具有可操作性的监管标准，并根据不同企业的类型确定企业社会责任信息的披露方式和标准，通过以激励为主的方式提高企业履行社会责任的积极性，且不加重企业的经营成本。

关键词：证券交易所；企业社会责任；公司治理；证券监管

什么样的企业才是好的企业？从投资人的立场来看，能够持续盈利的企业便是好

* 收稿日期：2020 年 4 月 28 日。

本文是铜陵学院 2016 年度人才科研基金启动项目“证券交易所功能体系研究”（2016tlxyrc02）、安徽哲学社会科学基金青年项目“安徽省区域股权市场促进政策法律转化问题研究”（AHSKQ2019D007）的阶段性研究成果。

** 安徽宿松人，铜陵学院法学院讲师，法学博士。

*** 福建莆田人，上海财经大学法学院博士研究生。

企业;从政府监管者的立场来看,守法经营且能贡献税收、提供就业机会并促进创新的企业就是好企业;对消费者来说,能够提供安全、优质、价格合理的产品及服务的企业就是好企业。虽然不同主体对好企业的评价标准不一,但基本的共识就是好的企业能推动人类社会的进步。企业社会责任意识的自我觉醒和市场经济的发展程度有关,大型上市公司在获取财富和利润的同时,也在占用大量的社会资源,也可能带来外部性的负面后果。因此,企业积极履行社会责任也是一种自我监管和治理的方式。

大多数企业始终面临生存危机,对广大中小企业和处于初创期的企业来说,充分履行社会责任显然是一种"奢侈的美德"。因此,现行的企业社会责任治理更多停留在鼓励和倡议层面,主要依靠企业的自我约束。笔者认为当前制约企业履行社会责任水平的主要因素包括:第一,企业社会责任的内涵并不确定。企业社会责任的泛道德化增加了企业的经营成本。第二,企业之间履行社会责任的信息披露水平差异较大。国有企业、制造业企业、大规模企业,以及经济发达地区的企业群体披露社会责任报告数量比其他群体多。① 中小企业、非公有制企业、初创型企业履行信息披露意愿较低。第三,企业履行社会责任的实际效果难以被量化和横向比较,企业由此缺少持续履行的动力。此外,部分企业将履行社会责任作为经营成本的组成部分,难以将其和企业品牌价值升值直接联系起来。企业的短期逐利行为和履行社会责任的较长回报周期之间存在冲突。投资者也多注重企业的短期经济数据,而较少关心企业的社会责任履行情况。虽然企业社会责任的相关研究成果较多,"但从证券交易所的行动视角去研究如何提升企业社会责任的研究成果相对较少"。② 笔者认为,在诸多的市场监管主体之中,证券交易所可以起到更加重要的作用。证券交易所兼具组织市场交易和监管市场的功能:其一,证券交易所可以为上市公司提供企业社会责任履行信息的指引或者培训,明确企业社会责任治理信息的披露方式和披露范围;其二,证券交易所可以将上市规则作为工具,鼓励或者强制上市公司向投资者披露信息,并据此对上市公司进行相应的奖惩;其三,证券交易所也可以采取金融激励的方式鼓励上市公司履行各类社会责任,如提供开发指数产品等,使企业履行责任的行动得以细化和精确衡量。

一、企业社会责任的内涵及履行方式

1924年英国学者奥利弗·谢尔顿(Oliver Shelton)提出了"企业社会责任"概念,认

---

① 参见杜剑、王肇、刘晓燕:《企业社会责任信息披露充分性研究》,载《贵州财经大学学报》2017年第3期。

② 相关研究成果包括罗传钰:《证券交易所参与公司社会责任行动的角色及发展》,载《证券市场导报》2011年第8期;李泱:《从境外交易所经验看我国企业社会责任的推进和发展》,载《证券市场导报》2011年第11期。

为企业应当在营利的同时兼顾社区的利益。早在20世纪30年代,伯尔和多德就企业的社会责任进行过激烈的论战,企业到底应当仅为股东利益服务还是要兼顾社会公众的利益。① 自2008年金融危机之后,投资者开始对企业的社会责任问题极其关注。市场投资者对大企业的信任度也在降低,不少大企业也开始陷入社会责任与道德的危机之中。② 在新冠肺炎疫情暴发之后,企业社会责任表现较好的容易获得投资者的青睐。③ 企业社会责任是企业与社会主体之间订立的契约,企业社会责任观念的演进体现了经济发展和社会公平之间关系的不断协调。企业的公开上市行为是企业社会化程度不断加深的体现,企业用信息披露的义务交换融资权。企业社会责任不仅是企业道德层面的自我要求,还能对企业的经营行为起指引作用。企业社会责任的履行能够转化为企业的商誉,最终提升企业的品牌竞争力。在现行主流的ESG责任理论中,企业的社会责任包括环境保护、社会贡献、内部治理等。《深圳证券交易所上市公司规范运作指引(2020年修订)》要求,上市公司需将社会责任报告与年度报告同时对外披露,披露内容包括职工保护、环境污染、商品质量、社区关系等方面的社会责任制度的建设和执行情况,以及履行社会责任时存在的不足和改进措施。笔者认为,企业社会责任不能泛滥化和口号化,需要以现行法律规定作为依据、具有国际通行标准,并且可以被量化和横向比较。企业社会责任的扩张源自现代企业的治理结构不断由封闭走向公开,企业的经营行为与社会公众的联系不断紧密。此外,企业社会责任概念应体现国别差异和历史差异,中国的企业社会责任治理具有其特殊的逻辑和实施路径。笔者认为,企业社会责任治理的方式包括以下4种。

(一)企业社会责任的法律转化

有学者认为,企业履行社会责任是国家竞争力的要素之一。④ 因此,政府有推动企业履行社会责任的内在驱动力。英国《公司法》要求公司定期披露与环境相关的信息。一些国家建立专门的监督管理机构负责监管上市公司的企业治理。巴基斯坦证券交

① 参见高展、金润圭:《企业社会责任理论研究与拓展》,载《企业经济》2012年第9期。

② 自2000年后,已经有不少知名企业深陷会计造假、欺诈、经营不善而破产等丑闻之中,2008年金融危机更是大型金融企业倒闭破产的高频时期,如世界通讯公司(2001年)、安然公司(2001年)、北岩银行(2008年)、雷曼兄弟(2008年)、AIG(2008年)等。

③ See Jennifer Wu, Vincent Juvyns: "COVID - 19 shows ESG matters more than ever", https://am.jpmorgan.com/lu/en/asset-management/per/insights/market-insights/on-the-minds-of-investors/covid-19-esg-matters. Accessed July 4,2020.

④ 参见金仁仙:《中国企业社会责任政策的分析及启示》,载《北京社会科学》2019年第8期。

易委员会2002年制定的规则是该国企业社会责任治理的主要工具。① 美国证券交易委员会(SEC)在2010年要求证券发行者向投资者披露气候变化可能带来的风险。在SEC建立之前,美国各州也通过颁布"蓝天法"(Blue Sky Law)的方式管理本州内的证券发行行为。1910年罗得岛率先颁布了本州的"蓝天法",堪萨斯州紧随其后,到SEC建立之前,除内华达州外的美国所有各州都颁布了各自的"蓝天法"。"蓝天法"要求本州内的公司在发行证券之前向本州的证券监管机构披露公司运行的相关财务信息。② 笔者认为,采取外部监管的方式虽然可以明确企业社会责任的概念、范围,但各国的法律规制标准不尽相同,单纯地以法律强制的方式实施会增加企业的经营成本。正式的外部监管加大了企业上市的成本,一个透明严格的市场可以间接性地降低公司的交易成本,但这对大多追求短期效应的公司来说显得过于遥远。③ 有学者提出了将企业社会责任法律化的观点。④《中共中央关于全面推进依法治国若干重大问题的决定》中也规定了加强社会责任立法,具体见表1。

表1　我国现行法律中关于"企业社会责任"的相关规定

相关法条	主要内容	实施方式
《公司法》第5条	公司从事经营活动必须接受政府和社会公众的监督,承担社会责任	积极作为
《外商投资法》第6条	在中国境内进行投资活动的外国投资者、外商投资企业,应当遵守中国法律法规,不得危害中国国家安全、损害社会公共利益	消极作为
《全民所有制工业企业法》第5条	企业必须坚持社会主义方向	积极作为
《商业银行法》第8条	商业银行开展义务不得损害国家利益、社会公共利益	消极作为
《个人独资企业法》第4条	个人独资企业从事经营活动不得损害社会公共利益	消极作为
《合伙企业法》第7条	合伙企业及其合伙人必须承担社会责任	积极作为

---

① See Qaiser Rafique Yasser, Harry Anak Entebang, Shazali Abu Mansor, "Corporate Governance and Firm Performance in Pakistan: The Case of Karachi Stock Exchange (KSE) - 30", *Journal of Economics and International Finance*, Vol. 3, No. 8 (August 2011), pp. 482 - 491.

② See Arevik. Avedian, Henrik. Cronqvist, Marc. Weidenmier, " Corporate Governance and the Creation of the SEC", *Swedish House of Finance Research Paper*, No. 15 (March 2015).

③ See Chris. Brummer, "Stock Exchanges and the New Markets for Securities Laws", *University of Chicago Law Review*, Vol. 75 (2008), pp. 1435 - 1491.

④ 参见蒋建湘:《企业社会责任的法律化》,载《中国法学》2010年第5期。

其他法律法规也规定了企业在经营活动中要遵守商业道德,如《反不正当竞争法》规定了经营者在市场竞争中需要遵守的一般规则。企业在合法经营的同时也要承担一定社会责任,不得违反法律的强制性规定是企业经营的最低要求。笔者认为,“社会公共利益”“国家利益”“社会主义方向”等属于内涵较清晰的行为指引,但唯独“社会责任”这一概念的范围并不明确。履行和承担社会责任会在一定程度上增加企业的经营成本,因此社会责任的履行需要以必要性、合理性及可承受性为上限。企业社会责任的法律转化固然是一种可行的方法,但法律转化方式并非万能,容易导致国家对企业经营活动的过度干预。此外,企业社会责任法条也较难通过诉讼的方式适用。笔者认为,较可行的方式是政府制定促进型政策引领企业自觉履行社会责任,如将社会主义核心价值观和企业社会责任建构相结合,通过财税优惠、金融支持等方式对履行社会责任的企业予以奖励。

(二)企业自我实施

企业的自律与自愿也是企业履行社会责任的方式之一。① 在这种模式下,企业将社会责任的履行和企业品牌升值联系在一起,因此便有自觉履行的持续动力。依靠企业自律可以降低政府监管的成本,但缺点是企业的自律管理水平之间存在较大差异,不利于统一标准的形成。此外,没有任何外在约束的企业自律也存在失灵风险,若履行社会责任的成本过高,企业自律便会丧失动力。因此,将企业的自律行为进行量化或者公开是较为可行的办法。

在证券交易所上市的企业需要遵守信息披露的要求,这些企业的社会责任履行情况的信息披露程度较高。但非上市公司则缺少信息披露的强制性要求,它们履行社会责任的效果难以被公众知晓。此外,企业履行社会责任的水平与企业规模、产业领域、发展阶段、所占据市场份额有关。国有大型企业、在各自行业领域中的龙头企业较容易受到社会公众的监督,因此有自我约束的动力。大型跨国公司因为其雄厚的资金实力,也有能力履行较高要求的社会责任。总体而言,市场之中规模较大的企业往往比中小企业具有更强的履行社会责任的能力。自律实施对企业的内部治理水平和综合实力提出了较高要求,小微企业在初创阶段很难有足够的动力及能力履行更高要求的社会责任。因此,现阶段的企业自我实施是一种软约束的方式,需要和政府的激励性措施搭配使用。

(三)行业自律

行业协会通过自我供给监管规则和行动指南提升内部企业履行社会责任的标准。

---

① 参见陈留彬:《我国企业社会责任的治理及实现》,载《东岳论丛》2006 年第 1 期。

行业自律相比企业自我实施的方式更能促成共同标准的建立。美国拥有数量众多的行业自律组织,如贝尔蒙特社会责任公司(Vermont Business for Social Responsibility,VBSR)便是位于佛蒙特州的非政府组织,其目标在于提高州内企业的社会责任标准。美国的投资银行协会(Independent Bankers Association of America,IBAA)也致力提高协会内的各投行公司治理水平,以保证公众利益。会员在进行证券买卖之前必须进行充分的金融信息披露,其欺诈行为也会被发表在IBAA的新闻公告上。[①] 我国的行业协会也有类似的实践和成果,主要包括《电子信息行业企业社会责任系列标准》《中国建材行业社会责任报告(2014~2018)》《中国医药企业社会责任实施指南》等。因为不同行业之间的发展规律不同,所以企业社会责任履行的标准和要求也会存在差异。因此,通过行业协会发布指南的方式履行社会责任具有一定的可行性。但是,行业自律本身仍然是一种消极层面的规制,且自律管理需要在较强的外部压力之下才能够保证有效性。[②]

(四)证券交易所监督

联合国贸易和发展会议(United Nations Conference on Trade and Development,UNCTAD)于2013年通过了《在可持续性报告举措方面向决策者和证券交易所提供最佳做法指导》的指导意见。专家组认为:"证券交易所可通过上市规则和自愿可持续性指数,在促进高质量的可持续报告方面发挥有影响力的作用。"[③]现代的证券交易所兼具市场参与者和监管者的角色。对上市公司来说,在知名证券交易所上市也是企业实力的体现。对投资者来说,证券交易所发布的市场信息是评价上市公司业绩的重要投资参考。证券交易所也通过各种积极的举措参与到企业社会责任的治理环节中。证券交易所有参与企业社会责任治理的动力,证券交易所依赖市场的流动性,市场的流动性与证券交易所的上市公司数量和交易量有关。企业在选择上市地时需考量证券交易所的监管水平,证券交易所也同样希望吸引优秀的上市资源。证券交易所参与企业社会责任的治理是从两个维度进行的:第一,证券交易所作为市场参与者会致力于社会责任的履行;第二,证券交易所作为市场监管者会采取各项措施督促上市公司履行企业社会责任。证券交易所也有自身的企业社会责任,证券交易所也要受到证券法

---

① See Arevik. Avedian, Henrik. Cronqvist, Marc. Weidenmier, "Corporate Governance and the Creation of the SEC", *Swedish House of Finance Research Paper*, No. 15(March 2015).

② See David. P. McCaffrey, David. W. Hart, *Wall Street Polices Itself: How Securities Firms Manage the Legal Hazards of Competitive Pressures*, New York: Oxford University Press, 1998, p. 185.

③ 联合国贸易和发展理事会:《在可持续性报告举措方面向决策者和证券交易所提供最佳做法指导》,载联合国贸易和发展会议官网:https://unctad.org/meetings/en/SessionalDocuments/ciiisard67_ch.pdf,最后访问日期:2020年7月4日。

律的监管。证券交易所唯有带头履行企业社会责任,才能成为合格的一线管理者。证券交易所的企业社会责任体系要比一般的企业更加丰富多元,其标准也应当更严格。公司制改制后的证券交易所也有营利需求,一些证券交易所也通过自我上市的方式进行融资,这些自我上市的证券交易所同样要遵守信息披露规则,公开其履行社会责任的信息。从这个角度来说,证券交易所本身便是企业社会责任治理体系中的实施者。虽然大多数证券交易所完成了公司制的改造,但仍然有相当多的证券交易所保留了会员制的组织结构。比如,瑞士证券交易所(Swiss Exchange)仍然保留了会员制的组织结构,并优先服务于国家的公共利益。[①] 证券交易所有别于普通的商事企业,具有较强的公共企业属性。证券交易所作为政府监管者和上市公司之间的一线监管主体有自身的优势。坎迪尼斯(Gkantinis)和杰克逊(Jackson)认为,证券交易所有维护公共利益的功能。[②] 熊焰认为,交易所并非只是挣钱的工具,而是要以社会利益为首、经济效益为本。[③] 冯博认为,交易所在对金融衍生品进行定价的过程中,应该保护公共利益和维护金融市场的秩序。[④] 罗传钰认为,通过证券交易所这一平台敦促上市公司履行社会责任,是当今各国资本市场正在兴起的方式。[⑤] 当今主要的证券交易所大多处于政府外部监管的框架之中,其监管行为体现了公共利益。比如,香港联合交易所致力于履行本身公共责任,保护投资者利益。港交所首席执行官(CEO)李小加认为,证券交易所需要维护公共利益。

笔者认为,现代的证券交易所也尝试在商业利益和公共利益之间实现平衡。证券交易所参与企业社会责任治理具有比较优势:第一,证券交易所是一线的监管主体,能够及时了解上市公司和投资者的需求。证券交易所的监管措施具有及时性和灵活性的特点,能够缓解证券监管中的信息不对称问题。第二,证券交易所通过制定上市规则对上市公司的行为进行指引。证券交易所可以将企业履行社会责任的内容作为上市审核的依据。第三,证券交易所可以制定信息披露的指南引导企业规范地公开履行

---

① See Lounsbury, Michael, Pooya Michael Lounsbury, and Pooya Tavakoly, "Stock Markets on Trial: Towards an Understanding of Great Recession Consequences", economic sociology _ the european electronic newsletter, Max Planck Institute for the Study of Societies, Vol. 14, No. 3 (2013), pp. 4 – 13.

② Howell Jackson, Stavros Gkantinis, "markets as regulators: a survey", *Southern California Law Review*, Vol. 80 (2007), pp. 1239 – 1382.

③ 参见熊焰:《交易所行业并没有过度发展》,载新浪网:http://finance.sina.com.cn/hy/20111201/112210916252.shtml,最后访问日期:2020 年 7 月 3 日。

④ 参见冯博:《金融衍生品定价的法律规制》,法律出版社 2013 年版,第 1 页。

⑤ 参见罗传钰:《证券交易所参与公司社会责任行动的角色及发展》,载《证券市场导报》2011 年第 8 期。

社会责任的信息。

笔者认为,企业社会责任的履行不能超脱企业正常的经营行为而独立存在,企业不应为了履行社会责任而牺牲效率。企业社会责任的实施方式应当以监管机构指定的激励措施和行动指南为主,尽量不采取强制性命令措施。

二、证券交易所参与企业社会责任治理的行动措施

证券交易所主要采取激励的方式引导企业履行社会责任,具体表现为:第一,在上市规则中规定企业需要披露社会责任履行的信息。企业成功上市后仍然要根据证券交易所的规则定期向社会公开履行社会责任的状况。比如,一些和生态环境保护等领域相关的企业需要向交易所及时公布其对生态环境有重大影响的信息。第二,证券交易所在必要时可采取惩戒措施。对于那些无视强制性披露要求而损害投资者利益的违法公司,证券交易所有权力决定该企业退市。总之,证券交易所可以在事前准入和事中信息披露等环节督促企业自觉履行社会责任。一个好的企业不仅要产生良好的经济效益,同时也要对社会发展起到正向作用,ESG责任亦成为现代企业普遍选择的治理目标包括环境责任、社会责任、内部治理责任。一个负责任的企业应当维护生态环境、参与社会公益事业,提高自身治理水平,实现经济效益和社会整体效益的统一。各大证券交易所也纷纷采取措施引导企业履行ESG责任,主要包括以下措施。

(一)提供ESG责任信息披露的指引及业务培训

企业履行社会责任的难题之一在于缺少行动指南和业务指导。证券交易所可以根据不同企业所处行业的特点制定ESG信息的披露指南。信息披露应当是分级的,包括应当披露的信息、自愿披露的信息等。如果企业不主动披露相关信息则必须向证券交易所说明理由。全球有55家证券交易所发布了ESG信息披露指南,内容来自本国证券法中的规定、相关国际组织诸如WFE(World Federation of Exchanges)、SSE(United Nations Sustainable Stock Exchanges)、PRI(Organization for Responsible Inuestment Principle)制定的信息披露规则。《深圳证券交易所上市公司信息披露工作考核办法(2020年修订)》对上市公司主动履行社会责任并披露社会责任报告的情况予以了加分奖励。例如,主动披露环境、社会责任和公司治理情况且内容完整翔实的加1分,主动披露公司参与扶贫、抗疫等国家重大事项信息的也可加1分。上海证券交易所于2008年制定了相似的指引准则。马来西亚证券交易所于2006年9月为上市公司发布了企业社会责任指引,并通过年报的方式督促上市公司详细披露其提高社会责任水平的具体措施,并且将其纳入上市标准之中。泰国证券交易所每年为履行社会责任表现突出的企业颁布奖项。印度证券交易所规定市值名列前100位左右的上市公

司必须提供涉及环境、社会和公司治理问题的商业责任报告,并将其作为年度报告的一部分。德意志交易所的"精品板块"(the Prime Standard)标准要求上市公司要达到更高的信息披露的国际标准。此外,证券交易所应当对上市公司披露信息进行业务培训,比如,巴西证券交易所就为上市公司举办培训研讨会进行指导。证券交易所提供的指引和业务培训仍然需要以现行的法律规定为基础,不能过度增加上市公司的信息披露成本。证券交易所的信息披露指南越详细,投资者便越能够了解企业履行社会责任的真实情况,也能够将其作为投资的参考。巴西证券交易所在 ESG 信息披露指南中规定了实现可持续发展的 13 个具体步骤。

(二)在上市规则中规定社会责任信息披露内容

在督促上市公司进行信息披露时,证券交易所通常采取自愿与强制性相结合的披露方式,也就是所谓的"不遵守便解释"的模式,并考虑优先采用自愿的举措,主要目的是防止上市公司承担过重的信息披露负担。信息披露的内容主要包括公司治理情况,环境、社会、道德等事项。根据 SSE 网站数据库的统计,全球有 25 家证券交易所提供将 ESG 报告作为上市规则的内容,有 50 家交易所公布每年度的可持续发展措施报告。中国香港证券交易所在《主板上市规则》中规定了企业上市需要提交 ESG 内容的信息披露报告,ESG 报告可以单独提交也可以作为年报的一部分。证券交易所是资本市场最前端的"守门人"角色,通过市场准入的方式要求企业提供社会责任治理信息能够起到较强的约束作用。

但是大多数证券交易所并没有独立上市审核的权限,ESG 信息披露在上市审核中的重要性也不明显,加上公司制的证券交易所为争夺优质的上市资源也有放松监管的可能。唯有证券交易所且在市场中有支配地位时才有动力和能力制定更加严格的上市标准。

(三)编制企业社会责任相关指数及发布指数产品

企业社会责任指数可将模糊化的概念细化成为可视化、可衡量的指标。证券交易所发布的上市公司社会责任指数受到了市场主体的普遍欢迎。对外部监管者来说,公司社会责任指数是监测市场动态的可靠信息工具,有助于提高市场的透明度。对证券交易所来说,通过编制上市公司社会责任指数可以提高证券交易所管理市场的话语权,拥有众多业绩良好、认真履责的上市公司可以体现证券交易所良好的管理水平;对企业来说,能够入选社会责任指数的样本股也意味着整个市场对其价值的肯定,凸显其与众不同的品牌形象;对投资者来说,上市公司社会责任指数又会成为证券交易所新的产品,从而丰富投资者的选择。

根据 SSE 网站的数据库统计,截至 2020 年,全球已有 43 家证券交易所发布可持续发展相关的指数产品。

三、证券交易所参与企业责任治理的困境

虽然监管者和投资者越来越重视企业社会责任的治理,证券交易所也采取了实际行动,但企业社会责任的治理工作仍然任重道远。企业社会责任治理的难题包括社会责任的统一标准难以建立、信息披露的质量难以保证等。例如,企业在信息披露时会有选择地传递有利信息并隐藏不利信息。① 证券交易所在参与企业社会责任治理的进程中也遭遇了诸多挑战。

(一)证券交易所与政府监管机构的职能重叠

大多数国家的证券交易所都处于各国统一的证券监管体系之中。再加上证券交易所的自律管理也有失败和失灵的情况出现,一些证券交易所的自律管理职能被政府监管机构所取代。例如,伦敦证券交易所(London Stock Exchange)不再规定上市规则或负责批准新公司上市,这一职能由金融市场行为监管局承担。澳大利亚证券交易所(Australia Securities Exchange)虽然基本上是一个自律管理组织,但它的有些职能与澳大利亚证券和投资委员会共同承担,如成员和中介管理等。美国的证券交易所保留部分监管权力,但大多数权力归证券交易委员会。当证券交易所不再拥有上市规则的制定权时,证券交易所监管政策的约束力便会大打折扣。在这样的监管环境中,证券交易所的自律管理和外部的政府管理之间并没有明确界限,其监管的比较优势也就无法发挥。在未来注册制逐渐落实后,证券交易所的监管权限将有所提升,证券交易所应当从微观制度设计出发,提高上市公司履行社会责任的内在积极性。

(二)公司制证券交易所可能因为竞争而降低监管标准

随着新型交易方式的兴起,证券交易所在一国证券市场内的枢纽地位或者是支配性地位便遭到了挑战。公司制的证券交易所的目标也发生彻底变化,证券交易所不仅仅将自律管理视为唯一目标,它们也开始积极追求财务成果,满足股东的需求。② 证券交易所为了生存需要吸引更多的上市资源,此时便有可能去迎合上市公司而降低上市或者监管标准。相对于财务信息而言,投资者对企业社会责任信息的关注度仍然有限。若一个企业仅仅履行社会责任而财务状况不佳,则根本无法得到投资者的青睐。对上市公司来说,企业社会责任履行信息属于额外披露的非财务信息,并没有强制性的效力。社会责任的履行对于一些中小企业来说仍然是较重的负担。因此,若市场中

---

① 参见杜剑、王肇、刘晓燕:《企业社会责任信息披露充分性研究》,载《贵州财经大学学报》2017年第3期。

② 参见[美]拉里·哈里斯主编:《监管下的交易所:经济增长的强劲助推器》,上海证券交易所译,中信出版社2010年版,第254页。

的证券交易所采取的监管标准和监管力度不一,企业往往会采取规避监管的方式怠于履行责任。

(三)全球证券交易所参与企业社会责任治理的共同标准尚未形成

企业社会责任的内涵还需要进一步的细化解释,各证券交易所采取的措施并不完整,最突出的便是国际共同标准仍然没有建立起来。共同标准的缺失也影响了企业社会责任治理全球化的进程。全球102家证券交易所主要采取的企业社会责任治理措施包括发布年度可持续报告、将ESG报告作为上市规则的组成部分、提供ESG信息披露指引及培训、发布可持续发展相关的指数、提供可持续发展相关债券产品及中小企业板块等。但全球只有6家证券交易所拥有完整的ESG工具框架,绝大部分的证券交易所的治理工具比较单一。具体见表2。

表2　全球主要证券交易所参与企业社会责任治理的基本情况统计

治理工具	交易所数量(家)
年度的可持续发展报告	50
将ESG信息披露作为上市规则之一	25
提供ESG信息披露指引	55
提供ESG相关内容的业务培训	55
发布可持续发展相关内容的指数	43
提供与可持续发展相关的债券产品	34
专门为中小企业提供上市平台	63

从表2可以看出,证券交易所的主要治理措施仍停留在基本的业务指南和培训层面,监管功能并没有充分发挥。证券交易所业务规则主要基于本国法律法规,国别差异还很大,国际统一标准还没有形成。

四、证券交易所参与企业社会治理的制度构造的中国化路径

仅仅依靠证券交易所进行企业社会责任治理是远远不够的。投资者进行决策时,考虑的仍然是传统的每股盈余指标,并未关注每股社会贡献的大小。①

企业社会责任的觉醒和改善是一个长期过程,需要从根本上改变投资者的投资偏好和习惯。当企业积极履行社会责任能够带来积极的效益而非成本时,社会责任将不再成为企业的"枷锁"和"负担",而是宝贵的资产。有学者认为,企业社会责任披露向

① 参见潘妙丽:《每股社会贡献值与公司价值的关系——基于上证A股公司的实证研究》,载《证券市场导报》2011年第6期。

政府传递了积极信号,有助于获取更多政府补贴。[①] 因此,企业社会责任的治理既需要强制性的规定,又需要弹性的经济激励措施。市场中不同的监管者拥有各自的监管比较优势,通过建立联合监管模式可降低监管成本,节约监管资源。笔者认为,未来的法律构造路径可以从宏观和微观两个层面开展。在宏观层面,建立多部门联合监管的模式,提高监管措施的科学性;在微观层面,以证券交易所为主导,设计具体的信息披露规则来适应企业的多元化利益需求。

(一)宏观层面:联合监管模式的建构

我国证券市场中的监管模式长期存在"重政府监管,轻自律管理""重集中监管,轻联合监管"的现象。距离市场最近、信息最充足的自律管理组织并没有多少强制性的监管资源。笔者认为,未来应建立联合监管的模式,按照各自的比较优势确定监管范围。在立法层面,《证券法》《公司法》《环境保护法》等法律中不应仅规定简单的鼓励和提倡的条文,而应规定企业社会责任的具体内容。具体而言,应当规定哪些是属于企业应当遵守的内容,哪些是自愿遵守的内容。通过激励措施引导企业改善治理行为,通过严格的惩戒措施威慑企业的违法倾向。在执法层面,应当以各国的证券交易所作为主要的规则供给主体,鼓励证券交易所根据国际标准制定比国家法更严格的标准。证券监督管理机构应当给证券交易所留存更多的政策空间用来进行产品创新,设计研究更多的社会责任指数产品。在司法层面,企业若对证券交易所的监管行为不服可以提出诉讼,监管的参与主体和各自的监管空间设计如下。

1. 证券交易所

证券交易所的优势在于点对点的监管,对市场需求反应迅速、掌握信息的充分性。证券交易所应当定期举办培训和宣传活动引导投资者改变投资习惯,多关注企业社会责任治理的信息。[②] 证券交易所应当扩大信息披露的范围。上海证券交易所发布《上海证券交易所科创板股票上市规则》等10份配套规则与指引,明确科创板上市和监管要求,要求披露履行社会责任的情况,并视情况编制和披露社会责任报告、可持续发展报告、环境责任报告等文件。

2. 政府监管机构

政府监管机构的优势在于可以提供明确的法律规则和有效的监管工具。在现有

---

① 参见张玲、邹汝嫦:《企业社会责任披露、信息披露质量与政府补贴》,载中国高校人文社会科学信息网:https://www.sinoss.net/uploadfile/2017/0320/20170320040942153.pdf,最后访问日期:2020年7月4日。

② 比如,上海证券交易所定期举办的"我是股东"便具有代表性,上海证券交易所通过这类活动沟通了上市公司和中小股东的联系。让投资者能够近距离了解上市公司的日常经营、企业文化和公司治理等信息。参见东方财富网:http://topic.eastmoney.com/wsgd/,最后访问日期:2019年8月12日。

的证券监管环境之中，政府监管机构仍然掌握较多的政策资源和执法资源。因此，政府监管机构的作用在于通过强制性的措施对违法企业进行处罚。鉴于企业主动披露社会责任履行信息的积极性不高，证券监督管理委员会可以发布规定，明确说明 ESG 因素对财务具有实质性影响。

3. 市场中的其他机构

上市公司倾向披露对自己有利的信息，有可能隐瞒真实情况，此时需要第三方的市场中介机构对信息进行鉴定评价。此外，企业社会责任随着社会经济的发展而不断有新的内容。市场中的其他专业机构和非政府机构可以从中立的角度提供信息参考，提高市场监管机构决策的科学性。

4. 国际组织

证券交易所之间的监管水平差异导致了企业有规避责任的机会。因此，通过国际组织设定共同可执行的国际标准将会产生积极的促进作用。① 近年来，证券交易所之间的合作越来越频繁，已经有 SSE 这样的全球性交易所合作组织致力于可持续发展措施的国际标准建构。② 此外，证券交易所的国际并购也给统一标准的建构带来新的契机，一个在市场中占据主导地位的证券交易所不会因为竞争加剧而降低监管标准，应更加有执行严格标准的动力。

（二）微观层面：信息披露规则的改造

有学者指出，证券交易所企业社会责任指数制定过程的开放性程度仍然有限，而且难以做到市场透明和企业负担之间的权衡。③ 信息披露规则设计的核心在于全面地披露必要信息，方便投资者获取信息的同时降低上市公司的信息披露成本。证券交易所可以对既有的信息披露规则或者指引进行修改，具体如下。

1. 明确“强制披露”和“自愿披露”的信息范围

证券交易所应首先关注那些对市场会产生“重大”或者“显著”影响的行为或者信息。所谓“重大”“显著”，是指企业的行为对市场秩序产生直接的影响，是法律法规明确规定要求披露的内容。证券交易所应当督促上市公司主动提交社会责任履行的报告，报告中应当包含“环境责任”“社会参与”“公司治理责任”等基本内容。强制的信

---

① See Myklebust, “The Role of Stock Exchanges in Shaping More Sustainable Company and Market Practices”, *University of Oslo Faculty of Law Research Paper*, No. 28 (2013), pp. 3 – 132.

② United Nations Sustainable Stock Exchanges (SSE) initiative, “MODEL GUIDANCE ON REPORTING ESG INFORMATION TO INVESTORS”, http://www.sseinitiative.org/wp-content/uploads/2017/06/SSE-Model-Guidance-on-Reporting-ESG.pdf Accessed July 5, 2020.

③ See Oren Perez, “The Green Economy Paradox: A Critical Inquiry into Sustainability Indexes”.

息披露制度是建设可持续交易所的重要抓手。① 因此,各国证券交易所强制性披露内容应当基本保持一致,其他则可以归类于自愿披露的内容,不对企业做强制性的要求。但如果企业主动披露非强制性公开的信息,则可以获得一定的奖励,例如,在下一年度调整"强制性披露"和"自愿披露"的信息比例。企业可以采取集中报告的方式,将金融信息和企业社会责任信息统一于一个整体报告之中以节约成本。强制披露与自愿披露的内容见表3。

表3　强制披露与自愿披露的内容

披露方式	具体内容	披露方式及奖惩措施
强制披露	环境责任:对气候变化可能产生的影响、环保措施、节能减排措施等。 社会参与责任:员工职业权利保障、服务于当地的经济增长、就业解决和科技创新。 公司治理责任:保护投资者利益、良好的经营业绩、财务信息透明	披露方式:经许可媒介方式(官方网站、自媒体工具、集中报告)。 奖惩措施:若不自觉披露就要受到交易所的问询或者处罚
自愿披露	强制性披露内容以外的信息	披露方式:可以自主决定信息披露的方式,但要便于公众知悉。 奖惩措施:自愿披露的内容越多,下一年度可以适度减少必须披露的内容

2. 根据企业类型设置差异化的信息披露标准

企业的世界是纷繁复杂的,若采取"一刀切"的信息披露规则显然不利于市场中的特殊类型企业。证券交易所应当根据不同类型的企业确定不同的信息披露内容和等级,尤其针对中小企业设置差异化的信息披露标准。② 通常而言,企业社会责任意识的觉醒与其规模、品牌意识、所在地域、所有制形式、所处的发展周期有相关性。③ 此外,为了提高信息披露规则制定的科学性和民主性,证券交易所应当从市场投资者的需求

---

① See The Minnesota Journal of Law, Science &Technology, Vol 17(2016), pp. 153 - 219. 参见李怡芳:《全球证券交易所可持续发展现状及启示》,载上海证券交易所官网:http://www. sse. com. cn/services/greensecurities/report/c/4694340. pdf,最后访问日期:2020年7月5日。

② 已经有学者建议,根据企业的不同规模和类型设置不同的信息披露标准。例如,杨力:《企业社会责任的制度化》,载《法学研究》2014年第5期;赵英杰:《美国小企业公募注册监管及其对我国的启示》,载《证券法苑》(2015年第14卷),法律出版社2015年版,第341~360页。

③ 有专家经研究表示,经济发达地区的上市公司履行社会责任意识较强,大企业、金融业、国有企业披露比例较高,而食品业、中小企业自愿披露的比例较低。

出发来决定信息披露的内容和范围，建立与投资者之间的沟通机制，提高信息披露的可读性。① 证券交易所设置差异化的信息披露标准的元素构成见表4。

表4　证券交易所设置差异化的信息披露标准的元素构成

因素	具体制度设计
地域	加强对中西部及经济落后地区企业的专业辅导和指引
行业	加大对污染重、能耗大企业行业的企业社会责任披露内容。对互联网企业、战略新兴产业的企业社会责任尽量采取自愿披露的方式
企业规模	发挥大企业、国有企业的引领带头作用。对中小企业采取进阶式的信息披露规定。对中小企业首先采取辅导的方式明确其强制性披露的范围，通过奖励的方式鼓励中小企业自愿披露。等到中小企业度过成长期之后再采用较广的披露范围

五、结语

企业社会责任的履行需要从纸面走向实际，从道德呼吁走向必要的强制性约束，从技术指南走向法律规范。证券交易所相比政府、企业、行业协会等主体具有推动企业社会责任治理的比较优势。证券交易所具有一线监管者的地位，兼具专业性和权威性。证券交易所可以通过制定上市规则、信息披露指南，发布相关指数产品等方式引导上市公司注重履行社会责任。在这一过程中，上市公司通过履行社会责任完成上市发行的基本要求，投资者能够直观了解企业履行社会责任的具体信息来进行决策。但是，证券交易所也面临监管权限不足、监管动力缺失、监管工具创新性不够的困境。笔者主张，以证券交易所为主建立联合的监管模式，发挥各监管主体各自的比较优势。证券交易所负责微观的制度设计和产品创新，而政府监管主体需要发挥监管公信力和资源的优势，引导企业遵守证券交易所的上市规则和信息披露规则。在具体措施上，仍然要以奖励性和引导性的措施为主，让上市公司重视企业社会责任的履行，能够从提高履行标准的过程中持续获益。证券交易所在规则设计时应当注重不同企业和产业的差异，用精细化和差异化的监管工具推进企业社会责任治理的进程。

（责任编辑：曹珊）

① 参见罗传钰：《证券交易所参与公司社会责任行动的角色和发展》，载《证券市场导报》2011年第8期。

国有企业社会责任:概念澄清与法治因应

李　倩*

摘　要:国有企业社会责任兼具公益性和竞争性的二元特质,面临"公共政策性使命"与"营利性使命"的冲突与衡平问题。既要通过盈利来保证企业的做大做强,又要牺牲盈利来服务社会,公益性和竞争性之间的关系成为国有企业发展的重要议题。在实践中,人们往往对国有企业的营利目的和事业目的的定性存在认识偏差,对营利事业与慈善捐赠、主营业务与社会责任之间的关系定位也尚处模糊状态。因此,清晰界定国有企业的竞争性与公益性,以及由此衍生出的营利事业与慈善捐赠、主营业务与社会责任等之间的关系,均属必要之举。在厘清重要概念内涵及其相互关系和认知国有企业社会责任问题的基础上,应将国有企业社会责任纳入法治轨道,构造科学化的社会责任评价指标体系和披露机制,方能确保国有企业社会责任的切实履行和保障国有企业的可持续发展。

关键词:国有企业;社会责任;概念澄清;法治因应

一、问题意向

国有企业是国民经济的重要支柱,在关系国家安全和国民经济命脉的重要领域占据支配地位。例如,在中央层面,国务院直属中央企业有中国国家铁路集团有限公司、中国投资有限责任公司2家,国务院国资委管理的中央企业现有96家,如国家电力投资集团有限公司。依照我国《宪法》第7条的规定,"国有经济,即社会主义全民所有制经济,是国民经济中的主导力量",从而揭示了国有企业的本质属性为"全民所有"。正因如此,"国有企业是否应该在追求利润的经济目标之外还要服务于一些公共目标,这是国有企业理论研究一直存在争议的一个问题,其实质是反映了国有企业经济责任与

* 云南德宏人,武汉大学法学院法律硕士(法学)研究生。

政策责任之间的内在冲突”。[①] 从中国特色社会主义市场经济的维度考证，国有企业是“社会主义性质的企业”，既是“特殊企业”，也是“一般企业”，从而“决定了其应当从社会主义经济主体、宏观调控主体、市场主体这三个维度承担社会责任”。[②] 立基于此，“国有企业是一种生产经营组织形式，不仅具有营利法人的特点，还有公益法人的特点”，[③]它既不是完全的公益性企业，也不是真正意义上的营利性企业。

党的十八届三中全会明确把“承担社会责任”列入“进一步深化国有企业改革”的重点内容，党的十八届四中全会提出“加强企业社会责任立法”，党的十九大报告指出“加快国有经济布局优化、结构调整、战略性重组，促进国有资产保值增值，推动国有资本做大做强，有效防止国有资产流失”；2008 年《关于中央企业履行社会责任的指导意见》专门论及“推动中央企业在建设中国特色社会主义事业中，认真履行好社会责任”，2016 年《关于国有企业更好履行社会责任的指导意见》提出“到 2020 年，国有企业形成更加成熟定型的社会责任管理体系”。这不仅揭示了社会责任之于国有企业的必然性，也展示了国有企业兼具公益性和竞争性的二元属性。就国有企业的公益性而言，“要求国有企业以公共利益为第一目标，政府性越强，赋予国有企业的经营自主性就越弱”。至于其竞争性，“要求国有企业以利润最大化为首要目标，追求更大的经营自主性”。[④] 国有企业的发展不仅要注重其营业性，不断提高企业的竞争性，实现国有企业资产和资本的保值和增值，还要凸显其公益性，强化国有企业的社会责任。[⑤] 由此论断，国有企业社会责任是一种社会现象，它不能独立于公司的制度而存在。[⑥] 皆因于此，国有企业面临“公共政策性使命”与“营利性使命”之间的冲突与衡平问题，既要通过盈利来保证企业的做大做强，又要牺牲盈利来服务社会。在此基础上，清晰界定国有企业的竞争性与公益性，以及由此衍生出的营利事业与慈善捐赠、主营业务与社会责任等关系，均属必要之举。通过深刻认知此等概念，探寻国有企业社会责任的问题，进而融社会责任于依法治企战略，提高国有企业履行社会责任的能力。

---

① 戴锦、和军：《国有企业责任辨析》，载《中国特色社会主义研究》2015 年第 3 期。

② 陈燕和：《国有企业应该承担三个维度的社会责任——学习习近平总书记系列重要讲话的体会》，载《学术研究》2018 年第 4 期。

③ 吴艾莉、张文焕：《国有企业社会责任信息披露研究——基于国家电网的分析》，载《会计之友》2015 年第 20 期。

④ 赵忠龙：《论国有企业社会责任的误区与法治出路》，载《兰州学刊》2014 年第 10 期。

⑤ 参见蒋建湘：《企业社会责任的法律化》，载《中国法学》2010 年第 5 期。

⑥ See Schmitz J., Schrader, “Corporate Social Responsibility: A Microeconomic Review of the Literature”, *Journal of Economic Surveys*, Vol. 29, No. 1, pp. 27 – 45 (2015).

二、国有企业社会责任的概念澄清

毋庸讳言,企业的传统定义是以盈利为目的的经济组织,国企也不例外。对于一般企业来说,其首要目标乃至唯一目标在于经济目标,可以说,经济目标是企业社会责任的主要内容。而之于国有企业,其社会责任中"既有非经济目标的内容,也有经济目标的内容。从总体上看,国有企业的社会责任更多的是要着眼于非经济目标的实现,经济目标的实现是为非经济目标的实现服务的"。① 也即,国有企业兼有营利性的经济目标和公益性的非经济目标,不能简单地将国有企业等同一般企业,也不能认为只有国有企业才有社会责任。不同类型的企业承担的社会责任内容及其程度有所不同。较之于民营企业,国有企业应该承担更大的社会责任。基于此,需要澄清营利事业与慈善捐赠、主营业务与社会责任等概念,从而为完善国有企业社会责任履行机制提供必要的前提和基础。

(一)营利事业与慈善捐赠

在传统公司哲学的折射下,企业发展呈现股东中心主义模式的治理结构。② 该模式认为,企业应当根据公司章程的规定为股东谋取利益,其核心在于股东权力的有效行使,终极目标是股东利益的最大化。③ "公司只有一项社会责任,这就是最大限度地增加其利润,并认为公司不应有社会良知。"④不言而喻,此等观点是传统公司法理论下的产物,与现代企业制度诉求不相吻合。进言之,公司营利性的表现形式多样,具体包含公司营利性、股东营利性和高管营利性等,对于传统的公司理论注重"逐利润最大化的动机、经营的持续性和有盈应分配的根本性"⑤并无多大异议,但若将"营利作为企业的唯一目标"就需要进行补正。除天然的"营利性",企业还存在其他的社会公益性目标,如慈善捐赠。且无论企业性质几何,其行为还必须符合《宪法》《公司法》等相关法律法规的基本规定和立法要旨。

国有企业虽兼具"公益性"和"营利性"的双重特性,但在实践中常呈现多重面孔。有时表现出营利的企业本性,有时却视自己为特殊公共利益的守护者甚至是慈善家。⑥

---

① 黄速建、余菁:《国有企业的性质、目标与社会责任》,载《中国工业经济》2006年第2期。

② 参见张世君:《企业社会责任理论与破产重整立法理念》,载《中国商法年刊》2009年第00期。

③ 参见刘俊海:《现代公司法》,法律出版社2011年版,第15页。

④ 卢代富:《企业社会责任的经济学与法学分析》,法律出版社2002年版,第7页。

⑤ 李勇军:《现代公司的本质:营利性、赢利性抑或盈利性——基于词义辨析与营利性内涵的分析》,载《北方法学》2010年第4期。

⑥ 参见吴敬琏、江平主编:《垄断与国民经济进退》,生活.读书.新知三联书店2011年版,第25页。

一般而言,社会公众认为,国有企业的营利性就是通过企业经营为国家谋取利益,也就是为全体国民谋取利益。事实上,这样的论点有着深刻的社会背景和历史渊源。在计划经济体制时期,一切生产生活行为都由国家统一安排,国有企业作为国家实现资源配置的重要手段和方式,在经济发展中担当主力军的角色。然而,当时的国有企业存在目标定位模糊的倾向,要么仅强调营利性目标,要么仅认识到国有企业的社会责任。但总体而言,一般都将国有企业的公益性价值和社会责任目标摆在首位。国有企业按照国家规定的经营范围从事生产经营活动,并基于法规、政策赋予的特别使命,承担了大量的社会公共职能,对利润没有太多的苛求。① 而自实行市场经济体制以来,市场环境发生翻天覆地的变化,市场竞争越发激烈,国有企业表现出弱于市场经营的一面,逐渐失去其优势性地位,盈利空间和利润都呈现大幅下降事态,国家每年都需要支付大量的财政资金进行补贴。在财政补贴环节,众多国有企业常以政策性亏损为借口,将经营性亏损和政策性亏损相混淆,从中谋取国家红利,侵蚀了人民的财产和利益。故此,公司法学者通常把法律的目标定位为企业价值的最大化,认为企业价值最大化与财富最大化是一致的。② 但对于国有企业来讲,此种论点还有待商榷,国有企业作为公共产品和服务的提供者,营利是首要目标,但不能是唯一目标。

在我国,国有企业是国民经济的重要支柱,与非国有企业相比,国有企业本身的性质和地位更加要求其主动承担社会责任、积极参与慈善捐赠。就慈善捐赠而言,它作为企业承担社会责任的一种表现形式,国有企业需要对营利事业和社会责任承担之间的博弈关系进行重新定位,以免因取向模糊产生误导。通说观点认为,慈善捐赠属于社会责任的范畴,但并非法律责任,仅作为道德义务进行履行而已,它不具有法律上的强制执行效力。更何况,慈善捐赠属于企业的内部事务,他人无权干涉或者作出决定,是否捐赠、捐赠的对象以及捐赠的数额等都属于公司自治的范畴。③ 对于一般企业的社会捐赠,应按照公司章程的规定或股东大会的决议判定慈善捐赠行为的合理、合法与否。④ 在决定捐赠时,需要注意股东利益、公司利益和社会利益三者之间的衡平,着力解决股东利益与社会福利之间的利益冲突,否则有引发公司内部不和谐和产生诸多利益冲突或矛盾的可能。而对于国有企业来说,其就是全国人民所有的企业,国有资

---

① 参见吴天宝、武宜达等:《国有企业改革比较法律研究》,人民法院出版社2002年版,第46页。

② 参见[美]乔迪·S.克劳斯、[美]史蒂文·D.沃特主编:《公司法和商法的法理基础》,金海军译,北京大学出版社2005年版,第143页。

③ 参见侯怀霞、钟瑞栋:《从公司捐赠看公司社会责任》,载《法治论坛》2010年第1期。

④ 参见侯怀霞、钟瑞栋:《公司社会责任的内化:制度困境及其解决——以公司慈善捐赠为视角》,载《郑州大学学报》(哲学社会科学版)2010年第1期。

产就是全国人民所有的资产。[①] 故此,在一般情况下国有企业本身无权自行决定捐赠,应由代表人民利益的人民代表大会或其常务委员会作出决议,由财政部等具体职责部门执行为宜。同时,在特殊情况下,经过权力机关的特别授权,国有企业在一定的范围内也可以自主决定实施,但至少要经过国有企业董事会的决议。当然,国有企业公共财产的捐赠也不能忽略企业的事业目的,企业的事业目的是企业存续的价值和动力,应该贯穿企业发展的始终。事实上,社会福利的增进与公司利益并不具有直接的相关性,在短期内无法实现股东应有的利益。在企业内部应完善慈善捐赠机制,鼓励企业进行慈善捐赠,但应把握好营利性和社会责任之间的平衡和协调,为慈善捐赠提供坚实的法律保障,也可防止"伪慈善捐赠"。[②]

(二)主营业务与社会责任

"我们为什么要办国有企业?如果全体国民是国有企业的股东的话,那股东追求的回报当然是越高越好",[③]但是事实并非如此。例如,原铁道部常年处于亏损状态,其营利性目标几未实现,但不能据此否定其主营业务,更不能漠视其履行社会责任。也就是说,"任何国企都具有公益性,绝大多数公益性国企也是营利性的"。[④] 随着企业改革的深化,我国国企逐渐区分出公益性企业和竞争性企业两种不同类型。其中,公益性国有企业在中央层面包括如石油石化、电网、通信服务等领域的企业,在地方包括供水、供气、公共交通等方面的企业;竞争性国有企业如宝钢、中粮、中国建材等。深究之,公益性是相对于营利性而言的,公益性国有企业是指提供公共服务,主要承担社会公共职能的企业,以服务公众、实现社会公共利益的最大化为首要目标,企业的社会效益高于经济效益,但是该类企业亦应是盈利的。[⑤] 而竞争性国有企业,是指政企分开,经营权和所有权分离的企业,完全遵循资本市场的规则和要求进行运作,打破部分企业的垄断局面,实现国有资产的彻底资本化和市场的公平竞争。针对国有企业的社会责任履行方面,不仅要区分公益性国有企业和竞争性国有企业,还要对其进行具体的制度安排。

营利性是企业的本质属性,企业目标是为所有的利益相关者之利益最大化而经营,[⑥]但企业的营利性和事业目的是存在区别的,营利性仅是特质表现而已,已被事业

---

① 参见刘俊海:《现代公司法》,法律出版社2011年版,第781页。

② 参见解锟:《英国慈善信托制度研究》,法律出版社2011年版,第9页。

③ 吴敬琏、江平主编:《垄断与国民经济进退》,生活·读书·新知三联书店2011年版,第74~78页。

④ 史际春:《国企公益性之辨》,载《中国社会科学报》2014年4月9日,A07版。

⑤ 参见徐学鹿主编:《企业改制及运行的法律控制》,人民法院出版社2001年版,第74~75页。

⑥ 参见刘新民:《企业社会责任研究》,载《社会科学》2010年第2期。

目的所涵盖。在现代市场经济条件下，企业的经营范围在注册登记时便已明确，经营者应按照注册的主营业务从事商业行为。国有企业具有典型的公益特性，其事业目的就是要提供公共产品和服务以满足广大人民的需求。换言之，国有企业在成立以后的经营行为要符合设立时所确定的宗旨，并与主营业务一致。比如，中国移动公司设立时的宗旨就是提供通信服务，给人民以便利，尔后就不宜通过提高收费标准等手段和方式以损害人民的利益。在渐进式的转型过程中，主营业务是国有企业存在的首要目标，然而国有企业仍应承担一定的社会责任，但应当逐渐卸载各种不合理的"包袱"。[①]事实上，企业社会责任是一个颇具争议的话题，国内外学者对其进行了猛烈批判，特别是对"将企业的社会责任及社会义务视为法律上的概念"的批判。比如，有学者从企业的本质与社会责任之间的关系、义务内容的模糊性、义务对象的不存在等方面进行了全面论证。[②] 与之相反，依据社会分析法学说主张的"利益攸关方"理论和抽象的社会契约论，它们均在不同程度上强调公司面纱之下的人与人之间的社会关系，注重企业的社会责任，即使不是直接的利益攸关方，如社会上的弱势群体，也应承担一定的社会责任。[③]

不止于此，社会责任不能仅限于道德意义上的义务，更要强调法律层面的社会责任，由道德义务向法律义务转变的企业社会责任是未来企业法治化发展的路径选择。事实上，企业社会责任的确是逐渐从道德上的义务转化为法律上的义务。[④] 我国《公司法》规定，"公司从事经营活动，必须遵守法律、行政法规，遵守社会公德、商业道德，诚实守信，接受政府和社会公众的监督，承担社会责任"。这是现行法律对企业社会责任所作的一般性规定，隶属于总则条款，并在职工董事制度、职工监事制度等具体制度层面进行了强化。况且，企业社会责任的强化是企业社会性的本质要求，是企业经济性的题中应有之义，有助于提升公司的核心竞争力和推动社会主义市场经济的又好又快发展。[⑤] 对于国有企业来说，由于实质投资者是全国 14 亿人民，其理应承担更大的社会责任，但要注意利益相关者之间的利益冲突与协调。有学者认为，应坚持利益相关者的人权和自由优先、社会公共利益优先、法律层面的社会责任优于伦理层面的社会

---

① 参见左学金、程杭生主编：《中国国有企业改革治理：国际比较视角》，社会科学文献出版社 2005 年版，第 252 页。

② 参见[韩]李哲松：《韩国公司法》，吴日焕译，中国政法大学出版社 1999 年版，第 55 页。

③ 参见吴越：《公司人格本质与社会责任的三种维度》，载《政法论坛》2007 年第 6 期。

④ 参见张瑞萍：《公司权力论：公司的本质与行为边界》，社会科学文献出版社 2006 年版，第 159 页。

⑤ 参见刘俊海：《现代公司法》，法律出版社 2011 年版，第 645～663 页。

责任等原则,以鼓励和促进企业承担社会责任。① 但是,社会责任的承担以营利目的为前提,不能罔顾企业的主营业务,否则将会违背企业经济运行的基本规律,阻碍市场经济的正常发展。

三、国有企业社会责任的履行问题与分析

研究发现,"国有企业社会责任发展与演进的40年就是'政府—企业—社会'关系范式追求合理化与合意性的过程,也是国有企业社会责任观与行为范式实现高级化与自适应的过程"。② 新中国成立初期,基于摆脱国外的经济封锁、实现经济复苏的需要,设立国有企业以优先发展重工业,实行国有化战略,是政府最大限度地控制、配置有限资源和经济剩余的应然需要和时代诉求。但是,随着市场经济体制改革的稳步推进,国有企业经营机制受到了市场化浪潮的严重冲击,国有资产流失等现象普遍。再如,由于国有企业内部缺乏专门的社会责任执行机构,以致企业社会责任履行效果不佳,社会责任机制也就难以建立健全。

(一)国有企业社会责任履行问题总结

整体观测,现阶段我国国有企业履行社会责任仍然处于较低水平,与国有企业在我国经济结构中的地位以及社会公众对国有企业的期望存在较大差距。究其原因,"一是部分国有企业尚未充分认识到履行社会责任能够树立良好企业形象,提升企业核心竞争力,促进实现企业发展目标;二是我国对于国有企业承担社会责任一直以宣传倡导为主,尚未建立起完备的相关法律规范制度。因此,当前国有企业履行社会责任更多的是靠企业自律,缺乏法律等他律要求"。③ 在肯定国有企业履行社会责任所取得成效的同时,也应承认因受到内部因素和外部环境的影响,国有企业社会责任的履行尚存诸多问题。

其一,社会责任履行形式单一化。公益事业是大部分国有企业承担社会责任的主要表现,因循逻辑推论,人们易将公益慈善和社会责任等同视之。大多数的企业仅仅是从经济效益的层面上考虑社会责任,认为企业对公益事业的钱物捐助可以减少企业年底须缴税的基额。更有甚者,个别企业直接把从事的公益事业当作一场"宣传秀",利用公益事业来推销自己,使公益事业的形式和实质均有改变,如此便没有真正地帮助弱势群体,更没有真正地将社会责任的履行落实到位。事实上,社会责任履行方式

---

① 参见刘俊海:《论全球性金融危机背景下的公司社会责任的正当性与可操作性》,载《社会科学》2010年第2期。

② 肖红军:《国有企业社会责任的发展与演进:40年回顾和深度透视》,载《经济管理》2018年第10期。

③ 孙志芳:《法治视域下国有企业践行社会责任研究》,载《山东社会科学》2015年第7期。

完全可以多元化，如在疫情防控中，除捐款捐物外，社会责任可以有许多创新形式，国有企业可利用技术、设备、人力资源、技能等专长，专业性地承担社会责任，如公立医疗机构提供的免费在线义诊。

其二，在促进社会福利方面有待提高。“国有企业的性质和精准扶贫的特性决定了国有企业是精准扶贫中最可信赖的依靠力量，发挥着主体、靶向和带动作用。”①国有企业作为国民经济的重要命脉，在保证国有资产保值增值的同时，必须要注重和实现全民福利的最大化。倘若单纯地保持国有资产的经济收益，国有资产的收益就会始终在企业内部循环，仅用于国有资本自身的积累和扩大，即使规模再大、利润再高也不能提高全民福利。是以，此类国有企业就偏离了其设置初衷，模糊了国有企业与私营企业之界限，甚至别无二异。不可否认，国有企业控制国家经济命脉，凭借其行业垄断优势获取超额利润，并在此基础上实行高工资、高福利，其员工的各种福利和隐性收入远高于一般行业。② 这不仅加剧了社会分配之不公，破坏了全民福利，还严重影响了社会就业，由此，国有企业有待强化社会福利性，深化社会责任理念，增进社会福祉。

其三，在消费者合法权益保护方面有待强化。国有企业是体现国家意志的企业，是国有经济的骨干和支柱，支撑、引导和带动着经济社会发展。遍观国有企业的经营范围，主要涉及国家安全行业、自然垄断性产业、资源型产业、居民公共生活和服务产业等支柱产业。与一般消费者相比，这一特殊地位决定了国有企业在市场经营中处于优势地位，同消费者的地位存在严重的不平衡。亦因如此，国有企业往往以自拟霸王条款、垄断的高价格低质量的服务等形式，在一定程度上侵害了消费者权益。换言之，部分国有企业背离了《消费者权益保护法》所规定的企业社会责任，通过格式条款、强制交易等形式损害消费者的合法权益，如中国移动“移动梦网”的捆绑套餐服务、邮政行业强行收取特快费、强行搭售商品等。③ 由此得知，国有企业和消费者之间地位的不平衡导致企业社会责任弱化乃至丧失，在此形势下亟须加强对消费者合法权益的保护。

（二）国有企业社会责任披露问题检视

实证考察部分国有企业社会责任报告发现，国有企业报告呈高水平稳定发展趋势，国有控股企业、外资及我国港澳台地区企业、民营企业报告逐步追赶，差距缩小。报告更加注重披露社会责任核心议题的管理方法，包括议题识别排序、风险机遇分析、

① 张春敏、赵萌：《国有企业在精准扶贫中的角色定位和参与方式探析》，载《广西民族大学学报》（哲学社会科学版）2018 年第 1 期。

② 参见游春：《国有企业社会责任履行现状及对策研究》，载《江西社会科学》2016 年第 6 期。

③ 参见齐新春：《国有企业社会责任提升机制研究》，载《理论探讨》2013 年第 2 期。

核心议题的管理计划、措施及实施进展,领袖型企业的报告在这方面表现更加突出。从实践得知,国有企业(如中国海洋石油总公司、中国南方电网有限公司等)公布其"企业社会责任报告"的涉及范围广,披露内容包含社会公益事业、企业社会责任文化、员工保障、主营业务发展、环境保护措施等,紧扣时代主题,也反映出企业社会责任意识的加强,但其中存在的问题也需要正视。

比如,国家电网社会责任披露情况,2006年突出报告可信度、2010年对全公司"十一五"社会责任历程进行全面回顾、2011年探索全面社会责任管理、2013年突出公司践诺行动和履职绩效等。具体如中国南方电网将售电量、每年的营业利润以及农网改造升级投资等基本信息公之于众,在企业社会责任报告中深刻阐释企业创造经济、社会和环境综合价值的完整逻辑,包括意愿、行为和绩效,具体披露社会责任的履行情况。但也有不足之处,如中国南方电网并没有精准地将纳税数额等信息进行明示,2016年也仅报道贵州、广西和云南三省的清洁能源占比,而没有覆盖至全国各地;中国移动对于纳税数额的数据也没有完整而准确的报道于其信息门户之中。国有企业社会责任披露之于社会个体的意义不言而喻,如果忽视了企业社会责任,或者披露流于形式,则国有企业设立之初衷便将难以实现。进言之,企业的个体主义倾向与企业社会责任的履行相互补充,当企业的社会责任得到较好履行时,企业的社会评价也会随之上升,获得公众信任,而且社会评价上升的同时也带动企业盈利的提升。根本而言,国有企业的社会责任不仅是法律义务,更是道义上的职责,需要通过社会披露等公开形式督促其更好地履行社会责任。

四、国有企业社会责任的法治出路

党的十九届四中全会坚持以人民为中心的发展思想,提出"增进人民福祉、促进人的全面发展是我们党立党为公、执政为民的本质要求",要保障和改善民生,满足人民日益增长的美好生活需要。而此等愿景首先依赖企业经济的繁荣昌盛,寄希望于企业之"善治"。"企业'善治'的基线是保障民生;本质是'义''利'兼具……'善治'应以关注和改善人的'生存、生命、生活'等民生问题为价值标尺,主动承担起养护民生的社会责任,最终彰显民生道义的'人性尊严'和'国民福祉'。"①例如,面对新型冠状病毒疫情,除为疫情防控捐款外,国有企业责任上肩、积极投入抗疫战线,迅速整合资源、发挥各自优势,充分展示了国有企业的社会责任担当。比如,恒健控股公司在投的中兴

① 李红亮:《社会责任:现代企业的"善治"旨归》,载《江汉论坛》2014年第3期。

通信利用技术优势，积极助力武汉雷神山医院建设；[1]东方国际集团、海垦集团等第一时间筹措防疫物资支援一线，积极恢复生产助力保供稳价，全力做好防疫物资的保障工作。[2] 与此同时，各省积极出台政策支持国有企业打赢新冠肺炎疫情防控阻击战，如江西省国资委出台《关于鼓励支持国有企业打赢新冠肺炎疫情防控阻击战的若干措施》专门规定"支持国有企业积极参与新冠肺炎疫情防控工作"，具体规定如"国有企业为疫情防控剔红资金或物资捐赠，按特殊情况处理，疫情解除后由企业按规定程序补办相关手续"；四川省政府国有资产监督管理委员会《关于印发支持引导国有企业积极投入新型冠状病毒感染肺炎疫情防控工作相关政策措施的通知》要求"将疫情对国有企业经营业绩影响作为非经营性因素，在经营业绩考核和工资总额管理中，根据疫情对当期损益的影响程度予以适度考虑"，进一步支持引导国有企业积极投入疫情防控工作、发挥应有作用。于此，鉴于国有企业社会责任的重要性和固有问题，可从以下几个方面重点优化社会责任的履行机制，助推国有企业社会责任的规范化。

（一）国有企业社会责任的法律导向

任何企业都是社会企业，企业拥有使用社会资源的权利，也对等负有社会责任义务。只不过相较一般企业，国有企业理应更加积极地承担社会责任。可以说，国有企业承担社会责任是其发展目标的应有内容和本质要求。国有企业的职能在于提供社会公共服务，满足人民的公共需求，本质上要求其承担更多的社会责任，而不能仅仅考虑营利性。当前国企改革强调政、资、企的分开，经营权和所有权的分离，注重提高国有企业的经营效率，使国有企业更多地体现了营利性。因此，国有企业在社会责任的履行方面可能存在不足，公益性的淡化、社会责任的弱化，这些都迫切需要法治进行规范。[3] 换言之，依法合规是国有企业社会责任的重要内容，也是一种核心竞争力。合理合法地承担社会责任不仅是国有企业承担社会责任的标签，而且越发需要借助制度的约束力来保证国有企业的社会责任得以履行。企业的社会责任不仅表现在道德层面，法律视角的社会责任更不容忽视，在当前国有企业改革的关键之际，国有企业的社会责任应纳入法治轨道，以法治为保障机制，强调国有企业社会责任的法治出路，使国有企业真正成为市场主体。

欲深化社会责任理念，建立健全社会责任体系，实现国有企业社会责任的法治化，就必须建立起与市场经济体制相适应的完备的法律法规体系。唯有构建起完备的国

---

① 参见《广东国企积极投入疫情防控阻击战》，载《广东经济》2020 年第 2 期。

② 参见《国企担当　使命必达》，载《海南农垦报》2020 年 2 月 7 日，第 1 版；本刊编辑部：《东方国际集团：战疫情　扛起国企"硬核"担当》，载《中国纺织》2020 年第 2 期。

③ 参见王国平主编：《现代国有企业治理研究》，化学工业出版社 2011 年版，第 15 ~ 21 页。

有企业社会责任法律体系,包括在《公司法》立法宗旨引入“社会责任条款”,完善劳动法、工会法、消费者权益保护法、税法、捐赠法等辅助性法律,形成牢固的企业社会责任法律系统,才能使国有企业社会责任的履行做到真正的有法可依。① 当然,国有企业承担社会责任是有限度的,国有企业社会责任的履行应体现适度性,在法律上应当有所体现,但应当避免社会责任的泛法律化。即不能把企业社会责任等同于企业的不合理负担,也不能简单地套用一般企业社会责任的标准来要求国有企业履行社会责任。②国有企业的公益性目标和营利性目标均应兼顾,不可偏袒任何一方,否则会影响企业追逐经济效益的积极性和主动性,不利于企业的良性发展。

(二)国有企业社会责任评价指标体系的科学构造

“企业正确履行自身的社会责任有利于社会福利的最大化,企业履行社会责任本质上是一个成本、利益重新分担和分配的过程,涉及到企业社会责任的界定、评价的理论基础和评价指标体系的构建。”③企业社会责任评价不仅是微观层面企业社会责任管理的重要内容,而且也已经成为宏观层面企业社会责任推进的关键机制。基于我国国有企业的特殊性,构建起企业社会责任的评价指标体系对企业正确履行社会责任有着指导性意义,也为企业社会责任的履责提供了评价工具。国有企业在国民经济的关键领域和重要部门中处于支配地位,倡导国有企业积极履行社会责任不仅是与国际社会认证企业的标准相接轨,更重要的是,对当前我国的国有企业改革方向起到指引作用。为了提高国有企业履行社会责任的积极性,需要建立完善社会责任评价机制,构建社会责任绩效的评价指标体系,科学地评价企业履行社会责任的绩效,并且能充分体现国有企业的价值取向,具有很强的实际可操作性。④

“企业社会责任评价的理论基础应从传统的工具理性观向现代性综合价值创造观转变,企业社会责任评价模式应从现有的经验主义和规范主义模式向一体化模式转变。”⑤对于一个企业来说,社会责任的评价越高,代表这个企业在公共利益方面承担的责任越多,公众形象也就越好,社会地位也越高,带来的社会效益也更可观。要使我国国有企业能够顺应社会的发展趋势,增强可持续发展的能力,就必须完善自身的企业社会责任评价体系,从单一的经济评价指标向综合指标过渡,将评价体系作为一个国

---

① 参见韩喜平、李晓琳:《我国国有企业承担社会责任问题研究》,载《理论探讨》2015年第1期。

② 参见王丹:《国有企业社会责任特殊性的法学思考》,载《河北法学》2010年第11期。

③ 冯骢、彭新艳:《企业社会责任评价指标体系构建研究——以利益相关者为视角》,载《西南交通大学学报》(社会科学版)2016年第6期。

④ 参见徐泓、董雪雁:《企业社会责任绩效评价指标研究》,载《甘肃社会科学》2013年第3期。

⑤ 肖红军、许英杰:《企业社会责任评价模式的反思与重构》,载《经济管理》2014年第9期。

有企业应当遵循的基本行为规范,引导企业处理好与利益相关者之间的关系,实现企业的良好发展。

具体而言,从企业社会责任的评价要以事实为根据和基础,所选指标要符合实际、具有科学合理的代表性,指标能够量化,指标资料通过科学方法容易获取等原则出发,选取最能反映各利益相关者利益需求的一个指标。原则上,同其他的评价指标体系一样,国有企业社会责任评价指标体系的构建需要遵循包括目的性原则、系统性原则、可操作性原则和科学性原则等在内的一般原则;同时,也要兼顾国有性原则、稳定性原则和可比性原则等特殊原则,在此基础上构建国有企业社会责任评价指标体系,包含经济责任、发展责任、社会责任、文化责任和环境责任等具体指标,其中经济责任着重经济发展,发展责任突出公司治理,社会责任强调社会贡献等。这套既符合中国国情又与国际接轨的企业社会责任评价体系,共分为员工权益保护、环保及可持续发展、企业诚信、消费者和债权人权益保护及社区关系、社会公益与慈善活动、社会责任管理六类评价因素。① 尤其要在指标体系领域层内涵中突出公司治理、信息披露、企业发展和满意度等内容,以期为国有企业社会责任履行情况的评价提供参考。从总体上看,该评价指标体系的指标涵盖面广,数量繁简适中,能较好地体现企业社会责任履行情况。通过具体硬性指标的衡量来分辨各国有企业履行责任的优劣,进行横向比较找出差距,才能更好地促进各国有企业履行好自身的社会责任,从而推进其可持续发展。但是,要注重引入第三方对企业社会责任履行情况进行评价,重视社会责任与企业绩效相关性的评价。所以说,对于现阶段的国有企业来说,构建一个科学的、合理的"社会责任"评价体系是完善国企承担社会责任的必由之路,这不仅关系国有企业责任的履行,还直接影响我国国有企业的经营效率以及整个社会的福利水平。②

(三)国有企业社会责任披露机制的合理建造

国有企业有守职、有使命,应向社会公开其承担社会责任的可靠数据,让公众的知情权得以实现,这既可加强国有企业管理和推进国有企业改革,也为促进市场公平竞争,为市场的健康发展树立重要典范。由《中国企业社会责任报告白皮书》③得知,现阶

---

① 参见陈留彬:《中国企业社会责任评价实证研究》,载《山东社会科学》2007 年第 11 期。

② 参见韩喜平、李晓琳:《我国国有企业承担社会责任问题研究》,载《理论探讨》2015 年第 1 期。

③ 《中国企业社会责任报告白皮书》由四部分内容组成:一是中国企业社会责任报告在 2018 年度的进展;二是 2018 年中国在港上市公司 ESG 报告分析;三是对中国 A 股主板上市公司的 1892 家公司 ESG 信息披露研究;四是中国企业 2018 年报告评级情况。参见《〈中国企业社会责任报告白皮书(2018)〉发布》,载新华网:http://www.xinhuanet.com/tech/2018-12/28/c_1123919630.htm,最后访问日期:2020 年 7 月 15 日。

段国有企业已经体现出对社会责任信息披露的重视,但其范围和深度远远不够,没有相应的监督机制,国有企业社会责任披露机制尚未完善。在此种情况下,国有企业社会责任的实现就难以得到保证。而国有企业社会责任的披露更似一个监督机制,在保障普通大众知情权的同时也监督了国有企业社会责任的履行,同时树立了良好的企业文化、企业价值取向,对外也建立和维护了国有企业的良好形象,助推政府、企业以及普通大众的良性互动。国有企业在发展经济的同时应当自觉地履行社会责任,并注重形成一份完整而充分的社会责任报告,用数据说话,从而打造属于自己特有的新名片,保障国有企业的可持续发展。

进言之,国有企业的设立及其性质决定了从其诞生时起就和一般企业的不同,国有企业的发展目标不仅是为了盈利,而是包括盈利在内的环境、慈善和经济发展等多种目标追求。从宏观角度观测,大多数国有企业履行社会责任的意识还处于萌芽阶段,并没有形成自觉意识和自主行动,这就需要构造国有企业社会责任披露机制予以监督,同时也督促国有企业履行社会责任。对于国有企业社会责任披露机制的构造,重点需要从以下几个方面进行:其一,发挥政府、监管机构等对报告的质量规范和监管作用,提升国有企业社会责任信息披露的充分度。其二,加强社会责任核心议题识别以及议题管理方法的披露,使报告真正反映出对可持续发展及利益相关方关注信息的影响度。其三,加强社会责任核心绩效数据的披露,包括连续性的绩效数据、行业内和跨行业的绩效对比,增强报告的对比度。其四,提升报告可信度水平,增强利益相关方在报告编制全过程中的参与度。唯其如此,通过完善国有企业社会责任披露机制,健全社会责任报告制度,加强利益相关方的参与度,才能更好地保障国有企业社会责任的履行落到实处。

五、结论

国有企业是国有经济的命脉,是经济运行的“掌舵手”,是中国社会经济发展的主导力量,它关系的不仅是普通大众的权益,更关系的是国家经济的可持续发展。申言之,国有企业是“社会主义性质的企业”,它既不是完全的公益性企业,也不是纯粹的营利性企业,从而揭示了国有企业兼具公益性和竞争性的二元特质。国有企业的发展不仅要注重其营业性,不断提高企业的竞争性,实现国有企业资产和资本的保值和增值,还要凸显其公益性,强化国有企业的社会责任。据此,国有企业应当在尊重企业的营利性基础上,合理界分营利事业与慈善捐赠、主营业务和社会责任之间的关系,注重企业社会责任形态的多元化发展,力求实现企业利润最大化目标与社会责任目标的良性互动。通过深刻认知此等概念,将国有企业社会责任纳入法治轨道,使国有企业社会责任由道义义务转向法律主治,同时构造科学化的社会责任评价指标体系和披露机制,提高国有企业履行社会责任能力,方能确保国有企业社会责任的切实履行和保障国有企业的可持续发展。

(责任编辑:梁鹏)

【书　　评】

探寻竞争性国有企业的存续理据与改革路径

——评孙晋教授新著《竞争性国有企业改革路径法律研究》*

李国海**

孙晋教授新著《竞争性国有企业改革路径法律研究》在人民出版社出版了，我有幸获得孙晋教授在第一时间寄赠新书一本，认真拜读后，受益良多。这本书是孙晋教授主持的国家社科基金课题的最终成果，能够获得立项，本身已经证明了选题的新颖性与现实意义。一直以来我的学术兴趣点主要集中在反垄断法和国有企业立法，因此，对孙晋教授承担这个课题也是非常关注和期待。国内法学人士专门研究反垄断法的著作很多，专门研究国有企业法的著作也不少，但将二者结合起来进行跨界研究的专著在此之前尚付阙如。尽管也有一些学者针对相关主题发表了一些论文，还有一些学者的反垄断法著作中零星涉及了相关主题的讨论，但要集中围绕国有企业的竞争问题写出一部专著，显然具有更大的挑战性。加上我正在主持国家社科基金项目"国有企业适用反垄断法若干问题研究"，更是早早就希望能够从孙晋教授的著作中获得启发和助益。看完这本书，我觉得它完全符合我的期待。这本书聚焦于从法律视域探讨竞争性国有企业的改革路径问题，但涉及范围颇为广泛。一方面，从实践角度，回顾我国国有企业的改革历程及党的十八大以来我国国有企业分类改革的新动向，揭示我国竞争性国有企业改革的法律困境；另一方面，从理论角度，梳理了国内学界关于竞争性国有企业改革的各种观点，在此基础上，提出立足中国国情分阶段推进竞争性国有企业改革的理性主张，并以这种学术主张为基础，抓住"市场化""竞争中立""反垄断法适用"等核心关键词，条分缕析地构建了竞争性国有企业改革的具体路径，最后归结为竞争性国有企业法律制度的应然演变路径。全面观之，该书选题新颖，内容充实，资料丰

---

* 收稿日期:2020 年 6 月 15 日。

** 湖南永州人，法学博士，博士后出站人员，中南大学法学院教授、博士研究生导师，中南大学企业法与国企改革研究中心主任。

富,立论中正,论证严谨,确实是一部有创见、有远见的上乘之作,弥补了国内相关研究的空白,值得理论界和实务界予以高度重视。

一、竞争性国有企业的定义与定位

"竞争性国有企业"是国内近年来高频使用的一个概念,也是本书的核心概念,因而对其予以界定,"是我们进行竞争性国有企业改革路径的法律困境与出路研究的第一步"。然而,"对于竞争性国有企业的法律定义迄今尚付阙如"。[①] 对于这个概念的确切含义,国内理论界与实务界却尚未完全达成共识,因此,孙晋教授在本书中安排了一定篇幅对其予以界定。

"竞争性国有企业"最早于2011年在国内提出并使用,时任国资委副主任邵宁指出,国有企业未来后续的改革方向应当分类进行。竞争性国有企业应当直面市场竞争,在优胜劣汰中求得生存,进行更彻底的政企分开;公益性国有企业则要更多关注社会效益,不能一味追求经济效益,为公共利益可以承受一定的政策性亏损。在这里,"竞争性国有企业"是一个与"公益性国有企业"相对的概念。一些学界人士陆续提出了自己的理解:有学者认为,从概念上来说,竞争性国有企业与具有公益性质的国有企业相对应,是国家为了国民经济发展、促进产业链延伸而设立的大企业;[②]另有学者认为,竞争性国有企业是广泛存在于多种产业之中的地方或中央国有企业,如科学研究、工业制造、建筑工程等行业,是特殊功能性和公共政策性国有企业之外的重要国民经济力量,并进一步指出,竞争性国有企业具有"二维"特征,与公益性国有企业和民营企业均有区别,受到政府治理因素和市场因素的双重制约;[③]还有学者认为,竞争性国有企业作为商业经济类或纯粹竞争性企业,是追求营利性经营目标并承担商业竞争功能的国有企业,其无须承担国家特定公共政策和战略保障功能。[④] 显然,孙晋教授对上述3种定义均不太满意,认为它们体现的定义思路属于"非黑即白"式的排除法,即基于公益性国有企业的排除,将公益性国有企业之外的国有企业划入竞争性国有企业的范畴,这样的定义方法"并不科学"。[⑤] 为此,他给出了另一个定义:"竞争性国有企业是指在竞争性领域存在并以平等竞争者身份与其他所有制企业开展竞争的国有企业。"

---

① 孙晋:《竞争性国有企业改革路径法律研究》,人民出版社2020年版,第101页。

② 参见唐杨、李光金:《竞争性国有企业战略实证研究——以中石油为例》,载《学术论坛》2014年第1期。

③ 参见蔡锐:《竞争性国有企业自生能力及其形成机制探讨》,载《中国流通经济》2015年第5期。

④ 参见罗虎:《中国特色现代国有企业制度创新研究》,社会科学文献出版社2016年版,第102页。

⑤ 参见孙晋:《竞争性国有企业改革路径法律研究》,人民出版社2020年版,第101页。

我认为,孙晋教授给出的定义更符合定义法则,因为这个定义解释和强调了竞争性国有企业的核心特征,即可竞争性。什么是可竞争性?孙晋教授在书中引用了其此前发表的一篇论文的观点,所谓国有企业的可竞争性,是指国有企业应与一般民营企业具有同等的市场主体法律地位,进而平等竞争,公平接受政府监管。①

除给出核心定义外,该书还将"竞争性国有企业"与相关范畴进行了辨析,以进一步厘清其内涵与外延。

第一,竞争性国有企业与商业类国有企业之辨析。在一些关于国有企业改革的中央规范性文件中,使用了"商业类国有企业"的概念,在某种程度上构成对"竞争性国有企业"的替代,可见这两个概念具有十分紧密的关联性。在孙晋教授看来,相关官方文件中的商业类国有企业所涵摄的范畴明显超出一般意义上理解的竞争性国有企业的概念,其中所指的某些国有企业在很大程度上应当属于公益性较强的国有企业即公用企业的范畴。再者,从一般产业划分意义上来说,商业与工业和农业等概念相并列,如果以"商业"作为与"公益"相对应的概念则明显不太妥当。而竞争是市场主体营利的主要手段,而所获盈利实质上就演变为主体的私有财产权益,即私益,从这个角度来看,蕴含私益的"竞争" 概念,与"公益"更具有对应性,也更科学和准确。② 因而,该书作者实际上不认同将"商业类国有企业"与"公益类国有企业"相对使用。

第二,竞争性国有企业与公用企业之辨析。在法学界,"公用企业"也是一个被高频使用的概念,其内含国有企业、垄断与竞争等思辨元素,因而厘清公用企业与竞争性国有企业之间的关系也具有重大意义。孙晋教授指出,公用企业具有自然垄断性、社会公用性乃至于变化中的市场竞争性等特点,与竞争性、公益性国有企业均存在联系和交集。因而不能将公用企业与竞争性国有企业完全隔离,在某些情形下,公用企业也有可能是竞争性国有企业。这其中的原因就是孙晋教授在另一篇论文中所指出的,某些行业在最初由于其自然垄断属性可能是国家垄断经营,不太可能以竞争性国有企业的形态存在,但是这些行业的自然垄断性有可能伴随经济发展特别是科技进步逐渐减弱,甚至消失。因此,到一定程度后反而是经市场充分公平竞争后提供的产品,更具有经济效率,也能更好保障消费者得到更优质的产品和服务。③ 如此,如果相关行业还是由国家垄断经营,经营主体就有可能变成竞争性国有企业。孙晋教授指出,这种变

① 参见孙晋:《竞争性国企市场支配地位取得与滥用以及规制的特殊性》,载《法学评论》2016 年第 1 期。

② 参见孙晋:《竞争性国有企业改革路径法律研究》,人民出版社 2020 年版,第 90 页。

③ 参见孙晋:《自然垄断的规制改革与反垄断法适用除外的科学构建》,载《武汉大学学报》(社会科学版)2003 年第 5 期。

化态势是符合相关行业的发展规律的,我国电信行业的改革历程就是一个很好的例证。

此外,该书还讨论了竞争性国有企业与国有企业竞争性领域的区别与联系。其指出,国有企业竞争性领域一般是某些领域或者环节虽然由国有企业经营或垄断经营,但是该类业务领域已然高度市场化,存在充分竞争或者可以并应当引入竞争,因此竞争性国有企业与国有企业竞争性领域的意义是一致的。因为竞争性国有企业不仅包含完全从事竞争行业和领域的国有企业,还包含虽然属于公益类国有企业或者自然垄断行业的国有企业,但是其从事行业的不同阶段中的竞争性业务或阶段,也属于竞争性国有企业的范畴,如电力行业与铁路行业中的竞争性业务。①这种认知基本上反映了我国国有企业的实际状况。但是,根据我个人的理解,如果从更全面的角度而言,竞争性国有企业与国有企业的竞争性业务也许并不能完全重叠,如果国有企业的竞争性业务是通过设立专门的子企业的方式开展经营,则这种子企业具有不同于母企业的特性,可以归于竞争性国有企业范畴;而如果是公益性或垄断性国有企业本身经营这些竞争性业务,则不可简单地将这些竞争性业务与竞争性国有企业同等对待。

无疑,孙晋教授通过该书对竞争性国有企业的定义的讨论,已足够具体明确,这为学界进一步展开研究奠定了一个不可缺少的立论基础。但是,在这里,我本人仍然有一点题外性质的疑惑:竞争的反义词是垄断,为何我国实务界及学界很少用垄断性国有企业与竞争性国有企业相对?在本书中,孙晋教授提出了几组对应词,却没有将垄断性国有企业纳入讨论范围,这究竟是对学界习惯的认同,还是对官方偏好的尊重?事实上,国内有主流经济法教材明确提出了垄断性国有企业和竞争性国有企业的分类范式。② 或许,这是一个值得进一步讨论的问题。

在理性地给出竞争性国有企业的定义的基础上,孙晋教授还在本书中简要地讨论了竞争性国有企业的定位,其核心观点主要体现为以下两点:

第一,强调竞争性国有企业与公益类国有企业的区别,将竞争性国有企业确立为国有企业的一种基本类型。孙晋教授肯定了目前正在推行的国有企业分类改革的基本思路,并具体分析了分类改革的重要意义:一是根据不同类型企业特点有针对性地推进改革,是国有企业功能界定与分类的重要目的,对于官方文件惯常使用的"商业类国有企业",也要进一步区分具体类型,以便采用不同的路线推进改革;二是不同类型的企业战略定位不同,发展目的和发展路径均不相同,在促进发展上也提出了差异化

---

① 参见孙晋:《竞争性国有企业改革路径法律研究》,人民出版社2020年版,第91页。

② 参见漆多俊主编:《经济法学》(第4版),高等教育出版社2019年版,第208页。

要求；三是对国有企业的监管包括管资产、管人、管事及管资本，但由于两类国有企业的发展目标不同，其重点监管方向也应有所不同；四是分类考核应当是国有企业分类推进的一项重要内容，对于不同类型的国有企业应当实行不同的考核体系。[①]

第二，孙晋教授基于实践状况，敏锐地捕捉到竞争性国有企业定位中的两难情形。在我国社会主义市场经济语境下，从理论上讲，竞争性国有企业应当属于一种“中性企业”，它们具有与非公有制企业同等的市场地位，承受市场主体优胜劣汰的竞争，追逐经济目标，因而它们与政府的关系应与一般的非国有企业相同，政府不能给予它们特殊的优待，也不宜对它们施加特殊的义务或负担。但在实践中，竞争性国有企业的上述“中性企业”特性却受到两个方面的挑战，成为“两难企业”。从我国现实状况看，竞争性国有企业因为资产属于国家所有，与政府具有特殊的关系，肩负重大的社会功能，不能与非公有制企业一样完全追求利润最大化，只能在约束条件下实现利润最大化，否则就会被认为是“与民争利”；在相反方面，政府却又有意无意地为竞争性国有企业提供特殊待遇，即通过公权力的介入使某些竞争性国有企业获得垄断性赢利。[②] 因而，竞争性国有企业在实践中往往是或左或右地偏离其中立地位的，这实际上就形成了竞争性国有企业理论定位与实践地位的偏离，使其在实践中很难被准确把握，造成一种两难境遇。

孙晋教授对于竞争性国有企业定位的论述，无疑具有较大的启示意义，既从理论上提出了竞争性国有企业定位的应然状态，也从现实层面揭示了我国竞争性国有企业定位的实然状态，客观存在的“实然”对“应然”的偏离，其实就是我国竞争性国有企业改革的最大阻力，也是进一步深化改革的最大诱因。

二、竞争性国有企业存续的基本理据

国有企业是一个世界性的经济现象，而且在很早就出现了。法国在 18 世纪就出现了公营手工工场，19 世纪建立了国家铁路，20 世纪初实行酒精专卖，第一次世界大战期间，在军火制造、运输、保险、粮食贸易等行业出现了国有企业，第一次世界大战后将阿尔萨斯—洛林地区的重要企业收归国有，这些都是国有企业的发端，在 20 世纪 30 年代以后，进行了 3 次大规模国有化运动，形成了一批国有企业。[③] 美国受亚当·斯密自由主义经济学影响较大，奉行个人主义基础上的自由市场经济模式，长期以来国家

---

① 参见孙晋：《竞争性国有企业改革路径法律研究》，人民出版社 2020 年版，第 58 页。

② 参见孙晋：《竞争性国有企业改革路径法律研究》，人民出版社 2020 年版，第 89 页。

③ 参见漆多俊：《经济法基础理论》（第 5 版），法律出版社 2018 年版，第 268 页。

基本上不介入生产经营性活动。即便是这样,美国也有国有企业的实践。1789 年美国出现第一家国有企业——美国邮政;南北战争结束后,国家又参与了铁路、钢铁、军工等诸多行业的经营,建立起一批国有企业;在 20 世纪 30 年代的经济危机发生之后,在罗斯福新政的大背景下,更是设立了诸多国有企业,田纳西河流域管理局即是其中的代表。虽然美国在第二次世界大战后出售了一批国有企业,但国有企业并未完全被私有化,至今仍然有一些国有企业存续,国有企业的产值占国民收入的比重还有 1.2% ~ 1.3% 。[①] 至于社会主义国家,国有企业的数量就更多,国有经济在国民经济中的比重就更大。

国家为什么要建立国有企业?或者说,国有企业存续的理由是什么?这是一个经历了长时期的讨论,却至今尚未完全形成共识的问题。孙晋教授在该书的第一章就回顾总结了这方面的代表性观点。凯恩斯的宏观经济政策与社会福利学说,以及在微观领域中提出的“市场失灵”理论均认可了国有企业的积极功能及作用。阿瑟·庇古在《福利经济学》中论述社会资源的最优配置问题时提出,出于多种原因,边际私人纯产值与边际社会纯产值往往并不相等,这主要源于市场信息的不完全从而引起投资收益估计错误、外部经济等问题,如工厂对污水的不治理、垄断的存在使边际社会纯产值与边际私人纯产值的差异扩大等原因;基于此,庇古主张由政府对资源进行干预,对关系全局与民生问题的产业,如铁路、电力、自来水等实行国有化。[②] 此外,资本市场失灵也是客观存在的,对于风险高、规模大的长期投资项目,私人企业不愿进入的,政府可以通过国有企业完成。总之,对国有企业持正面立场的人士从多个角度论述国有企业的合理性。

与之相反的是,国内外一直也有声音反对国有企业,或者对国有企业持怀疑态度。主张自由主义的学者对于政府干预经济乃至政府出资设立运营国有企业保有极高的警惕和极度的不信任。其中的主要质疑观点包括:第一,以信任“全能个人”为基础的国有企业基础理论不成立,因为人类无法掌握所有的知识,只有市场这双“无形之手”才能够有效利用各类信息,使资源得到最优配置;第二,国有企业的效率较低,因为国有企业的所有权属于全体公民,但实际上企业的管理者并非全体公民,聘请专业管理人员进行企业经营成为必然,于是产生了委托代理问题,加上由于所有者缺位,且政府往往也有自己的利益追求,在公民与政府、政府与经理人之间的复杂的委托代理关系

① 参见毛程连等:《国有企业的性质与中国国有企业改革的分析》,中国财政经济出版社 2008 年版,第 268 页。

② 参见陈支农:《庇古与〈福利经济学〉》,载《财经政法资讯》2001 年第 2 期。

中，信息不对称引发政府、经理人道德风险的概率极高，由此所导致的代理成本也会过高；第三，国有企业会导致社会资源的浪费，尤其在社会主义中央计划下，国有企业作为政府的一部分，常常能够获得政府的财政补贴、税收优惠、低息的银行信贷等额外扶持，导致国有企业的竞争约束和激励机制被弱化，没有经受市场竞争机制的评价与约束，却以与市场不相符的条件存活于市场之中，造成国有资本的低效运行，给国家带来极大浪费，给社会总福利带来减损。

孙晋教授对国家开办国有企业持一种理性立场。一方面，他肯定国有企业在世界范围内具有普遍性，“尽管各国政治体制、经济发展水平、社会文化等存有诸多差异，但国有企业的开办是极为普遍的，并且根据国家当前阶段的发展目标以及面临的问题，对国有企业的布局和运营也提出特色性的制度安排。或通过国有企业克服市场失灵、实现社会效益最大化；或通过国有企业实现高精尖技术的进步和赶超；抑或是通过国有企业实现生产力发展；等等”。① 另一方面，他引用漆多俊先生的论述，指出世界各国开办国有企业的目的具有多样性，包含了财政性目的、政治性目的及经济性目的，而在不同历史时期国有企业的开办目的和历史使命又有所不同。② 从设立目的而言，国有企业的设立和存续具有目的上的客观性、必然性和正当性，尤其是在经济性目的方面，国有企业是作为国家调节社会经济的手段和工具而存在。特别值得一提的是，孙晋教授在该书中基于古典经济学对国有企业角色给予了再思考。一般人认为，亚当·斯密在《国富论》中肯定市场机制的作用，反对国家干预社会经济，也就必然反对国家开办国有企业。然而，部分研究者发现这种观点并未准确解读古典经济学的真实意旨。亚当·斯密曾经指出，政府为了给公众提供稳定的、必需的服务，保证社会稳定、均衡发展，需要经营和控制一部分国有企业（一般为公共事业和公共设施）。亚当·斯密还进一步指出了政府经营国有企业的几个要点：(1)政府必须秩序井然、节约谨慎和善于理财；(2)政府绝不能把国有企业“当成政府的主要收入来源”；(3)政府必须加强对国有企业的审计监督。③

孙晋教授还特别指出了我国开办国有企业的合理性和必要性，“中国的国情决定了中国必然发展国有企业”。④ 为证明这个判断，孙晋教授再次引用了漆多俊先生的一段重要论述——现阶段我们必须保持有一定实力的国有企业对国民经济进行有效调

① 孙晋：《竞争性国有企业改革路径法律研究》，人民出版社2020年版，第89页。

② 参见漆多俊：《对国有企业几个基本问题的再认识》，载《经济学家》1996年第2期。

③ 参见［英］亚当·斯密：《国民财富的性质和原因的研究》（下），郭大力、王亚南译，商务印书馆1979年版，第377页。

④ 孙晋：《竞争性国有企业改革路径法律研究》，人民出版社2020年版，第49页。

节,即通过国家直接投资经营调节社会经济结构和运行,促进社会经济协调、稳定和发展。[①] 立足于中国国情,孙晋教授在该书中归纳了国有企业存续的3点重要意义:首先,开办国有企业是坚持公有制主体地位的体现,是社会主义的本质特征之一;其次,开办国有企业能够实现国家投资"顶天"(提升国家竞争力)与"立地"(维护民生)两大战略布局;最后,开办国有企业是贯彻新发展理念、全面深化改革的重要力量。[②] 孙晋教授这种基于具体国情研究国有企业的视角值得我们高度肯定。诚然,国有企业是一个世界性的普遍现象,但国有企业的设立目的和功能受到各国国情的制约,我们不能将资本主义国家关于国有企业的认知逻辑简单嫁接到中国。

该书是具体论述竞争性国有企业的改革问题,在完成上述一般性的讨论之后,必然要专门讨论竞争性国有企业的存续理据问题。孙晋教授在该书中将这个问题稍微转换了角度:竞争性国有企业是否应该退出?对这个问题,该书主要考察国内学术界的动态,并归纳出3种基本观点:

第一种为"全面退出论",主张所有国有企业均不宜参与市场竞争,不应该通过竞争与民争利,应该从竞争性领域和行业完全退出,由民营企业自由并公平参与竞争。

第二种观点为"全面保留论",强调我国作为社会主义国家的特殊国情,主张竞争性国有企业应当在保持原有的总量和控制力的基础上,通过市场化改造与公司化治理,积极参与市场竞争,增强国有经济活力,不断做大做强,放大国有资本功能。

第三种观点为"阶段—选择退出论"。这种观点认为在我国以公有制为主体的社会主义市场经济前提下,竞争性国有企业完全退出市场,既不现实,也不符合坚持和完善我国基本经济制度和根本要求,因而在赞同将国有企业退出竞争性领域的同时,也强调部分国有企业退出竞争性领域是一个长期的过程,所以应当分阶段、分层次退出,每个阶段和层次应当是有选择性地退出,根据不同行业和不同领域的竞争性国有企业的效率、市场化程度,以及国有经济总体布局和结构的战略性调整等因素,有序退出。

上述3种观点其实体现了对竞争性国有企业的两种基本立场:肯定论和否定论。"全面退出论"对竞争性国有企业持完全否定立场,"全面保留论"持基本肯定立场,而"阶段—选择退出论"试图调和肯定论和否定论,但究其本意,更偏向认同肯定论。

否定论认为,竞争性国有企业没有存续的必要性,因为它们具有显著的负面性:竞争性国有企业经济效率低;竞争性国有企业盲目追求利益,与民营企业争利;竞争性国有企业易于破坏市场竞争秩序;等等。

---

① 参见漆多俊:《对国有企业几个基本问题的再认识》,载《经济学家》1996年第2期。

② 参见孙晋:《竞争性国有企业改革路径法律研究》,人民出版社2020年版,第51页。

肯定论认为，竞争性国有企业有其存续的合理性和正当性。在中国，竞争性国有企业具有组织形式上的优势，具有政治上的特殊功能，具有重要的使命任务，而且从历史角度看，竞争性国有企业已成为客观存在于中国社会的企业形态，已经在历史发展过程中体现出了它们的合理性和正当性。

对于上述争论，孙晋教授在该书中给出了自己的评论。他指出，对于我国的竞争性国有企业应该理性地、历史性地看待，不能简单地予以肯定或否定。否定论实际上是在理论和实践上全盘否决竞争性国有企业在市场经济中的动态性作用，而肯定论则是夸大竞争性国有企业的组织形式、功能、使命等方面的作用，片面强调全面保留竞争性国有企业，与竞争中立原则和市场化改革方向相悖。孙晋教授对竞争性国有企业所持立场是，竞争性国有企业具有补充产品（服务）缺口的"立地"作用和开发新技术培育新市场的"顶天"作用，具有一定的积极意义；同时竞争性国有企业确实也具有某种负面性，因而不能保留过多的竞争性国有企业，要对竞争性国有企业实行分阶段、有选择地退出，同时国有企业在竞争领域应处于动态性的"有进有出"模式，在需要弥补市场机制的缺陷时进入，在需要发挥市场自由竞争机制的作用时退出。①

孙晋教授的上述立场无疑是理性的、可取的。对待竞争性国有企业的立场设定，在其他国家与我国的话语体系和具体国情下不可能完全一致。在其他国家，无论是大众还是专业人士，相关讨论基本上只停留在一般的国有企业层面，没有将竞争性国有企业作为一种特殊的研究或讨论对象。这是因为在政治或经济乃至于意识形态范畴内，对国有企业的立足空间有明确的限缩，凡是私人资本愿意投资的领域，除少数与国家安全关联较大的领域以外，都由私人资本或民营企业运营，因此在资本主义国家，竞争性国有企业本来就极少。也就是说，在这些国家，竞争性国有企业的存续理据是受到严格检视的。然而，在我国，讨论类似问题的语境殊为不同。我国的经济制度是以公有制为主体，这是对待竞争性国有企业的关键因素，竞争性国有企业在我国不仅具有经济意义，更具有政治意义。我们不能仅从效率等经济概念探讨竞争性国有企业的存续理据，还得从国家安全、社会主义制度的经济保障等政治关键词理解竞争性国有企业存续的必然性和合理性。因此，在资本主义国家，"避免与民争利"是国有企业必须重视的命题，但在我国，将"与民争利"的指责运用于国有企业时就必须更慎重。同时，在我国，竞争性国有企业已经是一种广泛存在的客观事实，其历史惯性使我们必须予以一定程度的认可和尊重。如果在存续逻辑上过于严格地、片面地对待竞争性国有企业，则会造成竞争性国有企业的大规模退出，这必然会导致大规模的失业问题，这显

---

① 参见孙晋：《竞争性国有企业改革路径法律研究》，人民出版社2020年版，第105页。

然是要极力避免的。

我本人对国有企业法律制度也关注有年,基于个人的观察,很认同孙晋教授对待我国竞争性国有企业的立场。在这里,我也愿意补充一点信息。在资本主义国家,也并非完全排斥竞争性国有企业。在德国,就有一些国有企业存在于竞争性领域。例如,德国储蓄银行是国有企业,但它们经营的领域很显然属于竞争性领域。这家企业被赋予了很多"公共使命",其中甚至包括"确保竞争或纠正竞争的职能"。《巴符州储蓄银行法》第6条第2款规定,"储蓄银行加强信贷行业的竞争"。① 由此可见,即使在资本主义国家,竞争性国有企业也有其存续的合理性,很多中国学者否定竞争性国有企业的观点可能仅仅趋近于美国这样的高度认同自由主义的国家的话语体系。

三、竞争性国有企业改革路径的设定与法律因应

迄今为止,国内学术界和实务界讨论国有企业改革,一般是泛泛地讨论国有企业的改革,但也有部分人士以更精准的视角,探讨特定类型的国有企业的改革方略问题。如漆多俊先生在2002年就出版了《国有企业股份公司改组法律问题研究》一书,专门探讨国有企业改组为股份有限公司的系列法律问题。② 本次孙晋教授专门研究竞争性国有企业的改革问题,并出版专著,也是这种精细研究思路所得成果。

从理论上讲,对于我国的竞争性国有企业,有3种对待方式:一是维持,即对现有竞争性国有企业基本不动,最多是对企业的经营或监管方式作一些局部调整;二是全面退出,即基本不保留竞争性国有企业,将竞争性领域的国有企业全部民营化;三是基于竞争中立原则分阶段、有选择地对竞争性国有企业进行改革,将它们在市场化、法治化轨道上民营化。从我国现阶段的国情看,第三种方式无疑更可取,也最有可能成功。孙晋教授在该书中力主我国采行第三种方式,并以"阶段—选择退出论"命名之,这是全书的核心观点,也是全书的精华之一。

在孙晋教授看来,全面否定竞争性国有企业存续合理性的"全面退出论"是不可取的。因为,这首先不符合我国国有企业改革的基本经验,我国国有企业改革路径有渐进、分阶段、分步骤进行的特点,绝不是一蹴而就的。其次,这种思路也不符合中国国情。在我国,竞争性行业有国有企业的存在能促进行业发展和经济的稳定发展,在我国很多经济领域不够强大、民营经济实力不够雄厚的时候,冒进地将国有企业强行退

---

① [德]弗兰克·芬策尔、彼得·图伊:《储蓄银行的私有化》,载[德]何梦笔主编:《秩序自由主义》,董靖、陈凌、冯兴元等译,中国社会科学出版社2002年版,第248页。

② 参见漆多俊主编:《国有企业股份公司改组法律问题研究》,中国方正出版社2002年版。

出竞争性领域,将给国民经济带来巨大的危险和损失。在国际竞争日趋激烈的今天,会大大降低我国综合竞争实力,并且造成人民生活水平的下降。因此,渐进式的改革路径是唯一正确的选择。

"阶段—选择退出论"承认,要区别对待公益性国有企业和竞争性国有企业的改革,相对而言,公益性国有企业的存续刚性更为明显,因此竞争性国有企业与公益性国有企业两个方向定位是国有企业改革的最佳路径选择。但这并非意味着竞争性国有企业就要全面立即退出,而是要渐进性地处理我国竞争性国有企业的退出问题。"在相关行业或环节的竞争发展到一定程度后,部分国有企业再循序渐进退出,既保障了经济的稳定、防止社会动荡,又不会使国有资产受到损失。"①因此,部分国有企业逐步退出竞争性领域,必将是一个长期的过程。为竞争性国有企业设定这种改革路径,不仅符合40余年来国有企业改革路径总结出的经验,而且切实地尊重了我国社会经济的实际。

为此,孙晋教授在该书中详细给出了竞争性国有企业改革的3个阶段:第一个阶段,竞争性国有企业的制度建设,主要内容是理顺竞争性国有企业中政府与企业的关系,建立符合市场化要求的公司治理机制,推动竞争性国有企业完成以公司制为形式的混合所有制改制;第二个阶段,竞争性国有企业建立相应的国有股权有序进退机制,在巩固国有经济主体地位、发挥国有经济主导作用的前提下,可以部分逐步从竞争领域退出;第三个阶段,充分发挥市场配置资源的决定性作用,实现竞争性国有企业改革的最终目标。

为顺利推动竞争性国有企业的分阶段改革,该书也围绕"公益性回归""市场化改革""混合所有制改革""竞争中立"等关键词,具体论述了改革进程中的重要事项和核心举措,并拟定了法律制度主动因应竞争性国有企业改革需求的具体方案。在我看来,这些内容都体现了作者的精心思考,其中有两点内容尤为可贵:

一是竞争性国有企业改革与"竞争中立"的关系。这个概念在我国学术界出现,不过是最近几年的事。2017年国务院印发的《"十三五"市场监管规划》首次提出要"把竞争政策作为制定经济政策的重要基础","实行竞争中立制度,避免对市场机制的扭曲"。在某些场合,我国也使用"竞争中性"这个相近词,如2019年3月李克强总理在《政府工作报告》中指出,"按照竞争中性原则,在要素获取、准入许可、经营运行、政府采购和招投标等方面,对各类所有制企业平等对待"。在我国,学界普遍认为,竞争中立,是指在竞争法律和政策面前所有的企业一律平等,其宗旨是抑制国有企业享有的

① 孙晋:《竞争性国有企业改革路径法律研究》,人民出版社2020年版,第145页。

不当竞争优势。虽然从一般角度讲,竞争中立涉及所有的国有企业,但实际上,这个词与竞争性国有企业的关系更紧密。因为公益性国有企业与政府之间的关系较特殊,一方面,政府会对它们规定某些特殊的使命或职责;另一方面,政府也会给予它们某些特殊的待遇。因而,对于公益性国有企业来说,要求政府完全做到竞争中立恐怕较为困难。但是,竞争性国有企业则不同,它们一般不会承担特殊使命,而且本身就与非国有企业在竞争性领域展开竞争,因此在对待竞争性国有企业时,要求政府严守竞争中立是符合法律逻辑的。正是在这层意义上,我们才大力推行国有企业的分类改革,而国有企业的分类也为我们要求政府对竞争性国有企业保持竞争中立提供了基本保证。在竞争性国有企业身上实行竞争中立,根本的手段是实施好公平竞争审查制度。党的十八届三中全会以来,党的政策和顶层设计逐步确立竞争政策的基础性地位,为竞争政策优先理念的倡导和相关制度的推进奠定了良好的政策基础和政治保障,而竞争政策基础和优先地位的逐步确立,也代表了我国选择将竞争价值的实现优先于竞争性国有企业使命的达成。① 因此,在竞争性国有企业分阶段改革的过程中,我们首先要贯彻竞争中立理念,这符合我国的市场化改革方向。②

二是竞争性国有企业适用反垄断法的问题。孙晋教授在该书中指出,竞争性国有企业的特殊性决定了反垄断法的适用也具有特殊性。在反垄断法场域,竞争性国有企业的特殊性主要表现为两个方面:一方面,竞争性国有企业垄断地位的取得具有特殊性,具体表现为取得方式的非市场性、行政性、传导扩张性;另一方面,竞争性国有企业垄断行为具有特殊性,具体而言,此类行为易具协同性,大多具有倾向性,易具有合法表现性,易具有偏好性。我国反垄断法在如何对待国有企业方面整体上体现出了含糊性,学界在讨论此类问题时,对公益性国有企业在反垄断法上享有某种特殊待遇较为宽容,③但基本不认同竞争性国有企业也享有同样待遇。孙晋教授在该书中也体现出了此种立场,主张通过完善相关立法,建立相对独立、权威、高效的执法机构,强化反垄断执法的司法介入,并建立反垄断法公益诉讼机制等措施来制止竞争性国有企业的限制竞争行为,塑造公平的市场竞争环境。对这种主张,我深表认同。竞争性国有企业存续的合理性之所以受到某些人的否认,与我国竞争性国有企业在市场竞争中偏好从事限制竞争行为有关,这种做法确实不利于我国社会主义市场经济的发展,背离我国当前重视市场机制的作用,强调建立公平的市场竞争环境的政策取向。因此,竞争性

---

① 参见李国海:《国有企业的特殊性与公平竞争审查之实施》,载《吉首大学学报》(社会科学版)2017年第4期。

② 参见孙晋:《竞争性国有企业改革路径法律研究》,人民出版社2020年版,第190页。

③ 参见李国海:《论反垄断法对国有企业的豁免》,载《法学评论》2017年第4期。

国有企业在一段时期内固然可以继续存在,但它们必须要适应市场竞争,平等地与非国有企业展开竞争。在这方面,《反垄断法》等法律要树立正确的价值取向,首先要做到平等对待竞争性国有企业与它们的市场竞争对手,这是保证竞争性国有企业分阶段改革取得成功的必要基础和前提。

(责任编辑:徐曼)

《经济法论丛》稿约

《经济法论丛》是由著名经济法学家漆多俊教授创办的专业性法学出版物，自1998年创办迄今已连续出版36卷。《经济法论丛》主要收录经济法学理论与实践前沿原创研究成果，设有经济法基础理论、市场规制法、宏观调控法、国家投资经营法等常规栏目，以及热点专题、域外法动态等。

1. 本论丛热忱欢迎海内外研究者和实践工作者惠寄有关经济法的专论、评论、立法研究、成案研究、域外法与比较法研究及资料动态（包括译文）、书评等。

2. 来稿字数以1万～2万字为宜，请使用Word文档编辑，详细格式体例参见微信公众号。编辑部对来稿统一登记分发，请以电子邮件附件形式发送至编辑部投稿专用邮箱，勿寄给编辑或主编个人，以免贻误。投稿邮件正文应附有文章题目、摘要、作者基本资料（姓名、单位及职务、职称、学位、通信地址、邮编、手机）。

3. 本论丛坚持文以质取，实行双向匿名审稿，三审定稿。请勿一稿多投。编辑部将于收到稿件1个月内将审稿结果及时反馈作者。对于采用的稿件，本论丛在尊重作者原意的前提下，可对稿件进行技术处理。

4. 为适应我国信息化建设的需要，扩大作者学术交流渠道，本论丛已加入《中国学术期刊（光盘版）》、《中国期刊网》全文数据库、中国数字化期刊群万方数据库、中国核心期刊（遴选）数据库及北大法宝数据库等。投稿视为同意上述授权。

5. 本论丛不收取任何审稿费、版面费等费用。因经费所限，亦不另付各类稿酬。稿件出版后将寄赠作者当期样书。

投稿专用邮箱：elr1998@163.com

联系电话：0731－88660273

通信地址：湖南长沙麓山南路605号中南大学南校区法学院302室

邮政编码：410012

微信公众号：经济法论丛（EconomicLawReview）

《经济法论丛》编辑部

2020年7月15日

图书在版编目(CIP)数据

经济法论丛. 2020年第2卷 : 总第36卷 / 王红霞执行主编. -- 北京 : 法律出版社, 2020
ISBN 978-7-5197-5166-1

Ⅰ. ①经… Ⅱ. ①王… Ⅲ. ①经济法-法学-文集
Ⅳ. ①D912.290.1-53

中国版本图书馆CIP数据核字(2020)第234334号

经济法论丛[2020年第2卷(总第36卷)]
JINGJIFA LUNCONG [2020 NIAN DI-2 JUAN (ZONG DI-36 JUAN)]

漆多俊 名誉主编
王红霞 执行主编

策划编辑 沈小英
责任编辑 沈小英 毛镜澄
装帧设计 李 瞻

出版 法律出版社
总发行 中国法律图书有限公司
经销 新华书店
印刷 中煤(北京)印务有限公司
责任校对 王晓萍
责任印制 吕亚莉

编辑统筹 法治与经济出版分社
开本 710毫米×1000毫米 1/16
印张 16.5
字数 297千
版本 2020年12月第1版
印次 2020年12月第1次印刷

法律出版社/北京市丰台区莲花池西里7号(100073)
网址/www.lawpress.com.cn
投稿邮箱/info@lawpress.com.cn
举报维权邮箱/jbwq@lawpress.com.cn
销售热线/400-660-8393
咨询电话/010-63939796

中国法律图书有限公司/北京市丰台区莲花池西里7号(100073)
全国各地中法图分、子公司销售电话:
统一销售客服/400-660-8393/6393
第一法律书店/010-83938432/8433 西安分公司/029-85330678 重庆分公司/023-67453036
上海分公司/021-62071639/1636 深圳分公司/0755-83072995

书号:ISBN 978-7-5197-5166-1 **定价**:110.00元
(如有缺页或倒装,中国法律图书有限公司负责退换)